VIRTUAL REALITY & EDUCATION

가상현실과
교육

박인우 · 고유정 · 한인숙 · 이경숙 · 고은현 · 이영
신형석 · 장재홍 · 백송이 · 장지윤 · 정영혜
김명랑 · 정종원 · 장선영 · 이은주
박유진 · 임진호 공저

박영story

가상현실(Virtual Reality, VR)은 정보통신기술에 의해 구현되어 물리적으로 존재하지 않는 현실이다. 가상이기는 하지만, 인간의 다섯 가지 감각 중에서 주로 시각과 청각에 의해 인지가 된다. 기술이 발전함에 따라 촉각도 비슷하게 느끼게 하고 있으나, 후각과 미각은 여전히 미답의 감각 영역이다.

가상현실은 한편으로 현실에서 경험할 수 없는 것을 보고 들을 수 있도록 한다. 태양계는 우주선이나 망원경을 통해 볼 수 있는 세계이지만, 가상의 공간에 구축된 태양계는 적절한 장비만 착용하면, 누구든지 경험할 수 있다. 우리 몸 속으로 들어가서 다양한 장기들을 직접 살펴보는 것도 가능하다. 모두가 물리적인 현실에서는 불가능한 세계들이다.

가상현실이 등장하기 이전에도 교육에서는 다양한 매체가 활용되었다. 태양계도 생생한 사진, 삽화, 애니메이션, 동영상, 모형 등을 통해 모양이나 움직임을 확인할 수 있었다. 인체의 구조, 장기 등도 앞에서 제시한 매체를 통해 관찰이 가능했다. 가상현실은 이러한 매체에 비해 실제와 동일하게 입체적으로 제시된다. 대상을 사방팔방으로 살펴볼 수가 있다. 게다가, 학습자가 대상을 조정해서 볼 수도 있다. 가까이 가서 자세히 볼 수도 있고, 뒤집어 볼 수도 있다. 물리적인 현실 속에서 대상을 살펴보는 것과 매우 유사한 방식으로 다룰 수가 있다.

또한 가상현실은 비용을 절약할 수 있다. 고가의 장비를 사용하는 실습에서 가상현실은 상대적으로 저렴하게 개별 학습자에게 장비를 제공할 수 있다. 게다가, 가상현실 속의 장비는 고장나지 않고, 위험하지도 않다. 고가의 장비를 구현한 가상현실은 우리나라 기술교육뿐만 아니라 개발도상국을 대상으로 하는 국제개발협력에서 관심의 대상이 되고 있다.

가상현실은 이러한 특성으로 인해 교육에서도 관심의 대상이 되고 있다. 사실, 가상현실은 장비와 관련된 기술교육에서 오랫동안 활용되었다. 최근에 범용 장비가 보급되면서, 정규교육에서도 가상현실이 활용되기 시작했다. 누구나 가지고 있는 휴대전화에 결합하여 사용하는 장비는 심지어 만원대에 판매된다. 이러한 장비를 다루는 방법도 별도로 배울 필요가 없을 정도로 간단하다. 게다가 온라인에는 다양한 프로그램과 가상현실 콘텐츠가 넘쳐나고 있다. 우리나라도 이 추세에 편승하여 디지털 교과서에 실감형 콘텐츠의 일환으로 가상현실 콘텐츠를 개발, 보급하고 있다.

새로운 매체가 등장할 때마다 언제나 그랬듯이 가상현실도 우리 교육을 크게 변화시킬 것으로 기대되고 있다. 100여 년 전에 활동사진기, 이어서 교육용 텔레비전, 컴퓨터, 그리고 최근의 이러닝에 이르기까지 새 매체가 가진 기능이 교육을 혁신시킬 것으로 기대했다. 그렇지만, 교육은 기대처럼 그렇게 크게 변하지 않았다. 이러한 매체 이전의 교육과 비교할 때, 단지 정보를 제시하는 방식만 바뀌었을 뿐 근본적인 교수-학습 활동은 바뀌지 않은 것이다. 가상현실도 기대와는 달리 이전의 매체가 밟았던 길을 그대로 걸어갈 수도 있을 것이다.

이 책에서는 가상현실의 현주소와 교육에서의 기대를 정리하였다. 비록, 이전의 매체처럼 가상현실이 기대만큼의 변화를 가져오지 않을 수도 있다. 그렇지만, 이 책에 각 장은 가상현실이 가져올 수 있는 교육에서의 변화, 나아가 가져오기를 바라는 바를 정리한 것이다. 가상현실에 대한 기대가 교육에서 실현될 것인지는 시간이 지나봐야 알 것이다. 그리고, 이러한 변화를 가능토록 하기 위한 첫 단계는 기대부터 명확히 하는 것이다. 이 책은 가상현실에게 바라는 교육적 변화를 제시하기 위해 기획되었다.

이 책이 나오기까지는 많은 사람들의 수고가 있었다. 저자들은 모두 고려대학교 대학원 교육학과 교육공학 전공 소속 또는 졸업생들이다. 이 분들의 수고가 이 책이 나오는데 무엇보다도 중요한 역할을 하였다. 더불어, 박영사의 안상준 대표님, 이선경 차장님, 배근하 대리님이 원고의 취합에서 발간에 이르기까지 전 과정을 맡아 주었다. 모두의 수고에 감사드린다.

안암골에서 저자 일동

제 1 장

교육매체의 발전과정에서 VR

박인우(고려대학교)

교육매체의 발전과정에서 VR

교육에서 매체는 새로 등장하고, 사라져왔다. 인쇄물은 오랫동안 사용되었으며, 현재도 대표적인 교육매체이다. 이 매체를 대체할 정도로 영향력을 가졌던 것으로는 '활동사진, 라디오, TV, 컴퓨터, 인터넷, 그리고 가상현실(VR: Virtual Reality)'이 있다. 이 장에서는 지금까지 교육에서 사용된 매체들을 시대의 흐름에 따라 기능과 영향별로 살펴보고, 이러한 흐름 속에서 VR의 향후 방향을 제시하였다.

I 교육에서의 매체

교육공학은 교수–학습활동을 효과적, 효율적으로 수행하는 방법에 관하여 연구하는 학문이다. 교육공학은 수업설계와 교수매체로 구분된다. 학문이 형성되는 과정으로 보면, 교육공학은 교수매체로부터 시작되어 수업설계가 추가되면서, 다른 영역과는 구분되는 독특한 학문으로 인정받게 되었다. 교육공학은 교육에서 활용되는 매체가 끊임없이 새롭게 등장함에 따라 발전해 온 경향도 있다.

체제(system)로서 교육은 교수자, 학습자, 학습내용, 교육환경, 교수자료 또는 매체, 교수법으로 구성되어 있다. 교수자, 학습자, 교육환경, 교육매체는 보이는 요소인 반면, 학습내용과 교수법은 그 자체만으로는 보이지 않고, 다른 요소들을 통해 전달 또는 수행된다. 교육은 교수자가 교육환경에서 학습자가 학습내용을 학습하도록 교육매체와 교수법을 활용하는 교수와 학습활동이다. 이 중에 교육매체는 학습내용을 담고 교수자와 학습자 간의 상호작용을 매개하는 기능을 담당한다.

교육매체는 시대에 따라 다르게 인식되어 왔다. 먼저, 교육매체는 대개 기자재(Hardware)를 지칭하는 것으로 인식되었다. 1910년대에 시청각 기기가 발명되어 교실에 도입되면서, 이러한 시청각 기자재를 교육매체로 불렀다. 이후에 등장한 라디오, 텔레비전, 슬라이드, OHP, 그리고 컴퓨터 등이 교육매체로 분류되었으며, 최근에도 교육현장에 새로 도입되는 공학기기는 모두 교육매체로 분류되고 있다.

1950년대에 등장한 통신이론은 기자재에 국한되었던 교육매체를 메시지를 전달하는 매개물로 확대하였다. 통신은 송신자와 수신자 간에 메시지가 전달되는 과정이다. 이 과정에서 메시지를 저장 및 운반하는 매개물이 매체가 된다. 교육도 교수자와 학습자 간의 교육내용을 전달하는 통신이라고 볼 수 있다. 이 과정에 개입하는 매개물은 모두 교육매체에 속하게 된다. 이 시각에서 보면 인간의 귀도 매개물이라는 점에서 교육매체에 속하며, 교육내용을 전달하는 교수자도 매체가 될 수가 있다.

최근에 컴퓨터 공학이 발전하면서, 교육에서 매체는 단순히 메시지를 저장, 처리, 전달하는 기능을 넘어서 교육환경 및 교수기능까지도 담당할 수 있게 되었다. 온라인환경은 매체라고 볼 수도 있지만, 교실환경과는 대비되는 교육환경이 되기도 한다. 이 환경은 설명하기, 질문하기, 피드백하기, 평가하기 등의 교수기능을 인간 교수자를 대신하여 수행하기도 한다. 교육매체는 교육환경 및 교수법까지 포함된 요소가 된 것이다.

교육매체에서 매체는 영어의 어원으로 보면 'medius', '무엇과 무엇 사이'를 의미한다. 통신의 관점에서 보면 매체는 송신자와 수신자 사이에서 메시지를 전달하는 매개체이다. 교육에서 교육내용(메시지)을 교수자(송신자)와 학습자(수신자) 사이에서 매개하는 것이 교육매체인 셈이다. 교육매체는 학습목표가 효과적이고 효율적인 방법으로 달성되도록 교수자와 학습자, 학습자와 학습자 사이에 필요한 의사소통을 도와주는 다양한 형태의 매개 수단이다(박성익 외, 2000).

통신과는 달리 교육에서 교수자는 송신자가 아니라 매체에 속할 수도 있다. Smaldino 등(2011)은 수업을 목적으로 메시지를 전달하는 매개체는 모두 교육

매체로 보았으며, 여섯 가지 유형으로 분류하면서 컴퓨터 프로그램과 함께 교사도 포함하였다. 여기서 제시된 여섯 가지 유형으로 첫째, 가장 보편적인 글 (text)이 있다. 글은 문자에 의해 표현되며, 인쇄물을 비롯하여 칠판, 컴퓨터 화면 등 대부분의 기자재로 전달할 수 있다. 둘째, 소리(audio)가 있다. 소리는 귀로 들을 수 있는 모든 형태의 자극을 의미하며, 음성, 음악, 기계적 소리 등이 포함된다. 셋째, 시각물(visual)이 있다. 그림, 사진, 삽화, 만화 등이 해당된다. 넷째, 시각 자극에 속하지만 움직임이 들어 있다는 점에서 동영상(video)은 시각물과는 구분된다. 다섯째, 학습자가 만지거나 조작이 가능한 조작물(manipulates)이 있다. 조작물 중에는 물리적으로 직접 만져서 조작이 가능한 것도 있지만, 컴퓨터 화면 상으로 제시되어 간접적으로 조작이 가능한 것도 있다. VR은 학습자가 조작이 가능하다는 점에서 이 유형에 속한다. 그런데, 현실이 아닌 가상세계에서만 접할 수 있는 반면 직접 조작하는 듯한 느낌을 갖게 한다는 점에서 이전의 조작물과는 구별된다. 마지막 유형에는 인적 자원(human resources)을 언급하였다. 교수자가 송신자가 아니라 교육매체로 분류되어 있다.

이와 같이 매체를 보는 관점은 공학이 발전함에 따라 교육체제 자체에 대한 큰 변화를 초래할 수도 있다. 교육체제에서 교수자는 교육매체와는 별도로 반드시 필요한 요소로 여겨졌다. 그런데, 최근에 온라인교육에서는 인간 교수자가 없는 경우도 흔히 있다. 교수자도 매체이므로 다른 매체에 의해 대체된 셈이다. 인간보다 뛰어난 인지기능을 갖춘 인공지능이 장착된 로봇이 교실에 등장한다면, 교육매체가 아닌 교수자를 대체할 수도 있는 것이다. 교수자는 보다 효과적, 효율적인 매체로 대체가 가능하기 때문이다. 교육에서 인간 교수자가 반드시 필요한가의 문제는 물론 효과 및 효율과 같은 기준으로 그렇게 간단히 결정되지는 않을 것이다.

Ⅱ 매체의 발전

교육에서 문자와 더불어 그림은 오래 전부터 사용되었다. 다만, 시각 매체가 코메니우스나 페스탈로찌 등에 의해 교육에서 적극 활용되었다는 기록이 있다. 이때의 시각 매체는 사진이 등장하기 전이었으므로 그림 형태에 제한되어 있었다. 그림은 글과는 다른 정보를 전달한다는 점에서는 차별적인 효과가 있었지만, 구체적으로 전달하지는 못했다. 19세기 말에 사진이 발명되고, 20세기 초에 활동사진이 등장하였다. 이 두 가지는 그림과는 차원이 다르게 구체성과 사실성을 갖춘 형태로 정보를 전달하였다. 매체는 이 시점부터 교육에서 중요한 요소로 자리잡게 되었다.

시각 매체 중에 현재와 같은 사진은 프랑스인 Joseph Nicéphore Niépce에 의해서 1826년에 처음으로 등장하였다. 이후에 사진에 관한 기술은 진화하여 1889년에 Eastman Kodak사에 의해 두루마리 형태로 말아서 제조된 필름이 보급되었다. 이때부터, 사진은 누구든지 촬영하고, 인화할 수 있게 되었다. 한편으로, 움직임을 표현하는 활동사진은 1878년에 최초로 등장하였고, 1888년에 Tomas Edison이 촬영용 카메라와 영사기를 발명하였다.

학교 현장에서 사진과 활동사진이 처음 사용된 것은 1910년으로 추정된다 (Reiser, 1987). 물론, 이전에도 수업 중에 사진이나 활동사진을 활용한 교사가 있었을 것이다. 다만, 교육용 필름 목록 중 현존하는 가장 오래된 것이 1910년에 발간되었다. 이 시기에 미국에서 시각교육과 관련된 다양한 활동이 이루어지며, 5개의 관련 전문단체도 설립되었고, 20여 개의 교사 연수기관이 운영되었다. 시각 매체가 현장에 도입되면서, 이를 담당하는 전문가 집단이 생겨났다. 시각 매체 전문가는 전통적인 교사 외에 학교에서 필요로 하는 전문가(이후에 교육공학자)로 자리잡게 되었다. 이 시기를 시각교육운동으로 부른다.

시각교육은 "추상적인 개념학습에서 구체적인 시각자료를 사용하여 보조하면 학습효과가 높아진다"라는 원리를 바탕으로 하였다. 이 원리는 Hoban, Hoban, 그리고 Zissman 등(1937)이 저술한 『Visualizing the Curriculum』에 제시되어 있다(Saettler, 1990에서 재인용). 당시에 시각 매체에 대한 기대는 매우 높았다. 문자나 그림과는 달리 사진, 특히 활동사진은 사실을 그대로 보여줄 수가 있어서 전달되는 내용에 대한 설명이 별도로 필요하지 않았다. 교실에서 교사는 사진이나 활동사진을 그저 보여주기만 하면 되었다. 이러한 이유에서, 활동사진기를 발명한 T. Edision도 1913년에 "책은 곧 학교에서 사라질 것이다. … 모든 교과는 활동사진으로 가르칠 수 있을 것이다. 우리 학교 체제는 10년 내에 완전히 바뀔 것이다"라고 하였다(Saettler, 1990: 98). 물론, 10년 후에 학교 현장은 이러한 예상에서 크게 벗어났다. 사진과 활동사진이 보조자료로 활용되기는 했지만, 교육은 지금까지도 여전히 교수자에 의해 주도되고 있다. 그런데도, 이러한 예측은 새로운 매체가 등장할 때마다 계속 반복되었다.

2차 세계대전은 교육매체의 발전에도 크게 영향을 주었다. 전쟁이 장기전으로 넘어가면서, 군인을 얼마나 빨리 보충하느냐에 승패가 갈리게 되었다. 이에 많은 군인에게 동시에 시청각자료를 보여줄 수 있는 매체인 OHP와 Slide Projector가 개발되었다. 군사 훈련 중에 적군의 군복, 무기, 장비 등은 실물이 없다면 사진에 의해서 손쉽게 교육이 가능했다. 작은 사진을 대형 화면에 투사하여 다수의 학습자가 동시에 볼 수 있도록 한 것이 OHP와 슬라이드이다. 교수자는 화면에 사진을 보여주면서, 설명을 곁들였다. 단기간에 다수의 학습자에게 동일한 내용을 효과적으로 전달하기에는 최적의 매체였다. 이 두 매체, 특히 다루기가 훨씬 용이한 OHP는 1990년대에 컴퓨터 기반의 PPT가 도입되기까지 교육현장에서 가장 흔하게 사용되었다. 우리나라 교육은 미국의 영향을 받아 해방 이후에 시청각교육이 활발히 이루어졌으나, 이 두 매체는 별도의 시청각실에 설치되었을 뿐 일반교실에서는 거의 활용되지 않고, 컴퓨터 중심의 교육정보화로 넘어갔다.

OHP에 뒤이어 교육현장에 도입된 매체로는 라디오와 텔레비전이 있다. 라디오는 1920년 미국 Westing House에서 KDKH국을 개설함으로써 시작되었고, 텔레비전은 이보다 약 15년 늦게 1936년 11월 영국의 BBC가 정식으로 텔레비전 방송국을 개설함으로써 이 두 매체는 방송매체로서의 중추적 기능을 맡기 시작하였다(이영덕, 1990). 라디오는 1930년대부터 실제 생활에서 활발히 사용되었으나, 정규학교교육보다는 이를 보완하는 원격교육에서 활발히 활용되었다. 이에 비해, 텔레비전은 사회의 한 부분으로 빠르게 자리잡는 한편, 1950년대에 접어들어 정규 학교교육에 본격적으로 도입되었다. 라디오에 비해 텔레비전은 더욱더 사실적으로 정보 전달이 가능했으며, 이는 교사를 대체할 수도 있다는 시각을 형성하였다. 즉, 가장 우수한 교사의 수업을 촬영하여 텔레비전을 통해 학생들에게 제공하면, 개별 교실에서 교사의 도움없이도 최고의 교육을 받을 수 있을 것으로 생각되었다.

이처럼, 교육에서 텔레비전이 급속히 보급되면서, 앞서 언급했던 새 매체가 보급될 때마다 나타나는 기대가 다시 등장하였다(박인우, 1999). 1950년대 교수 매체 전문가들은 텔레비전에 의해 대부분의 교육이 이루어질 수 있으므로 학교교육에서 교사는 단순히 관리자 기능을 수행하거나, 나아가 학교 자체가 필요없게 될 것이라고 예상하였다. 그러나, 교육에서 텔레비전에 대한 관심은 1960년대 후반부터 줄어들었으며, 이러한 예상은 이전의 시각 매체처럼 빗나갔다. 텔레비전이 학교의 주요 매체로 자리를 잡지 못한 것에는 여러 가지 이유가 있었다. 그중에서 새로운 매체를 도입할 때마다 등장하는 교사들의 저항과 학교에서 텔레비전 시스템을 설치 운영하는 데 드는 막대한 자금이 중요한 역할을 하였다(Reiser, 1987). 우리나라에서 텔레비전은 라디오와 마찬가지로 학교교육보다는 원격교육에서 주로 활용되었다. 교실에는 1990년대에 들어서 동영상을 보여주기 위해 TV기능이 제외된 모니터가 설치되었을 뿐이었다.

텔레비전 다음으로 큰 기대를 받으면서 교육에 도입된 매체가 컴퓨터이다. 컴퓨터는 이미 1950년대부터 교육에서 활용되었다. 미국에서 초기에 컴퓨터 보조 수업(Computer Assisted Instruction) 프로그램은 대부분 IBM에 의해 개발되었다. 이때 개발된 프로그램들은 대부분 연습형이거나 혹은 개인교수형이었다. 당시 컴퓨터가 가지고 있던 기능상의 제약 때문에 학습자들에게 프로그램을 통제할 수 있도록 허용할 수가 없었기 때문에 대부분 프로그램 통제형이었다. 이러한 이유로 1960년대 말 프로그램 수업, 교수기계 등과 함께 컴퓨터 보조수업에 대한 열기도 함께 식어갔다. 1970년대에 컴퓨터를 활용한 교육 프로그램으로는 PLATO와 TICCIT이 대표적이다. 이 두 가지 프로그램은 미국 전역에 보급되어 1990년대까지도 활용되었으나, 1980년대부터 보급된 개인용 컴퓨터가 1990년대부터 활발히 사용되면서 사라졌다.

1980년대에 학교에 도입된 개인용 컴퓨터는 이전의 컴퓨터와 개념적으로 전혀 새로운 것이었다. 대형 또는 소형 컴퓨터로 불린 이전의 컴퓨터는 다수의 사용자들이 단말기를 통해 공유하던 시분할 컴퓨터였다. 물론, 이러한 시스템들은 고가였고, 이를 위해 개발된 프로그램들도 다루기 힘들었으며, 교사들의 필요에 따라 다양한 형태로 제공해 주지 못했다. 이에 비해 개인용 컴퓨터는 비록 성능 면에서는 시분할 컴퓨터에 비해 뒤떨어졌지만, 거의 동일한 기능을 제공하되 개별 교사 및 학습자들이 직접 사용할 수 있다는 장점이 있었다. 이러한 이유에서 컴퓨터는 교육현장에 급속도로 보급되었다. 1990년대 우리나라 교육 현장에서 컴퓨터의 보급은 1980년대 미국과 매우 흡사하게 진행되었다. 컴퓨터가 학교에 도입되어야 하는 것에 대한 의문은 거의 제기되지 않았으며, 대부분 당연한 것으로 여겼다. 게다가 컴퓨터와 관련된 대부분의 연구에서도 학습자의 성취도에 긍정적인 영향을 미치는 것으로 발표되었다(Kulik & Kulik, 1987).

이러한 분위기와는 달리 Clark(1983)는 컴퓨터 보조 수업, 이후에는 매체의 효과와 관련하여 매우 중요한 문제를 제기하였다. Clark는 매체 비교에 대한 메타분석을 통해 "매체는 어떤 조건 하에서도 학습에 영향을 미치지 않는다(p. 445)"라는 주장을 하였다. 그리고, 그는 "야채를 운반하는 트럭이 야채의 영양가에 영향을 더해주지 않듯이 수업을 전달하는 매체는 학습자의 성취도에 영향을 주지 않는다(p. 445)"라고 하였다. 다만, "야채를 운반하는 데 드는 비용"을 줄일 수는 있을지 모르나, 오직 "전달되는 내용이 성취도에 영향을 줄 수 있을 뿐"이라고 지적하였다.

Clack의 주장은 매체에 대한 전면적인 논쟁을 불러일으켰다. 사실, Clark의 기본 관점은 상당한 설득력이 있었다. 즉, 새로운 매체였던 컴퓨터를 통해 전달되던 교수내용은 정교하게 개발된 것임에 반해, 그것과 비교되는 전통적인 수업은 전혀 그러한 조치가 취해지지 않은 것이었다. 따라서, 만약 컴퓨터를 통해 전달된 내용을 교사가 전달했다면 그 결과는 동일했을 수도 있다는 것이다.

Clark의 매체 효과에 대한 문제 제기로 인해 매체에 관한 연구는 단순 매체 간의 비교(예컨대, 교사와 컴퓨터의 비교)에서 매체의 속성으로 바뀌었다. 예컨대, 교사가 제공할 수 없는 컴퓨터의 속성이 교육적으로 어떤 의미를 가지는가와 같은 문제로 옮겨가게 되었다. 즉, 운송수단이 영양가에 영향을 미치지는 못하지만, 그것이 가진 기능에 따라 운반하지 못하는 야채가 있을 수 있다는 것이었다. 그렇지만, 현장에서는 여전히 교사와 컴퓨터를 단순히 비교하는 시각이 지금까지도 이어져 오고 있다.

1980년대에 사용되기 시작한 컴퓨터는 이전의 시각 매체, 텔레비전이 교육에 도입되었을 때와 동일한 기대를 받았다. 즉, 학교교육은 개인별 지도가 가능한 컴퓨터 보조 수업 형태로 이루어질 것이며, 학교에서 교사의 역할은 단지 이러한 프로그램을 사용하도록 지원하는 역할로 전락하게 될 것으로 예상하였다. 물론, 이전의 사례와 동일하게 이러한 기대는 실현되지 않았다. 일부 학교에서는 부분적으로 개인별 수업을 활용하고 있지만, 교실에서 교수자와 학습자 간의 대면에 의한 교육이 일반적이다. 현재의 학교 교실에서도 학생이 컴퓨터를 일상적으로 사용하지는 않고 있다. 단지, 교사만이 수업에서 이전의 시청각 매체를 대신하여 컴퓨터를 활용하고 있을 뿐, 학생은 여전히 인쇄물 형태의 교과서, 노트와 필기도구에 의존하고 있다.

1990년대에는 컴퓨터를 기반으로 한 인터넷이 확산되고, 사이버공간 기반의 온라인교육, 또는 이러닝이 전 세계 교육에 도입되었다. 온라인교육은 시간과 공간이라는 물리적 제약을 받지 않는다. 누구나, 언제, 어디서든지, 무엇이든지 배울 수 있는 교수매체라고 여겨졌다. 온라인교육의 이러한 속성은 다시 성급한 예언을 하게 된다. 예컨대, Neal(1998)은 정보공학의 교육적 활용으로 현재 대부분의 캠퍼스 중심의 대학교가 30년 안에 사라지게 될 것이라고 예상하였다. 초중고 교육도 대부분 온라인으로 이루어질 것으로 다음과 같이 예상하기도 하였다(Cromwell, 1998).

> "다음 세기에는 우리가 알고 있는 것과 같은 학교는 더 이상 없을 것이다. 매일 24시간 운영되는 공동체 형태의 센터가 있을 것이다. 컴퓨터는 미래의 이 효과적인 학교라는 요리에서 필수불가결한 재료가 될 것이다. 학생들은 컴퓨터를 통해 교사의 수업을 보고 듣는 원격학습을 하게 될 것이다. 학교의 모든 교사는 컴퓨터를 갖게 될 것이며, 학생의 요청을 받고 처리하는 특별한 전화가 설치될 것이며, 학생들은 공부를 하고 있는 영역에서의 전문가에게 직접 전화를 걸어서 정보를 구할 수 있을 것이며, 모든 수업이 여러 교과에

걸쳐 있을 것이고, 개별 학생은 교사가 만든 학습 계획에 따라 공부를 하게 될 것이다."

기술의 지속적인 발전은 교육현장에도 끊임없는 변화를 가져오고 있다. Horizon Report(The New Media Consortium, 2015: 35)는 현재 또는 가까운 미래에 교육현장에 도입될 것으로 기대되는 현존하는 공학 매체(technologies)를 일곱 가지 유형으로 구분하여 제시하였다. 이 보고서는 공학 매체를 소비자 공학, 디지털 전략, 인터넷 공학, 학습공학, 사회적 매체 공학, 시각 공학, 수행 지원(Enabling) 공학 등으로 구분하였다. 각각의 범주 내에 관련 공학 매체를 제시하였다. 이 중에서 디지털 전략은 교육환경에 구비되어 있는 것이 아니라 학습자 소유의 기기를 가져올 수 있도록 하는 것과 같이 정책만으로도 공학 매체를 가용하는 것을 의미한다. 각 범주에 열거된 매체 중에서 교육환경에 직접 적용되지 않을 공학 매체도 포함되어 있을 수 있다. 그렇지만, [표 1-1]은 현재 교육환경과 관련하여 가용한 공학 매체가 무엇인지를 보여주는 좋은 사례이다. 이 중에서 이미 국내 스마트학교에 설치된 매체들도 일부 있다.

표 1-1 교육환경에서 활용 가능한 공학 매체

구분	공학 매체	스마트학교
Consumer Technologies	• 3D Video	○
	• Drones	
	• Electronic Publishing	○
	• Quantified Self	
	• Robotics	○
	• Tablet Computing	○
	• Telepresence	
	• Wearable Technology	
Digital Strategies	• Bring Your Own Device(BYOD)	
	• Flipped Classroom	○
	• Location Intelligence	
	• Makerspaces	
	• Preservation/Conservation Technologies	

구분	공학 매체	스마트학교
Internet Technologies	• Cloud Computing • Networked Objects • Semantic Applications • Syndication Tools	○
Learning Technologies	• Adaptive Learning Technologies • Digital Badges • Learning Analytics • Mobile Learning • Online Learning • Open Licensing • Virtual and Remote Laboratories	○ ○ ○
Social Media Technologies	• Crowdsourcing • Online Identity • Social Networks	○
Visualization Technologies	• 3D Printing • Augmented Reality • Information Visualization • Visual Data Analysis • Volumetric and Holographic Displays	○
Enabling Technologies	• Affective Computing • Electrovibration • Flexible Displays • Machine Learning • Mesh Networks • Mobile Broadband • Natural User Interfaces • Near Field Communication • Next-Generation Batteries • Open Hardware • Robotics • Speech-to-Speech Translation • Virtual Assistants • Wireless Power	○

여기서 제시된 공학 매체 중에는 디지털교과서나 클라우드 컴퓨팅과 같이 시간이 지나면 자연스럽게 교육환경에 도입될 것으로 기대되는 것도 있지만, 3D 프린터나 실물제작기와 같이 쟁점이 되는 것들도 있다. 이 두 가지는 수업 중에 컴퓨터 화면에서만 확인하는 것으로도 충분해, 교실이나 학교에 꼭 설치할 필요가 없을 수도 있다. 이 목록에는 없지만, 최근에 관심이 증가하고 있는 인공지능은 빠른 시간 내에 교사보다도 학생을 더 잘 가르칠 수 있기 때문에 학교에서 교사를 대신할 것이라는 극단적인 전망도 제시되고 있다. 인공지능과 관련된 대부분의 전망은 현재 교사가 맡고 있는 역할을 맡게 될 것으로 보고 있다. 그렇지만, 교육에서 인간 교사가 인공지능 로봇에 의해 대체될 수 있을지는 쉽게 예단하기가 어렵다.

그동안 교육현장에서 광범위하게 사용되었던 매체를 보면, 대개 교수자의 활동에 도움이 되면서, 기술적인 어려움을 겪지 않는 것들이었다. OHP는 교수자가 이전보다 적은 노력으로 다양한 형태의 정보를 제시할 수가 있었다. 이에 비해 전자칠판은 기존의 칠판과는 비교할 수 없을 정도로 많은 기능을 갖추고 있지만, 교실에서 쉽게 찾아보기는 어렵다. 무엇보다 교사가 칠판에 비해 얻는 이점이 관리의 어려움에 비해 상대적으로 많지 않기 때문이다.

3D 프린터도 교실에 설치될 가능성이 높지 않다. 대부분의 수업자료가 대형 화면을 통해 표시되기 때문에 컴퓨터 인쇄기가 필요 없는 것처럼, 3D 프린터도 교육환경에서는 필요가 없을 수도 있다. 최근의 3D 프린터의 가격이 저렴해지고, 다양한 재료를 사용하는 것이 가능하고, 이를 지원하는 소프트웨어와 미리 작성된 예시 파일을 제공하는 사이트가 많이 있어도, 교육 상황에서 인쇄할 필요가 없을 수도 있다는 것이다.

Ⅲ 매체로서 VR과 전망

가상현실(VR: Virtual Reality)은 2020년대를 앞두고 있는 현재 학교 현장에서 관심의 대상이 되고 있다. VR은 컴퓨터나 스마트기기에 의해 생성된 3차원의 가상세계이다. 이 세계는 실제 세계와 동일하게 3차원으로 경험할 수 있게 표현된다. 입출력 장치에 따라서 시각과 청각에 촉각도 느낄 수가 있는데, 현재 기술로는 실물을 만질 때와 유사한 촉감을 제공하지는 못하고 있다.

학교교육에서 VR이 보편화되지는 않았지만, 이미 디지털 교과서에 일부분으로 포함되어 있다. 일부 교사는 VR 자료를 활용하여 수업을 진행하고 있다. 이러한 맥락에서 이전에 새 매체가 등장했을 때처럼 동일한 기대가 발견되기도 한다. VR이 학교교육을 전반적으로 변화시킬 것이라는 예상이다. VR 이전의 교육은 실 세계만을 매체로 활용하였다. 교육은 이 세계가 갖고 있는 물리적인 특성으로 인해 여러 가지 제약을 받았다. VR은 이러한 제약에서 벗어난 교육을 가능하게 한다. 예컨대, 식물이 뿌리에서 줄기로 물을 운반하는 모습을 실 세계에서는 관찰하기 어렵지만, VR 속에서는 이와 거의 유사한 경험을 할 수가 있다.

매체의 역사를 살펴보면, VR도 교육현장에서 주류로 자리잡을 가능성은 그다지 높지 않다. 예컨대, 우리나라에서 ICT는 1990년부터 시작되었는데, 정부는 모든 학교에 컴퓨터실을 설치하고, 교수-학습을 위해 개인교수형 CAI를 보급하려고 하였다. 20여 년이 지난 현재의 교실을 보면, CAI 프로그램은 대부분 사라지고, 교실마다 교사용 컴퓨터와 LCD 프로젝터만이 살아남았다. 교육환경 밖에서는 스마트기기 사용이 보편화되었지만, 교실 안에서 학생이 사용하는 것에 대해서는 여전히 긍정적이지 않다. 일반교실에 학생이 사용할 수 있는 컴퓨터와 인쇄기가 설치된 곳도 거의 없다. 교육환경에서 오랫동안 주로 사용된 매체는 교사의 설명식 수업에 도움이 되는 것들이고, 학생이 사용하는 매체는 찾아보기 어렵다. VR도 교육현장을 변혁하기보다 CAI처럼 교실에서 사라지거나 아니면 PPT처럼 교사의 설명을 보조하는 도구로 살아남을 가능성이 높다.

이전의 매체가 그러하였듯이, 학교교육에서 VR의 생존은 무엇보다도 이 매체가 제공할 수 있는 교수-학습기능에 의해 결정될 것이다. 매체는 교육내용과 교수법의 일부를 담고 있으며, 교수자와 학습자 간의 매개 역할을 한다. 매체는 송신자와 수신자 간에 메시지를 전달하는 수단이다. 교육에서 메시지에 해당되는 학습내용을 학습자에게 전달하는 수단이 매체이다. 초기에 교육에서 매체는 하드웨어로 보는 경향이 있었다. 1910년대에 시청각매체 이후로 OHP, 라디오, 텔레비전 등이 이러한 시각으로 인식된 대표적인 매체들이다. 그러나, 최근에 컴퓨터공학의 발전으로 교수법 중 교수자가 수행하는 일부 기능이 매체에 구현되면서 매체가 교수자를 대체할 수 있다는 주장도 있다. 이러닝 콘텐츠는 교수자가 주로 행하던 설명이 콘텐츠에 담겨져 있으며, 학습자에게 질문을 제시하고, 학습자의 응답에 대하여 피드백을 제시한다. 이러한 교수자의 기능은 교수법으로 분류된다. 공학이 발전할수록 매체가 담당하는 교수자의 역할, 즉 교수기능(교수법)은 더욱더 늘어날 것으로 기대되고 있다.

새로운 매체가 등장할 때마다 교육현장에서 활용 방안은 교수법을 어떻게 바꿀 수 있느냐의 관점에서 논의된다. 특히 1980년대에 교육현장에 도입된 개인용 컴퓨터는 이러한 현상을 가장 잘 보여준다. 컴퓨터는 개인교수처럼 역할을 수행할 수 있다는 점에서 주목을 받았고, 인쇄 매체와는 달리 멀티미디어 자료를 교육에서 손쉽게 활용할 수 있도록 하여 이전과는 전혀 다른 형태의 수업으로 변형시켰다. 인터넷의 발전, 그리고 최근에 등장한 증강현실과 VR은 학습자에게 제공되는, 정확하게 말하면 학습자가 경험하는 메시지의 차원을 바꾸고 있다. VR과 교수법에 관해서는 다음 장에서 자세히 다룰 것이다.

참
고
문
헌

박성익 등(2000). **교육공학 탐구의 새 지평**. 서울: 교육과학사.

이영덕(1975). **교수공학이론**. 서울: 교육출판사.

Clark, R. (1983). Reconsidering on learning form media. *Review of Educational Research, 53,* 445–459.

Cromwell, S. (1998). The school of the future. Retrieved April 25, 2018 from http://www.educationworld.com/a_curr/curr046.shtml.

Kulik, J. E., Kulik, C. C. (1987). *Computer–based instruction: What 200 evaluaton say.* Paper presented at the annual meeting of the Association for Educational Communications and Technology, Altanta, GA.

Neal, E. (1998). Using technology in teaching: We need to exercise healthy skepticism. Chronical of Higher Education, June 19, p. B4–5.

Reiser, R. (1987). Instructional Technology: A history. In R. Gagné(Ed.), *Instructional Technology: Foundations*(pp.11–48). Hillsdale, NJ: Lawrence Erlbaum Associates.

Saettler, F. (1990). *The evolution of American educational technology.* Englewood, Colorado: Libraries Unlimited, Inc.

Smaldino, S., Lowther, D., Russell, J. Instructional Techology and Media for Learning. 이미자 등 (역). 교육공학과 교수매체. 서울: 아카데미프레스.

The New Media Consortium (2015). *The NMC Horizon Report: 2015 Higher Education Edition.* Retrieved July 31, 2016 from http://cdn.nmc.org/media/2015-nmc-horizon-report-HE-EN.pdf.

제 2 장

VR과 교수법

고유정(고려대학교)

VR과 교수법*

새로운 매체가 등장할 때마다 교육현장에서는 변화에 대한 기대감이 있어 왔다. 특히, 가르치는 방법에 해당하는 교수법은 매체에 의해 새롭게 탄생되기도 하고, 변형되기도 한다. 이 장에서는 교수법 측면에서 VR이라는 새로운 매체가 국내·외 교육현장에 활용되고 있는 모습을 살펴보고, 향후 활용 전망에 대해 논의하였다.

I 매체와 교수법

교수법은 교수(teaching)와 방법(method)으로 구성되어 있다. 교수는 가르치는 행위를 의미하고, 방법은 목표를 달성하기 위한 과정과 절차, 어떤 일을 해 나가거나 목적을 이루기 위하여 취하는 수단이나 방식(국립국어원, 2019)을 의미한다. 즉, 교수법은 가르치는 행위와 절차, 또는 학습목표를 달성하기 위한 수단이나 방법을 의미하며, 목표를 달성하기 위해 교수자가 조직한 다수의 활동으로 구성된다. [표 2-1]에서 볼 수 있듯이 다양한 종류의 교수법이 존재하며, 모든 상황에 가장 효과적인 교수법은 없다. 수업에서의 목표, 상황, 학습자 등을 고려하여 교수자가 가장 적합한 교수법을 선택해서 사용한다.

교수법의 선택은 사용 가능한 매체에 의해 결정되기도 한다. 예를 들어, 개별화 교수법에서는 학습자에게 개별적으로 수업자료가 제공되고, 학습자의 학

---

* 본 챕터는 "박인우, 류지헌, 조상용, 손미현, 장재홍(2017). 증강현실(AR)과 가상현실(VR) 콘텐츠 이해 및 교육적 활용방안. KERIS 이슈리포트"의 내용을 수정·보완하여 작성되었음.

표 2-1 교수법의 유형

목적 및 내용 \ 주체	교수자 주도	학습자 주도	상호작용
행동적 변화	• 강의식 지시적 교수법 • 수사학 교수	• 완전학습법 • 개별화 교수법 • 프로그램 교수 • 컴퓨터 보조수업	
인지적 사고	• 유의미 수용학습 • 과학 탐구 교수 • 사회 탐구 교수	• 개념 성취 교수법 • 개념 개발 교수법	• 인지적 도제 교수법 • 발문교수법 • 대화교수법 • 시넥틱스
사회적 관계개발	• 법리적 교수	• 집단조사 • 소집단 협동학습법 • 토의식 교수법 • 회의식 교수법	• 역할극
인본적 자아이해		• 비지시적 교수 • 자아이해	• 계약학습 • 생애개발

출처: 이성호, 2003, p. 61.

습 진행 과정, 반응, 수준에 따른 적합한 학습활동이 조직된다. 때문에 개별 학습자를 대상으로 이러한 기능을 전체 혹은 일부 수행할 수 있는 매체가 있을 때 개별화 교수가 이루어질 수 있다. 프로젝트 기반 수업의 경우도 학습자가 프로젝트 수행에 필요한 자료를 수집 및 분석하여 결과를 정리할 수 있게 하는 매체가 있을 때 가능해진다.

새로운 기능을 갖춘 매체는 새 교수법을 가능하게 하기도 한다. 거꾸로 교실 수업(flipped classroom)은 예습의 일종이지만, 자신이 수업을 받는 교수자의 설명이 담긴 동영상을 보며 예습한다는 점에서 이전의 녹화자료 활용 수업과 구별된다. 이전에도 녹화자료를 활용하여 이러한 수업이 가능했지만, 인터넷, 동영상 웹사이트, 학습관리체제(LMS: Learning Management System) 등의 활용이 손쉽게 이루어지면서 거꾸로 교실 수업 교수법이 새롭게 등장하게 되었다.

뿐만 아니라 새 매체는 기존 교수법이 더 쉽고 효과적으로 이루어질 수 있도록 한다. 설명식 수업에서 교수자는 PPT를 통해 수업자료를 체계적으로 제시할 수 있을 뿐 아니라 멀티미디어 자료도 곁들일 수 있다. 협동학습은 클라우드 컴퓨팅 기술을 활용하여 편리한 협업공간을 가지게 되었고, 토론수업은 대면이 아닌 원격으로, 음성이 아닌 글자로도 가능하게 되었다.

이처럼 매체와 교수법은 떼려야 뗄 수 없는 밀접한 관계에 있다. 때문에 새로운 매체가 등장할 때마다 새 매체로 인한 교육 전반의 큰 변화 또는 기존 교수법의 변형, 새로운 교수법의 발생 등과 같은 예측이 나타났다. 최근 각광받는 매체인 증강현실(AR: Augmented Reality)과 VR의 경우에도 과거와 비슷하게 현재의 교육, 특히 수업에서의 교수법에 큰 영향을 끼칠 것으로 기대되고 있다. 2차원 자료에 의존하는 기존의 시청각매체와는 달리, 3차원 공간과 촉각까지 추가되었다는 점에서 AR과 VR은 새 교수법을 가능하게 할 수도 있고, 기존 교수법을 변화시킬 수도 있을 것이다.

Ⅱ VR과 교수법

1. 국내 현황

VR은 실제 세계와 동일하게 3차원으로 구축되어 실제처럼 느낄 수 있는 가상의 세계이다. 국내에서도 VR을 교육에서 활용하기 위한 시도가 활발히 이루어지고 있다. [표 2−2]에 제시된 최근 5년간(2014~2018년) 국내 VR 적용 학습의 사례와 교수법 관련 특징을 정리하면 다음과 같다.

첫째, VR이 적용된 수업에서는 학습자 주도의 교수법이 많이 사용되었다. VR 활용 학습에서는 매체의 특성상 교수자의 일방적 설명을 통한 전달보다는 학습자 스스로가 직접 체험하거나 조작하는 형태의 학습활동이 많이 이루어진다. 임플란트 수술의 예에서 학생들은 실제 환자의 데이터를 바탕으로 만들어진 3D 환경에서 임플란트 수술의 전 과정을 수행하며 실제 수술행위를 재현한다(문성용, 최봉두, 문영래, 2016). 이러한 학습에서는 활동을 정확하게 수행하기 위해 단계마다 추가적인 자료의 도움을 받을 수 있고, 충분한 수준까지 습득하기 위해 가상

환경을 처음으로 되돌려서 반복 수행하는 것이 가능하다. 즉, 교수자의 설명에만 의존하여 학습하기보다 학습자가 주도적으로 학습활동에 참여하게 되는 것이다.

둘째, 개인별 학습활동이 주로 이루어졌다. 선행연구를 살펴보면 학생들은 HMD(Head Mount Display)를 착용하고 VR 속에서 달에 착륙해 중력을 경험(권종산, 2017)하거나 실제와 비슷하게 운전 연습(배재한, 노기영, 2015)을 하기도 하고, 문제행동을 보이는 학생 아바타를 다루었다(유승범, 2017). 여러 명의 학습자가 VR 속에서 동시에 만나 학습활동을 진행한 경우는 없이, 모두 VR 공간에서 개별적으로 학습을 하는 형태로 이루어졌다. 이는 VR 기반의 학습활동이 주로 3D 환경 속에서 컴퓨터나 HMD를 사용하여 이루어지는 물리적 특성을 이유로 꼽을 수 있을 것이다. 특히, 국내 대부분의 VR 활용 수업 사례에서 학습자는 HMD를 착용하여 활동을 수행하였다. HMD 기기는 최근에 저렴한 가격으로 출시되면서, 점차적으로 보급이 확대되고 있다. 집단을 기반으로 하는 교실의 형태에서 개인 기반의 HMD를 어떻게 효과적으로 접목시킬 수 있을지에 대해서는 많은 고민이 필요할 것이다.

셋째, 학습에 사용된 특정 교수법을 찾기 어려운 경우가 많았다. VR의 구축을 위해서는 다양한 소프트웨어가 사용될 뿐 아니라 프로그래머, 그래픽 전문가, 내용 전문가 등 여러 분야 전문가들의 참여가 필요하다. zSpace(https://zspace.com)나 CoSpaces Edu(https://cospaces.io)와 같은 가상공간을 손쉽게 꾸밀 수 있는 저작도구가 있기는 하지만, 현재의 기술로는 VR을 구축하는 것 자체가 쉽지 않은 과제이다. 이러한 이유로 VR의 교육적 적용과 관련된 많은 연구는 VR의 구축 수준에서 검토되는 경우가 많고(류지헌, 유승범, 2017; 소요환, 2016; 유승범, 2017), 실제 교실에서 활용된 사례나 사용된 교수법에 대한 연구는 드문 실정이다. 이런 점에서 김희수(2014)의 연구는 실제 교실에서 VR을 활용한 사례라는 점에서 주목할 만하다. 김희수(2014)는 교수법인 현장체험학습 모형을 먼저 설계하고, 그 모형에서 핵심 단계인 현장 탐사를 수행하는 데 VR을 활용하였다. 실제 현장으로 이동하는데 소요되는 비용과 시간을 절감하고, 현장에서 접근하기 어려운 곳까지 입체적으로 살필 수 있는 기회를 제공한다는 점에서 이러한 형태의 학습활동은 수업 현장에서 충분히 활용될 수 있을 것이다.

표 2-2 국내 VR 적용 학습 사례

연구자	VR 기법	주요 내용
권종산(2017)	HMD	초등학생들이 게임 속에서 우주선을 타고 달에 착륙한 후 여러 활동을 통해 중력을 경험
김다정, 전석주 (2014)	세컨드 라이프, 컴퓨터	초등학교 학생들은 세컨드 라이프 공간에서 교사의 지도에 따라 독도를 살펴봄
김희수(2014)	HMD	360도 카메라로 채석강 지역을 촬영한 후, 중학교 학생들에게 3D 파노라마를 활용하여 사이버 지질 탐사가 가능하도록 제공
류지헌, 유승범 (2017)	모니터, HMD, 조이스틱, Leap Motion	VR 학습환경에서 대학생 학습자가 다양한 공구들을 살펴보거나 금속 기계의 내부 구조를 학습할 수 있도록 하였음
문성용, 최봉두, 문영래(2016)	HMD, Leap Motion	실제 환자의 데이터에 기반하여 3D 모델을 완성한 후, 수련의들이 HMD와 Leap Motion을 통해 임플란트 수술을 단계별로 재현해 볼 수 있도록 구현함
박지숙, 임성환 (2016)	구글 카드보드, 구글 아트 프로젝트	1. 초등학생들이 구글 카드보드와 스트리트 뷰를 사용하여 유명한 조형물이 설치되어 있는 장소로 이동 후 작품을 관찰 및 감상 2. 구글 아트 프로젝트 웹페이지를 활용하여 자신만의 가상 미술관을 만들고 전시회를 기획함
배재한, 노기영 (2015)	HDTV 모니터, HMD	자동차 운전 시뮬레이션 게임인 City Car Driving을 통해 대학생 초보운전자가 실제와 같은 상황에서 운전 연습을 하도록 함
소요환(2017)	HMD	가상 실험실 환경에서 대학생들이 박테리아 분석을 위한 과학적 개념과 기술을 익히는 과정을 수행하도록 함
유승범(2017)	HMD	수업 시뮬레이션을 개발하여 대학생 참가자들에게 가상교실에서 문제행동을 보이는 학생 아바타를 대상으로 수업을 진행하고 문제행동에 대처하도록 함. 관리자가 수업 진행을 관찰하면서 문제행동을 일으키도록 아바타를 조종하고, 참가자는 이에 대한 언어적 지시를 함
채종우, 이진우, 정진기, 안영중 (2018)	HMD	선상의 밀폐공간 진입 훈련 프로그램을 개발하고 VR 훈련 시나리오를 통해 훈련참여자가 단계별로 학습할 수 있도록 함

국내 교육현장에서 VR을 적용한 연구를 살펴보았을 때 현재는 교육에서 활용될 수 있는 VR을 구축하고, 그 효과를 확인하는 수준임을 알 수 있다. VR의 개발에 수반되는 기술적 어려움으로 인해 교수법까지 고려하는 것이 힘들기는 하지만, 교육현장을 바꾸기 위해서는 VR의 개발단계에서부터 교실환경과 교수법에 대한 고려가 필요할 것이다. 새로운 매체가 소개될 때마다 교육현장에는 이로 인한 기대감이 형성되었고, VR의 경우에도 예외는 아니다. VR을 교육에 접목하는 것 자체만으로 교육이 변할 것이라고 막연히 기대하기보다는 이를 어떻게 교육에 효과적으로 활용할 수 있을지에 대한 고민이 필요하다.

2. 해외 현황

해외에서도 VR의 교육적 활용에 대한 관심이 많기 때문에 다양한 방식으로 활용되고 있다. 최근 5년간(2014~2018년) 해외 VR 적용 학습의 사례는 다음의 표에 정리되어 있다.

표 2-3 해외 VR 적용 학습 사례

연구자	VR 기법	주요 내용
Bhagat, Liou, & Chang (2016)	컴퓨터, 프로젝터	사격훈련장을 3D VR로 구현하고 게임을 하듯이 훈련을 실시함. 프로젝터에 제시된 가상 사격장의 목표물을 겨냥하여 사격하면 레이저가 겨냥한 곳에 표시되고 사격의 정확도를 알려줌
Cao (2016)	컴퓨터	배 조종실을 3D로 구현하고, 컴퓨터 화면으로 제시되는 배 조종실의 장치들을 조작하여 배를 운전하는 훈련을 실시
Cho & Lim (2017)	컴퓨터	지리 수업을 위해 가상공간에 나무, 호수 등을 구현하고 학생들은 이를 이용해 협력하여 방향을 계산하고 지형도 생성 등의 과제를 수행함
Dede, Grotzer, Kamarainen, & Metcalf (2017)	컴퓨터	학생들의 생태계 탐사를 위한 EcoXPT 프로젝트를 실시. 중학생들은 가상 생태계에서 다양한 자료를 여러 차례 반복해서 수집하고, 실제 생태과학자처럼 분석하고 사고하며 학습함

연구자	VR 기법	주요 내용
Dib & Adamo-Villani (2016)	컴퓨터	건축에서 사용되는 철골조 조립에 대한 학습을 위해 48개 유형의 철골조를 3D로 표현하고, 각각의 구조와 조립 과정을 관찰할 수 있도록 제공함
Doumanis, Economou, Sim, & Porter (2019)	컴퓨터	중고등학생들은 유럽연합 의회와 비슷하게 구성된 가상환경에서 온라인 상으로 토론을 실시. 3D 환경, 아바타, 오디오 등 다양한 모드를 통한 실시간 온라인 토론을 통해 학생들이 공간적, 감정적 몰입을 경험하게 함
García, Bobadilla, Figueroa, Ramírez, & Román (2016)	컴퓨터	기술자들은 고압선 관리 기능 습득을 위해 개발된 3D 자료를 통해 고압선 관리에 필요한 장비에 대해 알고, 고압선 관리를 단계별로 학습함
Grabowski & Jankowsk (2015)	HMD	광산 노동자들에게 발파작업 시 수행해야 하는 작업을 VR에서 단계별로 시나리오 형태로 제시하고, 가상의 폭발물과 도구를 활용하여 발파작업을 수행하도록 함
Ucar, Ustunel, Civelek, & Umut (2017)	HMD	화학적 결합에 대한 학습자료를 VR로 제작하여 중학생 학습자에게 제공하고, 화학적 결합 정도를 촉각으로 느낄 수 있는 도구를 사용하게 함

국내와 마찬가지로 해외 사례에서도 학습자 주도의 교수법이 많이 발견되었다. 대표적인 예로 가상 생태계를 활용한 EcoXPT(Dede, Grotzer, Kamarainen, & Metcalf, 2017) 프로젝트를 들 수 있다. 학습자들은 탐구문제를 받아 가상 생태계에서 이를 팀으로 해결하는 활동을 수행한다. 이 가상 생태계는 실제 생태계와 유사할 뿐 아니라, 교수자는 학습목표에 따라 생태계를 조작하고, 학습자는 원하는 곳을 손쉽게 살펴볼 수 있다는 장점을 가지고 있다. VR을 통해 학습자는 직접적인 체험을 하며 학습 내용과 적극적인 상호작용을 한다.

학습활동이 개인별로 이루어졌다는 점과 교수법이 고려된 경우가 많지 않은 점 또한 국내 사례와 비슷하다. 학습자들은 고압선 관리와 관련된 공구 및 관리 절차에 대해 학습(García, Bobadilla, Figueroa, Ramírez, & Román, 2015)하거나 광산의 발파작업을 수행(Grabowski & Jankowsk, 2015)하는 등 개별적으로 학습을 진행하였다. 배 조종실을 3D로 구현한 VR에서 훈련을 실시하고(Cao, 2016), 3D 자료를 통해 철골조 구조와 조립(Dib & Adamo-Villani, 2016) 또는 화학적 결합

(Ucar, Ustunel, Civelek, & Umut, 2017)에 대해 학습하는 경우에도 교수법으로 고려할 만한 활동은 제시되지 않았다.

국내와는 달리 해외에서는 VR을 수업의 도구로 활용하는 사례가 다수 발견되었다. 대학생들은 디자인 중인 자동차를 3D로 투사하여 아이디어를 교환(Abulrub, Attridge, & Williams, 2011)하거나 가상세계를 활용하여 HCI(human-computer interaction) 디자인과 관련된 아이디어를 생성, 공유하고, 공동의 작업공간으로 활용하였다(Vosinakis & Koutsabasis, 2012). 고등학생의 경우에는 VR 제작 기술과 창의적 문제해결력을 기르기 위해 교육용 VR을 제작하는 프로젝트를 수행하기도 하였다(Morales, Bang, & Andre, 2013).

수업 중 활용 가능한 교육용 VR과 3D 콘텐츠가 개발되어 유상 또는 무상으로 보급되고 있다는 점은 해외의 VR 관련 교육 동향 중 주목할 만한 점이다. 이 자료들은 특정 교수법에 얽매이지 않고 교육 현장에서 활용이 가능하다. 그 중 zSpace(https://zspace.com)에서는 현재 초중등 및 대학에서 활용 가능한 다양한 VR 앱과 콘텐츠를 개발하여 제공하고 있으며, [표 2-4]는 몇 가지 예시들을 보여주고 있다. 모든 콘텐츠는 3D로 구성되어 있으며, 고글과 스타일러스 펜을 이용하여 축소, 확대, 분해, 조립 등의 조작이 가능하다. 예컨대, Newton's Park에서는 가상공간에 물체를 배치하여 뉴턴의 법칙을 실험해 볼 수 있다. 이 콘텐츠는 VR 형태로 제작되었을 뿐 특정 교수법이 포함되어 있지 않아서 다양한 형태의 교수법에서 활용될 수 있다. 교수자가 설명하면서 VR을 활용하는 것도 가능하지만, 학습자의 직접적인 체험과 상호작용을 통해 내용을 확인할 수 있다는 점에서 학습자 주도 교수법 활용을 촉진할 가능성이 높다.

이상에서 분석한 결과를 종합해 보면, VR이 교육을 변화시킬 것으로 기대되고 있는 것과는 달리, 해외 교육현장에서도 실제 교실에 활용된 사례는 흔치 않다. 개별 학생이 VR 앱을 실행하는데 최소한으로 필요한 스마트기기와 HMD의 가격이 내렸음에도 불구하고, 이를 활용한 수업은 현재까지 쉽게 찾아보기 어렵다. 그러나 VR을 시범적으로 활용한 사례에서 학습자의 능동적 참여가 중심이 되는 교수법이 다수를 차지한다는 점은 VR의 활용이 향후 교실에서의 교수법을 바꿀 수 있을 것이라는 긍정적인 기대감을 갖기에 충분하다.

표 2-4 zSpace사의 VR 교육용 앱 및 콘텐츠 예시

이름	관련 과목	주요 내용
zSpace Studio	전 과목	3D 형태로 구현된 수천 개 이상의 객체를 비교, 분해, 분석, 측정 등의 조작이 가능함
Newton's Park	물리학	물리학에서 뉴턴의 법칙과 관련된 다양한 실험을 구성하고 실행할 수 있는 VR
Franklin's Lab	전기	전기 회로를 구성하여 실험해 볼 수 있는 VR
Curie's Elements	화학	덴마크의 물리학자 보어와 함께 주기율표와 각 물질에 대한 원자모형을 탐색해 볼 수 있는 VR
Euclid's Shapes	수학	기하학 학습에 필요한 도형을 조작 가능한 형태로 제공하는 VR
Leopoly	전 과목	3D 디지털 객체를 생성, 수정할 수 있는 도구
VIVED Science	생물학	생물의 신체 구조를 3D 객체로 표현하여 해부학을 학습할 수 있는 VR
VIVED Anatomy	생물학	인간의 신체 구조를 해부학 관점에서 3D 자료로 표현한 VR
VR Automotive Mechanic	공학	자동차 주요 부품의 분해, 조립, 확대, 축소 등의 조작이 가능한 3D 형태로 제작된 VR

III 교수법 측면에서 VR의 활용 전망

매체는 특정 교수법을 촉진하기도 하고, 방해하기도 한다. VR은 물리적인 세계에서는 경험하기 어려운 내용까지도 체험을 가능하게 한다는 점에서 이전의 매체와는 내용을 표현하는 방식이 확연히 구분된다. 교수자는 VR의 풍부한 내용 표현을 활용하여 설명식 수업을 진행할 수도 있을 것이다. 예를 들면, 인체의 내부를 볼 수 있도록 제작된 VR을 활용하여 설명함으로써 인쇄물, 사진, 동영상 등의 매체보다 풍부한 정보를 제공하는 데 도움을 받을 수 있을 것이다.

또한, 학습자의 직접적인 조작이 가능한 VR의 특성으로 인해 학습자 참여 중심의 교수법이 촉진될 수도 있을 것이다. VR 속에서 학습자들은 태양계, 달, 인체 내부 등과 같이 실제 세계에서는 탐색하기 어려운 부분까지 체험하며, 필요에 따라 조작을 하거나 처음 상태로 되돌리는 등의 활동의 수행이 가능하기

때문이다. 이처럼 VR을 학교현장에서 어떻게 활용하느냐에 따라서 교수자에게도 도움이 될 수 있고, 학습자에게도 도움이 될 수 있을 것이다.

학교교실에서 VR의 향후 활용 전망과 관련해서는 여선민(2010: 46)의 연구가 좋은 참고자료가 된다. 이 연구에서는 AR 콘텐츠 활용 수업과 전통적 설명식 수업에서 수행된 학습활동을 비교하였다. 그 결과 AR 콘텐츠 활용 수업은 전통적 수업에 비해 교사주도의 학습활동이 크게 줄어든 반면, 자료조작 및 활용이 크게 증가하는 모습을 보였고 학습자의 주의집중도 좋아졌다. 학습자의 직접적인 조작을 필요로 하는 AR 콘텐츠 활용으로 인해 이러한 활동이 더 많이 이루어지게 된 것으로, 매체가 교수－학습 활동과 교수법에 영향을 준 대표적인 예로 볼 수 있다.

표 2-5 교수법에 따른 교수-학습 활동 횟수와 비율

교수-학습 활동	AR 콘텐츠 활용 수업(10개)		전통적 설명식 수업(10개)	
	횟수	%	횟수	%
학습준비	132	11.0	6	0.5
교사주도의 학습활동	351	29.3	650	54.2
정보검색 및 자료 수집	87	7.2	60	5.0
자료 조작 및 활용	228	19.0	40	3.3
토의 및 토론	132	11.0	239	19.9
자료 작성 및 제작	194	16.2	186	15.5
주의집중	76	6.3	19	1.6
합계	1,200	100.0	1,200	100.0

이 연구 결과로 미루어 볼 때, VR은 교실에서 학습자 주도의 교수법이 더 많이 이루어지도록 할 가능성이 있다. 그러나 여선민(2010)의 연구에서 AR 콘텐츠 활용 수업의 학습 준비를 주목할 필요가 있다. 연구 결과에서 AR 콘텐츠 활용 수업은 수업이 시작된 후에도 학습을 준비하는 활동의 비율이 11%로 전통적 설명식 수업에 비해 매우 높았다. 즉, 전통적 수업 때보다 학습을 준비하는 데 총 수업시간의 11%를 할애했다는 의미이다. 교실에서 VR의 보편적인 활

용을 위해서는 이 준비 시간이 다른 매체를 활용할 때, 특히 전통적 교수법에서 사용되는 매체를 활용할 때와 비슷해져야 할 필요가 있을 것이다. 교사가 다른 매체와 동일한 수준 또는 그 이하의 노력으로 매체를 활용할 수 있을 때, 해당 매체는 교실에서 더욱 빈번하게 사용될 수 있을 것이다.

국립국어원 (2019). 표준국어대사전. stdweb2.korean.go.kr

권종산 (2017). 실감가상현실을 활용한 경험학습 게임 콘텐츠의 개발 및 평가에 대한 연구. 서울대학교 대학원 박사학위 청구논문.

김다정, 전석주 (2014). 현장체험학습을 위한 가상학습 기반 수업모형의 설계 및 적용. **정보교육학회논문지, 18**(1), 133–142.

김희수 (2014). 3D 파노라마 가상 현실 기술을 이용한 지질 답사 학습 자료의 개발과 적용. **한국지구과학, 35**(3), 180–191.

류지헌, 유승범 (2017). 가상현실 학습환경에서 동작기반 인터페이스가 실재감 지각 및 수행에 미치는 효과. **한국교육학연구, 23**(1), 35–56.

문성용, 최봉두, 문영래 (2016). 가상현실을 이용한 치과 임플란트 수술 교육. **전자공학회논문지, 53**(12), 169–174.

박지숙, 임성환 (2016). 가상체험을 활용한 미술영재의 감상 수업 연구. **조형연구, 60,** 183–207.

배재한, 노기영 (2015). 가상현실 시뮬레이션 게임의 학습효과에 대한 실험연구. **한국컴퓨터게임학회논문지, 28**(2), 103–111.

소요환 (2016). 가상현실 시뮬레이션 학습의 현존감과 매개변인 몰입이 학습성과에 미치는 영향. **커뮤니케이션 디자인학연구, 57**(0), 57–69.

여선민(2010). 증강현실 기반 콘텐츠 활용 수업의 효과성 분석. 원광대학교 교육대학원 석사학위 청구논문.

유승범 (2017). 수업 문제행동 대처를 위한 착용형 디스플레이와 학생 아바타 기반의 가상현실 시뮬레이션 개발. 전남대학교 대학원 석사학위 청구논문.

이성호(2003). **교수방법론**. 서울: 학지사.

채종우, 이진우, 정진기, 안영중 (2018). 밀폐공간진입을 위한 가상현실(VR) 훈련의 효과. **해양환경안전학회지**, **24**(2), 232–237.

Abulrub, A. G., Attridge, A., & Williams, M. A. (2011). Virtual reality in engineering education: The future of creative learning. *International Journal of Emerging Technologies in Learning*, *6*(4), 71–78.

Bhagat, K. K., Liou, W., & Chang, C. (2016). A cost-effective interactive 3D virtual reality system applied to military live firing training. *Virtual Reality*, *20*(2), 127–140.

Cao, F. (2016). A ship driving teaching system based on multi-level virtual reality technology. *International Journal of Emerging Technologies in Learning*, *11*(11), 26–31.

Cho, Y. H., & Lim, K. Y. T. (2017). Effectiveness of collaborative learning with 3D virtual worlds. *British Journal of Educational Technology*, *48*(1), 202–211.

Dede, C., Grotzer, T. A., Kamarainen, A., & Metcalf, S. (2017). EcoXPT: Designing for deeper learning through experimentation in an immersive virtual ecosystem. *Journal of Educational Technology & Society*, *20*(4), 166–178.

Dib, H. N., & Adamo-Villani, N. (2016). A virtual steel sculpture for structural engineering education: Development and initial findings. *Journal of Educational Technology Systems*, *44*(4), 430–449.

Doumanis, I., Economou, D., Sim, G. R., & Porter, S. (2019). The impact of multimodal collaborative virtual environments on learning: A gamified online debate. *Computers & Education*, *130*, 121–138.

García, A. A., Bobadilla, I. G., Figueroa, G. A., Ramírez, M. P., & Román, J. M. (2016). Virtual reality training system for maintenance and operation of high-voltage overhead power lines. *Virtual Reality*, *20*(1), 27–40.

Grabowski, A., & Jankowski, J. (2015). Virtual reality-based pilot training for underground coal miners. *Safety Science*, *72*, 310–314.

Morales, T. M., Bang, E., & Andre, T. (2013). A one-year case study: Understanding the rich potential of project-based learning in a virtual reality class for high school students. *Journal of Science Education & Technology, 22*(5), 791–806.

Ucar, E., Ustunel, H., Civelek, T., & Umut, I. (2017). Effects of using a force feedback haptic augmented simulation on the attitudes of the gifted students towards studying chemical bonds in virtual reality environment. *Journal of Educational Technology Systems, 44*(4), 430–449.

Vosinakis, S., & Koutsabasis, P. (2012). Problem-based learning for design and engineering activities in virtual worlds. *Presence: Teleoperators & Virtual Environments, 21*(3), 338–358.

제 3 장

VR의 이론적 기초

한인숙(Temple University)

VR의 이론적 기초

새로운 테크놀로지의 교육적 활용에 대한 연구는 다양한 인지, 학습 이론들에 기반하여 이루어져 왔다. 최근 교육적 도구로 주목받기 시작한 VR은 다양한 가상환경 기기와 콘텐츠의 폭발적인 증가와 비교하였을 때, 효과적 활용을 뒷받침 해주는 이론에 기반한 실증적인 연구는 아직 부족한 편이다. 따라서, 본 장에서는 VR의 설계, 개발, 적용에 적용될 수 있는 이론들을 소개하고, 이론에 근거한 VR 활용의 교육적 효과성에 대해 논의하고자 한다.

I VR의 발달과 개념

VR의 설계, 개발, 적용과 관련된 이론들에 대해 논의하기 위해서는 VR이 발달해온 과정과 함께, 기존 연구들이 VR을 어떻게 정의했는지 이해할 필요가 있다. VR을 어떻게 정의하느냐에 따라 설계, 개발의 형태 및 교육적 효과에 대한 관점이 다르기 때문이다.

1. VR의 발달 배경

VR은 1960~70년대 비행 시뮬레이션 등 군사훈련의 목적으로 만들어지기 시작한 이후 발전을 거듭해왔다. 초기의 VR은 주로 복잡하고 위험한 기계를 조작하거나 직업 훈련 상 필요한 절차적 지식을 익히는 데 이용되었기 때문에, 사전적 지식이나 개념 학습을 주로 하는 교육에는 널리 적용되지 않았다. 또한, VR을 개발하는 데 소요되는 막대한 비용과 고가의 장비들로 인해 교육 현장에 쉽게 적용될 수 없었다(Mantovani, Gaggiolo, Castelnuova, & Riva, 2003). 그러나, 직업 훈련에서 VR의 효과성이 입증되면서 학습과 교육을 증진시키기 위한 VR의 개발과 활용에 대한 관심이 증가하기 시작하였다. 1990년대 말과 2000년대 초반을 거치면서 다중사용자 가상환경(MUVEs: Multi-user virtual environment)이 교육용 VR로 개발되기 시작하였으며, VR 테크놀로지의 급속한 발전으로 교육용으로 활용될 수 있는 작고 간편하며 좀 더 저렴한 기기와 환경이 마련되면서 VR의 교육적 활용에 대한 연구가 더욱 활발해졌다. 하지만, 교실에서 VR을 활용하기 위해서 필요한 테크놀로지 인프라 확충, 초고속 인터넷 망 설치, 학생당 기기 수, 다양한 학습자료 개발 등 현실적인 제약 요건(Richards, 2017)으로 인해 연구 목적을 뛰어넘어 실제 교실에서 활용하는 데는 여전히 어려움이 많았다. 그런데, 2015년 이후부터 다양한 VR 기기들(Google Daydream, Samsung Gear VR, Facebook Oculus Quest 등)이 급속도로 보급되기 시작하면서 교육용으로 활용될 수 있는 다양한 VR 콘텐츠도 폭발적으로 개발되기 시작하였다. 그 중에서도 주목할만한 것은 Google사에서 개발한 카드보드로 만들어진 VR 기기로, Google Cardboard는 2015년 판매를 시작하면서부터 1만원~2만원 내외의 저렴한 가격과 더불어 다양한 스마트폰 제품군과의 기기 호환성 및 간편한 작동법, 그리고 교육용으로 최적화된 연관 콘텐츠 제공으로 교육 장면에서 VR을 좀 더 손쉽게 활용할 수 있는 가능성을 열어주었다. 실제, 2015년 이후 NASA와 National Geographic 등의 기관에서 수많은 교육용 VR콘텐츠를 개발하고 무료로 제공하고 있다. VR의 교육적 활용을 위한 이러한 제반 여건이 갖추어지면서, 교육현장에서의 관심이 더욱 증가되었고, 매년 미국에서 발간되는 Horizon Report는 VR을 가까운 미래의 교육에 영향을 미칠 중요한 테크놀로지 발달 중 하나로 손꼽고 있다(Freeman, Adams Becker, Cummins, Davis, & Hall Giesinger, 2017).

2. VR의 개념과 정의

VR은 1990년대 이후 교육 연구 분야에서 다양한 명칭과 형태로 개발되고 연구되어 왔다. VR(virtual reality), 가상환경(virtual environment), 가상학습환경(virtual learning environment), 다중사용자 가상환경(MUVE: multi-user virtual environment) 뿐만 아니라, 가상과 물리적 환경이 결합된 형태인 증강현실(augmented reality) 까지 많은 용어들이 혼용되고 있다. Dede와 Jacobson, Richards(2017)는 다양한 형태의 VR을 실감 미디어(immersive media)로 통칭하고 크게 VR, 다중사용자 가상환경, 그리고 혼합현실 세 가지로 분류하였다.

- VR(Virtual Reality): VR은 시각, 청각 그리고 촉각 인터페이스를 통해 감각적 실감성을 제공해주는 환경으로, VR 속 사용자들은 디지털 환경 내에 만들어진 상황 속에서 본인의 신체적 움직임에 반응하여 보여지는 환영을 통해 실제 세계에 있는 것처럼 느끼고 경험할 수 있다.
- 다중사용자 가상환경(MUVE: Multi-user Virtual Environment): 다중사용자 가상환경은 사용자로 하여금 디지털 환경 상에 투영된 본인의 아바타를 통해 컴퓨터 그래픽으로 만들어진 가상의 환경을 실제 세계처럼 경험할 수 있도록 만들어진 인터페이스로 가상 환경에 실제 본인이 존재하는 것과 같은 실재감을 느낄 수 있게 해준다.
- 혼합현실(MR: Mixed Reality): 혼합현실은 실제와 가상의 세계를 다양한 방식으로 결합한 것으로, 사용자가 발 딛고 있는 현실 위에 가상의 가공된 정보를 제공함으로써, 좀 더 증강된 심리적 실감을 제공한다.

이 외에도 Girvan(2018)은 가상세계(Virtual Worlds)와 다른 형태의 VR을 비교하면서, 현재 가상환경 연구에서 사용되고 있는 다양한 이름과 정의를 명확히 하고자 하였다. 가상세계는 아바타로 표상되는 사용자가 컴퓨터 그래픽으로 만들어진 가상의 환경에서 지속적으로 존재하면서 다른 다수의 사용자와 상호작용하고, 가상의 콘텐츠를 직접 제작할 수 있는 환경을 말한다. 이러한 가상세계는 Gee(2003)가 정의하는 게임의 요소를 필수로 포함하지 않는다는 점에서 MMO(RP)Gs(massively-multiplayer online (role-playing) games)와 구별되며, 다수가 아닌 한 명의 사용자가 존재하는 가상환경(virtual environment)이나 가상시뮬레이션(virtual simulation)과도 구분된다.

이렇게 다양한 방식으로 개발된 VR은 어떠한 기기를 통해 경험하는지에 따라서 다르게 분류되기도 한다. VR의 초기 버전으로 많이 개발되었던 데스크톱 VR은 입체적인 3차원의 이미지를 컴퓨터를 통해 보면서, 학습자가 마우스, 조이스틱, 혹은 데이터글로브와 같은 VR 주변기기를 사용하여 그래픽과 상호작용 수 있도록 만든 형태이다. VR CAVE는 작은 방 안의 벽 앞쪽과 양 옆에 컴퓨터 그래픽으로 만들어진 영상을 프로젝션을 통해 투영하여 학습자가 방 중간에서 VR 속에 포함된 것과 같은 실감성을 느낄 수 있도록 해준다. 특히, 여러 사람이 함께 같은 가상의 공간을 경험할 수 있다는 장점과 움직임의 동작 감지 센서를 활용한 혼합현실의 제공에도 용이하다. 마지막으로 머리에 기기를 장착하고 VR을 좀 더 실감있게 체험할 수 있도록 해주는 HMD(head-mounted display)를 사용하는 실감형 VR이 있다. 사용자의 머리 움직임에 따라 보여지는 화면이 함께 움직임으로써, 사용자의 1인칭 관점에서 VR을 체험할 수 있다는 장점이 있다.

Ⅱ VR의 이론적 기초

VR을 정의하는 다양한 용어만큼, VR의 교육적 활용의 효과성을 설명하고 지지할 수 있는 이론적 근거를 한 가지로 정의하기는 어렵다. VR이 개발되는 형태, 사용되는 맥락과 양상에 따라 기대할 수 있는 교육적 효과는 다르게 나타나기 때문이다. 따라서, 본 장에서는 VR의 다양한 개발 형태, 사용 방법을 폭넓게 포괄할 수 있는 큰 틀의 이론적 기저를 제시하고, 구체적인 VR의 예시를 통해 어떻게 이론이 실제 VR의 개발과 적용을 뒷받침해주고 있는지 논의해 보고자 한다.

1. 구성주의

테크놀로지의 발달과 함께 가장 활발히 논의되고 있는 이론 중 하나가 구성주의적 학습이론이다. 행동주의와 인지주의가 지식은 인간의 외부에 객관적으로 존재하며, 지식을 알아가는 과정, 즉 학습에 대해 심리학적으로 접근하려고 한 반면, 구성주의는 지식이란 무엇이며 어떻게 구성되는지에 대한 철학적 규명에 더 관심을 가진다. 따라서, 지식이란, 인간의 외부에 존재하는 것이 아니라 지식을 쌓고 배워가는 주체인 학습자에 의해 구성되는 주관성을 지니고 있는 것으로 보고 구체적인 상황이나 맥락에 따라 다르게 구성될 수 있다고 가정한다. 지식이 구성되는 과정 역시 기존의 학습 이론의 관점에서 보는 것과 같이 정보 전달의 유용성의 측면에서 어떻게 절대적인 지식을 좀 더 효과적으로 전달해 주고 기억할 수 있도록 도와주는지에 초점을 맞추는 것이 아닌, 학습자 개인이 다른 사회 구성원 혹은 물리적 환경과 다양하게 상호작용하고 협상하는 과정을 통해 어떻게 스스로 지식을 구성해 나가는지를 더 관심 있게 연구한다. 특히, 교수자에서 학습자로 일방적인 정보 전달이 일어났던 과거와는 달리, 테크놀로지의 발달은 학습자들이 정보에 더욱 쉽게 접근할 수 있도록 하고, 다양한 테크놀로지 도구를 활용한 정보의 분석, 가공, 활용, 그리고 생산을 가능하게 해줌으로써, 학습자가 능동적인 학습의 주체로 지식 구성의 과정에 적극적으로 참여할 수 있도록 해준다. 따라서, 구성주의는 이러한 테크놀로지를 활용한 효율적인 교수, 학습 활동을 설계, 개발할 수 있는 큰 이론적 틀을 제시해 준다.

1) 인지적 구성주의

Piaget의 발달이론에 바탕을 둔 인지적 구성주의는 개인의 인지발달은 자연적으로 일어나는 성숙과 더불어 동화(assimilation)와 조절(accommodation)의 과정을 통해 능동적으로 발달하게 된다고 설명한다. 즉, 학습자는 기존의 경험을 통해 얻은 인지구조(schema)를 통해 새로운 경험을 해석하고 받아들이게 되는데, 새로 제공된 정보가 기존의 인지구조로 잘 해석되는 것일 경우 동화를 통해 새로운 지식을 쉽게 받아들이게 된다. 반대로, 새로운 정보가 기존의 인지구조로 잘 해석되지 않거나, 모순되는 점이 발견될 경우, 학습자는 이로 인해 발생하는 인지적 불균형을 해소하기 위해 조절의 과정을 통해 본인의 인지구조를 수정, 보완하며 다시 인지적 평형 상태를 유지하려고 한다. 이렇듯, 학습자는 인지적 평형 상태를 유지하기 위해 적극적으로 상황을 해석하고 기존의 인지구조를 변형시키면서 능동적으로 인지발달을 이루게 된다. 그렇기 때문에 학습 과정에서 적절한 인지적 갈등상황이 발생할 수 있도록 적절하게 학습 자료를 제시해주고 스스로 동화와 조절 과정을 통해 갈등을 해결해 나가면서 지식을 습득해 나갈 수 있도록 능동적 학습 기회를 만들어주어야 한다. Seymour Papert의 구성주의(Constructionism[1])와 Kolb의 경험학습(experiential learning)은 이러한 Piaget의 발달이론에 바탕을 둔 것으로, VR의 교육적 효과를 잘 설명해줄 수 있는 학습 이론들이다.

(1) 경험학습(experiential learning)

먼저, 경험학습은 단순 암기나 직접 교수 등의 방법과는 다르게 학습자들이 직접 경험을 통해 배우는 것을 강조한다. 경험을 통한 배움은 직접 손으로 조작해보는 것을 넘어, 구체적인 경험에 대해 학습자가 성찰하고 추상적 개념화를 이루어내는 좀 더 고차원적인 학습 과정을 포함한다(Kolb, 2014). 경험학습 이론은 Dewey와 Lewin의 경험주의, Piaget의 인지발달이론에 근간을 둔 것으로, 최초로 이론을 모형화하고 실제 교육에 적용하고자 했던 대표적인 학자가 Kolb이다. Kolb는 경험학습의 단계를 네 가지의 순환적인 과정으로 정의하였다. 1) 실제적인 경험이 이루어지는 구체적인 경험(concrete experience), 2) 다양한 관점에서 경험을 성찰하는 반성적 관찰(reflective observation), 3) 반성적 관찰을 바탕으로 구체적인 경험을 개념화하고 일반적인 원리를 도출하는 추상적 개념화(abstract conceptualization), 그리고 4) 구체적인 경험을 바탕으로 얻어진 개념을 다른 상황에 적용하고 검증해보는 능동적 실험(active experimentation)의 네 단계가 계속 반복되면서 학습자가 새로운 개념과 지식을 배우고 학습이 이루어진다는 것이다. 이러한 구체적 경험과 반성적 사고는 Dewey의 경험주의,

---

1) Constructivism의 V가 아닌 N을 쓰는 Constructionism은 학습은 점진적인 내면화 과정을 통해 "지식의 구조를 만드는 것'이라는 구성주의(constructivism)의 관점에서 더 나아가, 학습은 학습자가 무언가를 만들어 공유하는 과정에 적극적으로 참여함으로써 더 잘 일어나게 된다는 점을 강조한다(Papert & Harel, 1991, p. 1).

그리고 Piaget가 주장하였던 인지적인 동화와 조절 과정을 포함하는 것으로 학습자가 구체적인 경험을 기존의 지식 구조에 통합시키며 새로운 지식을 생성해 나가는 능동적인 과정을 바탕으로 한다.

경험학습은 VR의 교육적 효과를 설명할 수 있는 이론적 토대 중 하나로, 여러 VR 중 체험학습을 가능하게 해주는 가상 체험학습 콘텐츠의 활용을 가장 잘 뒷받침해줄 수 있다. 가상환경은 컴퓨터 그래픽을 통해 가상의 현실을 실제와 같이 보이게 만든 것으로 직접 그 장소에 가지 않더라도, 지금 있는 물리적 공간에서 시, 공간을 초월한 가공의 현실을 실제처럼 경험할 수 있다는 장점이 있다. 이러한 VR은 학습자들에게 너무 멀어서 직접 가지 못하는 곳, 과거에 일어난 사건, 혹은 위험해서 직접 해볼 수 없는 것들을 직접 경험해볼 수 있도록 해준다. 이러한 VR의 예로 Google Expeditions를 들 수 있는데, Google Expeditions는 2017년 Google사에서 교육용으로 서비스를 시작한 모바일 앱으로 1,000여 개가 넘는 3차원의 체험학습 콘텐츠를 무료로 제공한다. 학습자들은 문화/예술, 풍경, 과학, 환경, 세계, 직업, 대학 등 6개의 대분류 안에 각 나라의 주요 박물관, 주요한 문화, 예술, 역사적 공간, 고대 이집트와 현재 세계 도시들의 풍경, 인간의 몸 속 순환계나 해저, 우주 등 가보기 어려운 곳들을 직접 체험할 수 있다(Freeman et al., 2017). Google Expeditions는 Google Cardboard와 같이 스마트폰을 끼워 넣어 렌즈를 통해 콘텐츠를 볼 수 있게 해주는 VR 콘텐츠 뿐 아니라, 최근에는 실제 물리적 공간 상에 스마트폰으로 컴퓨터 그래픽을 띄워서 볼 수 있는 증강현실(Augmented Reality) 콘텐츠도 제공하고 있다. 가상 체험학습 콘텐츠를 통해 학습자들이 실제와 유사한 구체적인 경험을 하고, 이를 바탕으로 반성적 관찰, 추상적 개념화, 능동적 실험이 순환적으로 이루어질 수 있도록 학습 경험이 설계된다면, 교실 안에서 이루어지는 폭넓은 경험을 바탕으로 교육적 효과가 증가될 것으로 기대된다. 이러한 교육적 기대 효과뿐만 아니라, 가상 체험학습은 실제 물리적인 공간을 방문함으로써 이루어지는 전통적인 방법의 체험학습과 비교하였을 때, 시간, 공간적 제약 없이 더 많은 곳을 방문해볼 수 있다는 점 이외에도 예산상의 제약에서 벗어나 더 많은 학습자들에게 동등하게 체험의 기회를 제공해 줄 수 있다는 교육기회 평등의 관점에서도 장점을 찾아볼 수 있다(Luke, 2014).

(2) 구성주의(Constructionism)

구성주의는 학습자가 지식을 스스로 구성해 간다는 구성주의(constructivism)와 맥락을 함께 하면서 실제 학습자들이 지식에 이르는 과정을 주변 환경과의 물리적 상호작용에 초점을 두어 설명한다. 즉, 학습자들이 직접 학습자료를 조작하고 물리적 혹은 디지털 형태의 결과물을 만들어내는 과정을 통해 지식을 구성해 나간다는 관점으로, Seymour Papert가 Piaget의 인지발달 이론에 근간을 두고 제안한 이론이다(Papert, 1980). 구성주의에 따르면 지식은 학습자가 주위 환경에 있는 물체들과 물리적인 상호작용을 하면서, 스스로 물체를 조작하고 물리적 결과물을 만들어내는 과정을 통해 형성되며, 이러한 과정이 학습의 가장 핵심적인 부분이다. Papert에 의하면 학습자들은 무언가를 만들어내는 과정을 통해 각자의 생각과 느낌을 밖으로 표현(외현화: externalization)하게 되는데 이러한 과정이 학습의 핵심적인 과정이라는 것이다. 학습자들은 결과물을 만들어내는 과정을 통해 본인의 생각을 표현하고 구체화시킬 수 있으며, 다른 학습자와 구체적인 결과물을 공유하고 대화를 할 수 있게 된다. 이와 같은 자기주도적인 학습 과정, 만들기를 통한 학습(learning by making)을 거치면서 학습자들은 본인의 이해를 바탕으로 만들어낸 결과물을 인지적 도구로 삼아 다시 반추하고 탐구하며 수정함으로써, 지식을 점차 명료하고 견고하게 발전시킬 수 있다. 이러한 관점을 바탕으로 Papert가 1960년대 개발한 Logo 프로그래밍 언어는 학습자로 하여금 디지털 '거북(turtle)'의 움직임을 제어하는 코딩을 배울 수 있게 해주는 것은 물론, 거북이의 움직임을 조작하면서 다양한 도형의 속성을 배울 수도 있게 해준다. 이 모델링 프로그램을 시작으로, 이후 MIT media lab에서는 좀 더 발전된 형태의 모델링/프로그래밍 프로그램들이 개발되었는데, Logo 프로그래밍 언어의 발전된 형태로 K-12 학생들에게 컴퓨팅 사고력(computational thinking)을 가르칠 수 있도록 Uri Wilensky가 만든 NetLogo, 그리고 Eric Klopfer가 개발한 3차원 그래픽 블럭 프로그래밍 인터페이스인 StarLogo, 현재까지도 널리 활용되고 있는 Mitchel Resnick이 개발한 Scratch 등이 있다.

구성주의를 바탕으로 꾸준히 이루어진 연구와 개발은 최근 VR 기술의 발달로 2차원 그래픽을 활용한 컴퓨터 기반 환경에서 3차원으로 옮겨지고 있다. 발달된 그래픽과 기술로 좀 더 생생하고 실제와 같은 이미지들을 활용하게 되면서 VR은 학습자들로 하여금 좀 더 증강된 실재감을 느끼고 학습에 몰입할 수 있게 해준다. VR이 교육의 장으로 주목받기 시작한 1990년대 중후반 이후, 학습자들이 실제 가상의 세계 안에서 물체를 직접 만들어낼 수 있는 교육적 환경으로 가상세계(예: Second Life)에 대한 많은 연구가 이루어진 이후, 학습에 초점을 맞추어 다양한 VR이 개발되기 시작하였다. 한 예로, Anatomy Builder VR은 HTC Vive, 동작 컨트롤러와 센서를 사용하여 가상환경 내에서 사람과 동물의 뼈를 직접 조작하여 분류하고 조립하여 비교해보는 학습용 VR 도구이다 (Seo et al., 2017). 이 VR은 학습자가 뼈를 여러 각도로 돌려보고 3차원의 공간에서 직접 조작함으로써, 뼈의 구조에 대한 공감각적, 시각적 이해도를 증진시키고 해부학 개념을 습득할 수 있도록 도와준다. 또 다른 예로는 Papert의 연구를 이어받아 MIT media lab에서 계속 발달시켜온 것으로 가장 최근에 연구, 개발된 Mathland를 들 수 있다. Mathland는 혼합현실 기반 학습 환경으로 마이크로소프트사의 Hololens를 사용하여 학습자들이 물리적 공간과 가상의 현실이 혼합된 환경에서 서로 협동하며 수학 개념을 탐구하고 놀이를 통해 문제풀이를 할 수 있도록 함으로써, 수학 학습의 흥미를 높여준다.

2) 사회적 구성주의

인지적 구성주의와 함께 구성주의의 한 축을 이루는 사회적 구성주의는 Vygotsky의 발달심리이론에 기초를 두고 있다. Piaget의 발달 이론이 개인에 초점을 맞추어 인간의 인지발달을 설명하려고 하였다면, Vygotsky는 지식이 구성되어 나가는 사회적 환경과 요인에 초점을 두고 인간의 인지발달의 사회적 측면을 강조하였다. 즉, 인간은 타인과의 관계로부터 영향을 받으며 성장하는 사회적 존재이며 개인의 인지적 발달은 사회적 상호작용의 결과라는 것이다. 특히, 사회적 상호작용을 위한 '도구'로 언어의 중요성을 설명하면서, 인간은 언어를 통해 자기의 생각을 표현(externalization)하고 다른 사람과 상호작용하며,

언어를 매개로 이루어지는 상호작용이 다시 내면화(internalization)되면서 인지적 발달이 이루어진다고 하였다. 인지적 구성주의를 바탕으로 Constructionism을 주장하였던 Papert가 사고의 외연화 수단으로 디지털 혹은 컴퓨터 기반 도구 활용을 주장했다면, Vygotsky는 인지발달은 언어라는 도구를 통한 사고의 표현, 공유, 반성, 그리고 내면화를 통해 이루어진다고 하였다. 학습자의 인지적 발달이 효과적으로 이루어질 수 있도록 돕기 위해서는 현재 학습자의 인지 발달 상태를 이해하고 적절한 사회적 상호작용의 기회를 제공해 주는 것이 중요한데, 이를 위해 Vygotsky는 근접발달영역(ZPD: Zone of Proximal Development)을 제시하였다. 즉, 학습자가 현재 발달 상태를 넘어서는 인지적 발달을 이루기 위해서는 근접발달영역 내에서 다른 사회적 구성원들과의 상호작용을 통해 사회적 합의에 도달하는 과정이 중요하기 때문에, 사회적 구성주의에 바탕을 둔 많은 연구들은 학습자들에게 서로 상호작용하며 협동할 수 있는 학습 기회를 제공해주는 것에 초점을 두고 있다. 최근 발달한 다중사용자 기반 가상환경 내에서는 아바타로 표상되는 학습자 자신이 가상의 환경을 탐험하면서, 지리적으로 다른 곳에 존재하는 학습자와 같은 가상의 공간에서 상호작용할 수 있다. 가상의 공간 내에서, 언어를 매개로 협상과 의견조율을 통해 공동의 의사결정을 하고, 함께 문제해결을 해 나감으로써, 인지발달을 해나갈 수 있다.

(1) 상황인지(Situated Cognition)와 상황학습(Situated Learning)

상황인지/상황학습은 Vygotsky의 사회적 구성주의와 Dewey의 경험주의에 기반을 두고 1980년대 후반 Jean Lave와 Etienne Wenger가 개념을 정립한 것이다. 학습자들은 교실에서 이루어지는 교수를 통해 배우는 것보다 실제 일상생활에서 이루어지는 활동에 적극적으로 참여함으로써 더 많은 것을 배울 수 있다는 이론이다. 즉, Lave와 Wenger는 실제 일상적인 일들이 일어나는 상황 안에서 합법적인 주변적 참여(legitimate peripheral participation)를 통해 좀 더 실제적이고 맥락적인 지식을 배울 수 있다고 하였다. 예를 들면, 학습자들은 과학자들이 실험실에서 수행하는 실제 실험에 직접 합법적인 주변적 참여자로 참여함으로써, 전문가의 문제해결과정을 관찰을 통해 모델링하고, 전문가로부터 멘토링을 받는 상호작용의 과정을 통해 과학적 지식을 더 잘 습득할 수 있다. 이러한 전문가와의 상호작용을 통한 인지적 발달 과정을 도제 제도에 접목시킨 인지적 도제 제도(cognitive apprenticeship)도 상황인지, 사회적 구성주의와 같은 맥락에서 주장된 이론이다(Brown, Collins & Duguid, 1989).

다중사용자 기반 가상환경(MUVE: Multi-user Virtual Environment)은 사회적 구성주의를 바탕으로 한 상황인지 이론을 교육 장면에 잘 적용할 수 있는 학습 환경 중 하나이다. 다중사용자 기반 가상환경 내에서는 학습자들이 자기 자신을 표현하는 가상의 캐릭터인 아바타를 매개로 컴퓨터 그래픽으로 재현된 가상환경 속의 다른 학습자(아바타)들과 상호작용하며 실제적인 문제를 해결할 수 있다. 가장 대표적인 예는 Harvard대학에서 Chris Dede가 2000년대 초반에 미국의 연구재단(NSF: National Science Foundation)의 지원을 받아 시작한 River City 프로젝트다(Clarke & Dede, 2009). 연구팀은 중학생들의 과학적 사고능력 향상을 위해 학습자들이 과학자의 역할을 수행하며 복잡한 실생활의 문제를 과학적 탐구 과정을 통해 해결하도록 가상환경을 개발하였다. 초기의 River City 프로젝트는 이후 3차원 기반 가상환경인 EcoMUVE로 발전하였다(Metcalf, Kamarainen, Tutwiler, Grotzer, & Dede, 2011). 실제와 같이 구현된 가상의 도시 내에서, 학습자들은 연못에 물고기가 죽게 된 원인을 규명하기 위해 다양한 데이터 수집 및 과학적 실험을 수행하게 되는데, 컴퓨터 환경 내에서 다른 학습자와의 협동과 과학적 탐구 과정을 지원해줄 수 있는 실험 노트북, 마인드맵 등의 도구가 제공된다. 실제와 같은 가상 환경 내에서 과학자의 역할을 수행하며 실생활의 복잡한 문제를 해결해 나가는 과정을 통해 학습자들은 과학적 탐구 과정을 익히고 지식을 습득하게 된다. 컴퓨터 그래픽을 기반으로 하였던 EcoMUVE 가상 환경은 이후 모바일기기의 발달로 실제 물리적인 공간의 위치 기반 서비스를 사용하여 모바일 기기에 가상의 정보를 제공해주는 혼합현실의 형태로 발전하였다. EcoMOBILE은 EcoMUVE에서 이루어졌던 과학적 탐구 과정의 연장선에서 학습자들이 물리적 환경인 실제 연못을 탐방하면서 모바일 기기를 통해 문자, 그림, 오디오 비디오, 3차원 모델 등 다양한 위치 기반 정보를 제공받으며 자료 수집 및 과학적 탐구를 진행할 수 있도록 개발되었다(Kamarainen et al., 2013).

2. 인지주의

구성주의가 지식을 스스로 구성해 나가는 학습자의 능동적인 역할과 지식의 주관성을 강조했다면, 구성주의 이전에 널리 받아들여졌던 인지주의는 개인이 어떻게 지식을 받아들이고 이해하는지 학습자 내부의 인지 과정을 심리학적 접근을 통해 밝히려고 노력하였다. 즉, 외부에 존재하는 지식을 학습자가 받아 들이면서 어떠한 인지적 처리 과정을 통해 정보를 받아들이고, 이해하고, 기억하고, 다시 꺼내어 활용하는지 연구하였다. 인지주의의 대표적인 정보처리이론은 인간의 인지과정을 컴퓨터의 정보처리과정에 비유하여 설명하고자 했던 것으로, 감각기관을 통해 입력된 정보는 감각 기억 속에 잠시 저장된 뒤 학습자의 주의집중을 통해 작동기억으로 넘어오게 되며, 작동기억에서 부호화, 정교화 등 능동적인 인지처리과정을 통해 기존의 정보와 통합되는 과정을 거친 뒤, 장기기억에 저장된다. 장기기억에 저장된 정보는 이후 필요할 때 다시 인출되어 작동기억에서 새로운 정보와 결합되어 다시 유의미한 정보로 장기기억에 저장되는 과정을 반복하게 된다. 이러한 인지주의를 바탕으로 연구자들은 학습경험을 어떻게 제시하여 주었을 때 학습자들이 가장 잘 주의집중하고 정보를 효과적으로 통합하여 장기기억에 저장할 수 있을지 연구해 왔으며, 그 중 멀티미디어 학습 원리와 체화된 인지는 테크놀로지 기반 학습 환경을 설계하는 데 다양한 설계 원리를 제공해준다.

1) 멀티미디어 학습 원리

정보처리이론을 바탕으로 멀티미디어 시뮬레이션의 설계 원리를 제시한 Richard E. Mayer는 오랜 기간 축적된 연구 결과를 바탕으로 멀티미디어 학습 원리를 제시하였다. 멀티미디어 학습 원리의 근간이 되는 Paivio의 이중부호화 가설(dual coding hypothesis)에 의하면 지식은 두 개의 표상부호, 즉 언어부호(verbal code)와 심상부호(imagery code)로 표상되며, 작동기억(working memory)은 언어부호를 처리하는 조음루프와 심상부호를 처리하는 시공간스케치패드로 나누어져 있다. 따라서, 언어의 형태로 제공되는 정보는 작동기억 중 조음루프에서 처리되고, 이미지로 제시되는 정보는 시공간스케치패드에서 처리된 후 작동기억 내에서 유의미한 통합이 이루어지고 장기기억에 저장된다는 것이다. 이러한 가설을 바탕으로 Mayer는 학습 자료를 시각 정보와 청각 정보로 나누어 제공하고, 한 가지 경로의 인지적 부하를 최적화 하기 위한 방법으로 제공해야 한다고 주장하였다. 오랜 기간의 축적된 연구로, Mayer는 인지부하를 최적화하는 멀티미디어 학습 설계 원리를 제시하였다.

이 멀티미디어 학습 원리는 학습용 애니메이션 설계에 적용되어, 컴퓨터 그래픽과 음성 언어, 그리고 텍스트를 어떻게 최적의 조합으로 설계하여 학습자들의 인지 부하를 최적화 하고 효율적인 학습 경험을 제공해줄지 오랫동안 연구되었다. 최근에는 VR의 발달로 2차원적인 컴퓨터 애니메이션에 적용되던 멀티미디어 학습 원리가 3차원의 VR에도 적용될 수 있을지 연구가 진행되고 있다. 3차원의 VR은 2차원의 애니메이션과는 달리 좀 더 생생한 실제와 같은 이미지, 그리고 360도 그래픽을 통한 입체적 경험을 제공해 줌으로써, 증가된 실재감을 느낄 수 있게 해준다. 테크놀로지가 발달함에 따라 가상환경이 제공해줄 수 있는 실제와 같은 경험이 교육에 어떠한 영향을 미치는가에 대한 관심이 증가되고 있으며, 실재감(presence)과 같은 심리적 구인에 초점을 맞추어 활발히 연구되고 있다. 실재감은 공간적으로 떨어져 있는 학습자들이 물리적으로 다른 공간에서 일어나는 학습경험을 실제와 같은 것으로 느끼는 주관적인 정도를 나타내는 것이다(Witmer & Singer, 1998, p. 225). 그동안은 주로 온라인 환경에서 이루어지는 학습자 간의 상호작용에 초점을 맞추어 학습자가 느끼는 실재감이 실제 상호작용과 학습 경험에 어떠한 영향을 미치는지 많은 연구가 이루어졌다(예: Caspi & Blau, 2008). 이후 VR의 발달과 함께, 실재감은 컴퓨터가 만들어내는 가공된 이미지, 소리, 감각을 경험하는 가상의 공간에서 실제 물리적 공간에 있는 것처럼 느끼는 주관적인 정도를 나타내는 '가상 실재감'의 개념으로 발전하였다. 특히, 머리에 장착하여 눈 앞에 보이는 가상 환경을 경험할 수 있게 해주는 HMD(head-mounted display: Oculus Rift, Gear VR 등)의 발달과 사용으로 학습자가 느끼는 가상 실재감에 대한 관심이 높아졌다. HMD는 사용자의 머리 움직임을 추적해주는 센서를 사용하여 가상 환경 내의 장면이나 물체들이 사용자가 바라보는 곳을 따라가며 보일 수 있도록 해준다(Xu, Chen, Lin, & Radwin, 2015). 또한, HMD의 사용으로 사용자의 주의가 물리적 공간으로부터 쉽게 분리되어 가상 환경 내에서 제공되는 자극에만 주의집중할 수 있게 된다(Witmer & Singer, 1998). 이러한 주의집중과 몰입감, 그리고 1인칭 시점에서의 경험 등은 실제 가상 공간 안에 존재하고 있다는 느낌, 실재감을 증가시켜준다.

학습자들이 서로 다른 공간에 떨어져있는 온라인 상에서 상호작용을 통해 증가된 실재감은 학습자의 만족도나 학업 성취도에 긍정적인 영향을 미친다는 연구결과들이 그동안 많이 보고되었다. 하지만, 가상 환경 내에서 생생한 그래픽과 학습자의 신체적 움직임에 반응하는 화면 전개가 가상 실재감과 학습에 어떠한 영향을 미치는지에 대한 연구는 아직 초기 단계이다. VR 연구의 초기에 이루어진 Moreno와 Mayer의 연구(2002)는 실감성이 높은 HMD를 사용한 가상환경과 2차원의 컴퓨터 데스크톱 디스플레이를 비교하면서, 그동안 컴퓨터 애니메이션에 적용되었던 다중양식의 원리가 3차원의 VR에도 적용이 되는지, 그리고 미디어의 종류에 따라 학습자의 실재감과 학습효과가 다르게 나타나는지를 검증하였다. 그 결과, 미디어의 종류에 상관없이 다중양식의 원리에 따라 교수 설명을 텍스트가 아닌 내레이션의 형태로 제공한 것이 학습자의 학습에 더 긍정적인 영향을 미쳤다. 또한, HMD를 활용한 실감미디어는 학습자들의 실재감을 증가시키기는 하였지만, 학습을 더 많이 향상시키지는 않았다. 이와 유사하게, 멀티미디어 학습 원리의 관점에서 3차원 VR의 효과성을 연구한 여러 연구에서도, VR은 2차원의 컴퓨터 기반 학습에 비해 더욱 실감 있는 경험을 제공하기는 하였지만, 이것이 실제 학습 효과로 이어지지는 않았다(Makransky, Terkildsen, & Mayer, 2019; Thisgaard & Makransky, 2017). 오히려, 너무 생생한 정보의 제공은 학습 내용과 관련 없는 정보들도 실제와 같이 보여줌으로써, 작동 기억에서 처리해야 할 정보의 양이 늘어나고, 학습자의 인지적 부담을 증가시켜 학습을 저해하기도 하였다. VR에서 학습자의 실재감과 학습 효과에 대한 연구는 아직 초기 단계인 만큼, 멀티미디어 학습 원리를 적용한 최적의 가상 환경 설계 원리 도출 및 그 효과성 검증 연구는 계속되어야 할 것으로 보인다.

2) 체화된 인지

체화된 인지란, 인지와 지각을 분리된 것으로 보았던 고전적인 인지적 관점에서 벗어나, 인간의 인지(Cognition)적 과정은 지각(Perception)적 경험과 신체와 환경과의 상호작용에 바탕을 두고 있다는 인지심리학적 관점이다(Barsalou, 2008; Lakoff & Johnson, 1999; Smith & Gasser, 2005; Wilson, 2002). 이러한 관점은 학습자들의 신체적, 감각적 경험이 추상적 학습에 영향을 미친다는 새로운 시각과 함께, 더 나아가 학습을 좀 더 의미 있고 유용한 것으로 만들어주는 학습 환경 설계의 방향을 제시해 주고 있다.

학습자의 신체적 움직임과 활동이 인지적 발달에 중요한 요소라는 점은 교육에서 오래 전부터 강조되어 왔다. Montessori는 신체적 움직임은 외부 세계와 접촉하는 방법이며, 이러한 신체적 활동을 통한 외부와의 상호작용이 추상적인 개념 형성과 지적인 성장에 가장 핵심적인 요소라고 하였다(Montessori, 1966). 이러한 교육 철학적인 접근과 유사하게 인지심리학에서는 실제 지각적, 신체적 경험과 추상적, 인지적 활동의 관계를 실증적으로 밝혀내고자 하는 많은 연구들이 이루어졌다. 즉, 추상적인 개념을 이해하는 것은 이전에 구체적으로 경험한 것들에서 얻어진 다양한 감각적 정보들이 결합하여 머릿속에 정신 모형을 구성하고, 그것을 바탕으로 감각 기반 시뮬레이션(perceptual simulation, Barsalou, 2008)이 활성화 될 때, 개념 이해가 촉진된다는 기본 가정을 확인하기 위해, 다양한 형태의 감각/지각적 경험을 제공해주고 그 효과성을 검증하였다. 예를 들면, 보드게임과 같이 숫자를 세며 실제 물체를 움직여보는 활동은 유아와 유치원 연령의 어린 아이들이 수 어림과 상대적 수 크기의 개념을 형성하는 데 도움을 주는 것으로 나타났다(Siegler & Ramani, 2008). 수학뿐만 아니라, 읽기 교육에 있어서도 물리적 조작을 통해 체화된 경험이 이후 이야기의 독해와 기억에 도움을 준다는 연구 결과가 있다. Glenberg와 그의 동료들은 초등학교 2학년 학생들에게 장난감 농부, 일꾼, 동물 그리고 물건들을 사용하여 농장에 대한 이야기를 실연해보도록 한 것이 그들이 읽은 이야기에 대한 이해와 기억을 증가시켰다는 것을 발견했다. 더 나아가, 이야기를 읽는 동안 관련된 다른 이야기에 나오는 행동들을 상상해보도록 하였을 때에도, 이야기에 대한 학생들의 이해와 기억이 증가되었다는 것을 밝혀냈다(Glenberg, Gutierrez, Levin, Japuntich, & Kaschak, 2004). 이러한 물리적, 감각적 경험이 학습에 도움을 준다는 연구는 테크놀로지를 활용한 학습에도 적용되어, 멀티미디어 시뮬레이션에 시각, 청각 정보 이외에 촉각 정보를 더하려는 시도들이 이루어졌다. 예를 들면, Han과 Black(2011)은 초등학교 5학년들에게 톱니바퀴의 움직임과 일, 에너지에 대해 가르치기 위해, 톱니바퀴의 움직임을 보여주는 시각 정보와 일, 에너지에 대해 설명하는 청각 내레이션 이외에, 학습자가 직접 톱니바퀴의 움직임과 돌아가는 힘을 느껴볼 수 있도록 게임용 조이스틱을 결합시켜 햅틱 증강 시뮬레이션을 개발하고 효과성을 검증하였다. 이러한 햅틱 증강 시뮬레이션은 기존의 멀티미디어 시뮬레이션보다 학습자들의 정신 모형 형성과 개념 이해에 더 도움이 되었다.

체화된 인지를 바탕으로 한 컴퓨터 기반 학습 환경의 설계 원리는 3차원 가상환경에도 활발히 적용되고 있다. 체화된 인지는 단순히 지각적, 물리적 경험을 제공하는 것 이상으로 그러한 감각 기반 경험이 실제 배우고자 하는 내용을 이해하는데 필요한 인지적 과정과 직접적으로 연관이 있어야 한다는 것을 강조한다. 손의 움직임(제스처)과 인지 과정과의 관계를 밝혀낸 연구들에 의하면 말을 할 때 사용하는 손의 움직임이 말하는 사람의 인지적 상태를 반영할 뿐만 아니라, 인지적 활동을 도와줄 수 있는 손의 움직임을 사용하도록 유도함으로써, 인지 변화를 이끌어낼 수도 있다(Goldin-Meadow, 2009; Hostetter & Alibali, 2008). 즉, 학습자의 손 동작 혹은 몸의 움직임이 학습에서 일어나는 인지처리 과정을 더욱 효과적으로 도와줄 수 있다는 것이다. 가상환경 테크놀로지와 주변 기기들의 발달은 학습자의 자연스러운 손의 움직임 혹은 몸의 움직임을 그대로 가상환경에 반영하여 학습에 필요한 핵심 인지처리 과정을 증진시켜줄 수 있으며, 이러한 관점에서 다양한 가상 교육 환경이 개발되었다. 한 가지 예로, 마이크로소프트사의 Kinect 동작 감지 센서를 사용하여 학습자들의 몸의 움직임을 감지하고, 학습자의 움직임으로 가상 환경 내의 물체들과 상호작용할 수 있도록 만든 혼합 환경이 있다. 이 혼합 환경 내에서 중학생들은 직접 몸을 움직여 가상 환경 내 행성의 움직임을 조작해보면서, 우주에서 행성의 움직임과 중력의 관계를 배울 수 있다. 이러한 몸 전체를 사용한 인지적 활동은 학습자들의 흥미와 과학에 대한 긍정적인 태도를 증진시켜주고 유의미한 학습 효과를 보여주었다(Lindgren, Tscholl, Wang, & Johnson, 2016).

학습자가 완전히 가상의 환경 내에 몰입하게 되는 HMD를 활용한 가상 환경에서도 체화된 경험을 제공하기 위한 연구들이 이루어지고 있다. 앞서 논의했던 것처럼, 가상 환경 내에서 증가된 실재감은 학습자들로 하여금 가상의 공간에서 경험하는 사건이나 이야기 등이 사실이라고 믿게 되는 환상을 경험하게 되는데, 이러한 환상이 더욱 증대되도록 해주는 것이 바로 신체 소유감(body ownership)이다. 신체 소유감이란 가상 환경 내의 신체가 내 것이라고 생각하는 감각적 환상을 말한다(Kilteni, Groten, & Slater, 2012). 이는 1인칭 시점에서 사물을 바라보게 되는 가상 환경 내에서 실제 사용자의 신체적 움직임이 실시간으로 가상 환경 내의 신체에 동일하게 투영되어 보여질 때 가상 환경 내의 사람이 실제 본인인 것처럼 느끼게 된다는 것이다. 또한, 1인칭 시점에서 일부 보여지는 손이나 팔 등의 피부 색이 실제 본인의 피부 색과 유사할 때, 더욱 가상 환경 내의 인물이 본인인 것처럼 느끼게 되는데, 반대로 하얀 피부색을 가진 사람이 가상 환경 내의 검은 피부색의 사람에 본인의 신체가 투영된 것을 체험할 경우, 인종적인 선입견, 태도, 행동에 묵시적인 변화가 일어난다는 연구 결과도 있었다.

참
고
문
헌

Barsalou, L. W. (2008). Grounded cognition. *Annual Review of Psychology, 59*, 1-21.

Brown, J. S., Collins, A., & Duguid, P. (1989). Situated cognition and the culture of learning. *Educational Researcher, 18*(1), 32-42.

Caspi, A., & Blau, I. (2008). Social presence in online discussion groups: Testing three conceptions and their relations to perceived learning. *Social Psychology of Education, 11*(3), 323-346.

Clarke, J. & Dede, C. (2009). Design for Scalability: A Case Study of the River City Curriculum. *Journal of Science Education and Technology, 18*, 353-365.

Dede, C. J., Jacobson, J., & Richards, J. (2017). Introduction: Virtual, augmented, and mixed realities in education. In D. Liu, C. Dede, R. Huang, & J. Richards (Eds.). *Virtual, Augmented, and Mixed Realities in Education* (pp. 1-16). Springer, Singapore.

Freeman, A., Adams Becker, S., Cummins, M., Davis, A., & Hall Giesinger, C. (2017). *NMC/CoSN Horizon Report: 2017 K-12 Edition*. Austin, Texas: The New Media Consortium.

Gee, J. P. (2003). *What video games have to teach us about learning literacy*. New York: Palgrave Macmillan.

Girvan, C. (2018). What is a virtual world? Definition and classification. *Educational Technology Research and Development, 66*(5), 1087-1100.

Glenberg, A. M., Gutierrez, T., Levin, J. R., Japuntich, S., & Kaschak, M. P. (2004).

Activity and imagined activity can enhance young children's reading comprehension. *Journal of Educational Psychology, 96*(3), 424-436.

Goldin-Meadow, S. (2009). How gesture promotes learning throughout childhood. *Child Development Perspectives, 3*(2), 106-111.

Han, I. & Black, J. B. (2011). Incorporating haptic feedback in simulation for learning physics. *Computers & Education, 57*(4), 2281-2290.

Hostetter, A. B. & Alibali, M. W. (2008). Visible embodiment: Gestures as simulated action. *Psychonomic Bulletin & Review, 15*(3), 495-514.

Kamarainen, A. M., Metcalf, S., Grotzer, T., Browne, A., Mazzuca, D., Tutwiler, M. S., & Dede, C. (2013). EcoMOBILE: Integrating augmented reality and probeware with environmental education field trips. *Computers & Education, 68,* 545-556.

Kilteni, K., Groten, R., & Slater, M. (2012). The sense of embodiment in virtual reality. *Presence: Teleoperators and Virtual Environments, 21*(4), 373-387.

Kolb, D. A. (2014). *Experiential learning: Experience as the source of learning and development.* FT press.

Lakoff, G., & Johnson, M. (1999). *Philosophy in the flesh.* New York, NY: Cambridge University Press.

Lindgren, R., Tscholl, M., Wang, S., & Johnson, E. (2016). Enhancing learning and engagement through embodied interaction within a mixed reality simulation. *Computers & Education, 95,* 174-187.

Lukes, L. (2014). A new take on the field trip. *Science Teacher, 18*(1), 24-29.

Makransky, G., Terkildsen, T. S., & Mayer, R. E. (2019). Adding immersive virtual reality to a science lab simulation causes more presence but less learning. *Learning and Instruction, 60,* 225-236.

Mantovani, F., Gaggiolo, A., Castelnuovo, G., & Riva, G. (2003). Virtual reality training for health-care professionals. *Cyber Psychology and Behavior, 6*(4), 389-395.

Metcalf, S., Kamarainen, A., Tutwiler, M. S., Grotzer, T., & Dede, C. (2011). Ecosystem science learning via multi-user virtual environments. *International Journal of Gaming and Computer-Mediated Simulations (IJGCMS), 3*(1), 86-90.

Montessori, M. M. (1966). *The human tendencies and Montessori education.* Association Montessori Internationale.

Moreno, R., & Mayer, R. E. (2002). Learning science in virtual reality multimedia environments: Role of methods and media. *Journal of Educational Psychology, 94*(3), 598.

Papert, S. (1980). *Mindstorms: Children, Computers, and Powerful Ideas.* New York: Basic Books.

Papert, S., & Harel, I. (1991). Situating constructionism. In I. E. Harel & S. E. Papert (1991). *Constructionism* (pp. 1–11). Ablex Publishing.

Richards, J. (2017). Infrastructures for immersive media in the classroom. In D. Liu, C. Dede, R. Huang, & J. Richards (Eds.). *Virtual, Augmented, and Mixed Realities in Education* (pp. 89–104). Springer, Singapore.

Seo, J. H., Smith, B. M., Cook, M., Malone, E., Pine, M., Leal, S., ... & Suh, J. (2017, July). Anatomy builder VR: Applying a constructive learning method in the virtual reality canine skeletal system. In *International Conference on Applied Human Factors and Ergonomics* (pp. 245–252). Springer, Cham.

Siegler, R. S., & Ramani, G. B. (2008). Playing linear numerical board games promotes low-income children's numerical development. *Developmental Science, Special Issue on Mathematical Cognition, 11,* 655-661.

Smith, L., & Gasser, M. (2005). The development of embodied cognition: six lessons from babies. *Artificial Life, 11,* 13-29.

Thisgaard, M., & Makransky, G. (2017). Virtual learning simulations in high school: Effects on cognitive and non-cognitive outcomes and implications on the development of STEM academic and career choice. *Frontiers in psychology, 8,* 805.

Wilson, M. (2002). Six views of embodied cognition. *Psychonomic Bulletin and Review, 9*(4), 625-636.

Witmer, B. G., & Singer, M. J. (1998). Measuring presence in virtual environments: A presence questionnaire. *Presence: Teleoperators and Virtual Environments,*

7(3), 225–240.

Xu, X., Chen, K. B., Lin, J. H., & Radwin, R. G. (2015). The accuracy of the Oculus Rift virtual reality head-mounted display during cervical spine mobility measurement. *Journal of Biomechanics, 48*(4), 721–724.

제 4 장

VR 기술 동향

이경숙(고려대학교)

Chapter **04**

VR 기술 동향

새로운 기술의 등장으로 야기되는 변화를 긴 안목으로 볼 수 있도록 VR·AR 기술 동향을 C-P-N-D의 관점에서 체계적으로 살펴보도록 하였다. 현재의 기술 수준을 알아보고 목표 수준에 도달하기 위한 기술적 선결 과제를 살펴봄으로써 향후 발전 방향에 대한 논의가 이루어 질 수 있도록 구성하였다.

Ⅰ VR 기술 동향

1. VR(Virtual Reality) vs. AR(Augmented Reality) 개념

VR은 실제로 존재하지 않는 현실을 구현하고 인간이 구현된 VR을 인지·감지하도록 하는 기술이다. AR은 실제 현실에 가상의 정보를 추가하고 인간이 이를 인지·감지하도록 하는 기술이다.

VR은 가상의 환경을 실제 환경과 같이 느끼게 해주는 모든 콘텐츠를 VR 속에 구현한다. VR의 특징을 세 가지로 요약하면 다음과 같다.

- 가상의 환경: 그래픽을 통해서 실제와 유사하게 조성된 환경
- 몰입감: 가상의 세계에 내가 존재하고 있다고 느끼게 함으로써 몰입감 증대
- 상호작용: 가상의 세계에서 가상의 캐릭터와 상호작용이 가능

위 세 가지 요소는 가상세계에서 '몰입'할 수 있도록 현실과 단절된 100% 가상의 환경을 구축함으로써 가능하다. 몰입감의 극대화는 집중의 정도가 높을

수록 원하는 결과를 가져올 수 있는 콘텐츠 적용에 효율적이다.

AR은 현실에 3차원 이미지를 겹쳐서 보여주는 인터페이스이다. 실제 환경에 가상의 정보를 결합해 부가 정보를 제공하는 기능이다. 스마트폰 등 대중화된 디바이스를 이용해 VR에 비해 저비용으로 실현가능하다는 장점이 있다. 그 예로 애플은 스마트폰에 증강현실 프로그램을 탑재 후 빅 데이터와 연결하여 좀 더 혁신적인 AR 서비스를 제공하려 계획하고 있다. 실제 현실 속에서 사용자가 쉽게 접근할 수 있는 인터페이스로써 현실과 가상의 객체 사이의 상호작용이 필요한 산업 유통에서 활용이 가능하다.

VR은 100% 가상의 세계이고, AR은 현실과 가상의 세계가 합성된 상황이라는 점에서 사용감과 응용성 측면의 차이가 나타나나 실현을 위해 전문화된 별도의 장비를 갖추어져야 한다는 면에서는 유사하다.

2. VR과 AR 기술 구현 원리

1) VR 기술 구현 원리

VR은 일반적으로 스테레오스코피 기술을 기반으로 한다. 왼쪽 눈, 오른쪽 눈에 서로 다른 영상을 보여주고 뇌에서 각기 다른 영상을 합성해 입체감, 원근감을 만들어 낸다. 또한 일반적으로 100도 이상의 넓은 시야각을 지원해 몰입감을 극대화 시키고, 360도 전 방향의 이미지를 구현해 가상공간에 있는 듯한 착각을 일으켜 이용자들에게 강한 현실감을 준다. 필수 장비는 360도 카메라이다. 다양한 각도에서 각각 촬영된 영상을 모아서 360도를 만드는 것이다. 기술들을 빠르게 종합적으로 연산해내는 컴퓨팅 능력, 그리고 디스플레이로 바로 보여주는 빠른 응답속도를 필요로 한다.

(1) 스테레오스코피 기술

왼쪽과 오른쪽 눈에 각각 서로 다른 영상을 보여주고 뇌에서 이 두 영상을 합성해 입체감과 원근감이 구현되도록 하는 기술이다. 100도 이상의 넓은 시야각을 지원하고 360도 전 방향의 이미지를 가상적으로 구현해 제공한다.

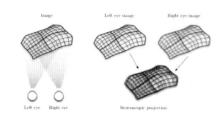

그림 4-1 스테레오스코피 기술

출처: 교보증권 리서치센터.

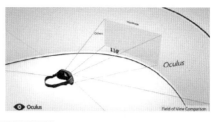

그림 4-2 오큘러스 렌즈의 원리

출처: Oculus, 교보증권 리서치센터.

그림 4-3 헤드 트랙킹 무브 기술

출처: Parrot, 교보증권 리서치센터.

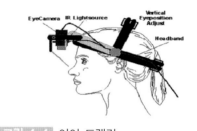

그림 4-4 아이 트랙킹

출처: Google, 교보증권 리서치센터.

(2) 헤드 트랙킹 기술

센서를 이용해 머리 움직임을 추적하는 기술이다. 머리의 좌우, 상하 움직임 그리고 자세 및 위치 정보까지 세밀하게 추적한다.

(3) 아이 트랙킹 기술

사용자가 공간을 바라보는 영상을 정확하게 구현하기 위해 눈의 움직임을 추적한다.

(4) 신체 움직임 추적 기술

머리, 눈 이외에 사용자의 신체 움직임을 추적하여 가상공간에 반영해 콘텐츠와 상호작용하는 가상환경을 구현한다.

2) AR 기술 구현 원리

AR 구현을 위해서는 스마트폰 등과 같은 카메라 모듈을 통해 실제 현실에 콘텐츠를 더하는 방식이다. AR은 현실 객체의 구체적인 좌표에 가상의 영상

(가상 객체)을 정확히 놓아 합성하고 상호작용할 수 있도록 하는 기술이 중요하다. 증강현실 구현을 위해 필요한 핵심 기술은 움직임 추적 및 객체 인식, 3차원 렌더링, 영상 합성 및 처리, 디스플레이라고 볼 수 있다.

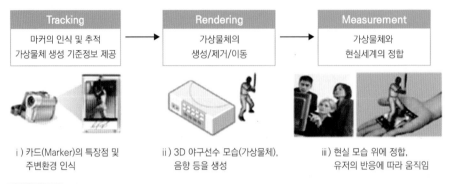

Tracking	Rendering	Measurement
마커의 인식 및 추적 가상물체 생성 기준정보 제공	가상물체의 생성/제거/이동	가상물체와 현실세계의 정합
ⅰ) 카드(Marker)의 특장점 및 주변환경 인식	ⅱ) 3D 야구선수 모습(가상물체), 음향 등을 생성	ⅲ) 현실 모습 위에 정합, 유저의 반응에 따라 움직임

그림 4-5 증강현실의 구현절차

출처: 나스미디어, 교보증권 리서치센터.

(1) Tracking

현실의 공간 및 현실의 객체에 대한 인식과 위치 파악을 위해서는 AR 기기의 움직임을 추적하는 트랙킹 기술과 현실 공간 및 객체의 인식 기술이 필요하다. 트랙킹 기술을 구현하기 위해서는 AR 기기의 위치 정보를 실시간으로 받을 수 있어야 하므로 GPS, 속도 및 가속도가 측정 가능한 센서 등의 하드웨어도 필요하다. 현실 공간 및 객체의 인식을 위해서는 마커 기반(marker)의 추적 기술이나 현실 공간에 존재하는 물체 또는 특징점을 활용(markerless)하는 기술을 사용한다.

(2) Rendering

위에서 언급한 움직임 추적 및 인식 기술이 완료되면 3차원 가상 객체와 현실공간과의 결합이 필요하다. 객체를 기하학적으로 잘 표현하는 것 뿐 아니라, 색상, 질감, 빛의 효과 등을 모두 정확하게 표현해야 하는데 이 절차를 렌더링(rendering)이라 한다. 현실공간과 결합하였을 때 자연스러운 결과를 제공해야 하므로, 영상처리 및 컴퓨터 비전 기술뿐 아니라, 빛의 효과 등을 분석하고 표현할 수 있는 물리적 모델링도 요구된다.

(3) Measurement

기반 기술의 구현이 완료된 후에는 AR 서비스가 사용자와의 상호작용이 가능한 정도의 실시간 영상의 속도(frame rate)와 고해상도의 디스플레이가 가능해야 한다.

Ⅱ VR·AR 기술 구성요소

VR과 AR 기술을 아래 네 가지 구성요소로 분석하고 이를 바탕으로 기술 동향을 분석하고자 한다. VR과 AR 산업은 1) 콘텐츠(Contents), 2) 서비스 플랫폼(Platform), 3) 네트워크(Network), 4) 디바이스(Device)가 결합된 C−P−N−D 생태계형 산업이라고 한다. 콘텐츠(C)·플랫폼(P)·네트워크(N)·디바이스(D)는 정보통신기술(ICT) 융합 생태계를 가리키는 용어로도 사용된다.

AR·VR은 4차 산업혁명 기반 기술로서, 다양한 산업 분야와 융합하여 새로운 콘텐츠 서비스를 시도하고 있다.

1. **콘텐츠**(Contents): 사용자가 소비하는 대상인 게임, 쇼핑, 교육 등을 일컫는다.

2. **서비스 플랫폼**(Platform): 콘텐츠를 제작 개발하는 저작도구를 제공하는 서비스 플랫폼('기술 플랫폼')과 VR·AR 콘텐츠를 사용자에게 제공하는 서비스 환경('유통 플랫폼')으로 분류한다.

3. **네트워크**(Network): VR·AR 콘텐츠를 송·수신하기 위한 통신 서비스 전체를 의미한다. 고해상도의 디스플레이가 가능하도록 기존 콘텐츠보다 훨씬 큰 대역폭이 필요하다. 5G 유선·무선 네트워크를 기반으로 VR, AR은 더 빠른 속도로 발전할 것으로 예상된다.

4. **디바이스**(Device): VR·AR를 경험하는 디스플레이 기기와 사용자 인터페이스(UX), 영상촬영기기 등 하드웨어가 결합된 부분을 일컫는다.

Ⅲ 기술동향 분석

1. 플랫폼 기술 동향

기존의 AR과 VR 디바이스 제조사 및 게임업체, 검색 엔진 등 다양한 IT 관련 기업들이 플랫폼 사업에 진출하고 있다. 가상·증강현실은 차세대 산업으로 대기업 및 스타트업 중심으로 다양한 시도가 빠르게 일어나는 산업분야이다. IT관련 기업 마이크로소프트, 애플, 페이스북, 구글 등 글로벌 주요 IT 기업들이 참여하면서 경쟁이 심화되어 가고 있다. 기술 플랫폼에서는 Unity 등 전문 영상기술 업체들이 기술 플랫폼을 선점하는 가운데, 청각, 후각 등 실감형 콘텐츠 구현에 주력하는 기업들이 등장하고 있다. MS('홀로렌즈')와 구글('Tango')이 VR·AR 디바이스 콘텐츠 개발을 위한 SW 플랫폼을 구축 운영하고 있다. 모바일 증강현실 분야는 구글(ARCore), 애플(ARkit)을 중심으로 다양한 서비스를 제공하는 플랫폼 분야에서 산업이 확대될 전망이다. 국내 기술 플랫폼 산업분야에서는 이동통신사들이 유통 플랫폼 사업에 진출하고 있는 상황이다. 국내의 경우에도 이동통신사들이 AR, VR 콘텐츠 유통 플랫폼을 운영하고 있다.

표 4-1 플랫폼 진출 IT 업체

구글('Tango')	VR플랫폼이다. 2018년 3월 1일자로 프로젝트를 종료하고 새로운 프로젝트인 AR Core 프로젝트로 전환한다. Tango는 전용 기기가 필요했지만 AR Core는 안드로이드 스마트폰에서 AR의 완전한 구현이 필요하다. VR·AR 콘텐츠 구동이 가능한 차세대 안드로이드(안드로이드 N) 개발 계획을 발표하며 AR 기술의 소형에 뛰어들어 모바일을 이용한 AR/VR 사업에 주목하고 있다.
페이스북	SNS 플랫폼으로 확대 전략을 기반으로 하고 디바이스 업체인 오큘러스를 인수하였다.
애플	모바일기기 ios용 증강현실 앱 개발툴(AR킷)을 개발, AR·VR 모바일 플랫폼으로 기능한다.
마이크로소프트	2016년 6월 VR 플랫폼인 홀로렌즈를 개발하였다. 자신이 현재 위치한 공간을 3차원 스캔한다. 무선 구동 가능, 스마트폰이나 PC와 연결할 필요가 없이 단독 구동이 가능한 그 자체로 컴퓨터이다. 퀄컴, 에이서, 에이수스, 델, HP, 레노버, MSI 등 기업에 홀로렌즈를 탑재할 예정이다.

SK텔레콤	2017년 MWC(Mobile World Congress)에서 증강현실의 활용으로서 텔레프레즌스(Tele-presence) 서비스를 선보였다. 이 서비스는 원격지의 회의 참가자들이 실제 같은 방에 있는 것처럼 느낄 수 있는 증강현실 기반 홀로그래픽 통화 솔루션으로 원격 의료 및 원격 회의 등의 원천기술이 될 수 있다. VR 영상 제작 유통 플랫폼(SK텔레콤 'T리얼') 사업에도 참여하고 있다.
KT	360도 VR영상관(KT '올레tv 모바일'), 등 유통 플랫폼 사업에 진출한 상황이다.

2. 콘텐츠 기술동향

VR 콘텐츠의 영역은 다양하다. 교육과 엔터테인먼트 뿐만 아니라 스포츠, 미디어 영상, 전자상거래, 의료 등으로 매우 다양하다. 향후 VR 시장이 대중화되면 개인이 쉽게 콘텐츠를 제작할 수 있고, 이를 기반으로 수많은 응용 산업까지 다양한 영역으로 확대될 것으로 예상된다.

1) 게임과 엔터테인먼트

HMD를 이용한 가상극장을 VR로 구현해 영화 속 장면을 직접 체험하고 사용자의 참여에 따라 스토리가 변화하는 인터렉티브 시네마 구현이 가능하다. 영화 산업에서 킬러 콘텐츠가 등장한다면 그 파급효과가 VR·AR 산업의 향후 발전에 큰 영향을 미치리라는 것이 일반적인 시각이다. 게임 분야에서는 몰입감과 현장감이 극대화된 AR과 VR 기술의 결합을 통해 콘텐츠의 제공이 활발하게 이루어지고 있다. 공연투어 등 체험형 콘텐츠 또한 엔터테인먼트 분야에서 VR·AR의 기술이 잘 사용되고 있는 분야이다. VR Studios, Epic Games, Felix & Paul 등 스타트 기업에 의한 VR·AR 도입이 활발하며 대기업 중에는 소니 등이 진출하였고 최근 미디어 기업의 진출이 활성화되면서 월트디즈니, 컴캐스트와 타임워너(NextVR), 21세기 폭스(바오밥 스튜디오) 등도 콘텐츠 사업에 뛰어 들고 있다. 영국 테마파크인 소프파크(Thorpe Park)는 21세기 폭스사와 제휴를 통해 VR어트랙션 고스트 트레인(Ghost Train)을 운영 중에 있다.

2) 교육 및 전시분야

IT 산업 분야에서 게임과 교육이 결합된 교육산업에 대한 관심은 지속되고 있다. 교육에 특히 관심이 높은 시장 수요적 특성 상 듀코젠, 이모션 허브, CNBOX에서는 세계 각지에 학생들이 가상교실에 모여 함께 진행하는 수업이 가능하도록 역사 문화 탐방을 위해 VR로 구현된 역사 속 공간 체험 물리, 과학적 지식을 습득하기 위한 물리법칙을 체험하도록 체험형 교육 콘텐츠가 제공되고 있다. 국내에서도 중소기업 또는 스타트업을 중심으로 AR·VR 콘텐츠 제작이 이루어지고 있다. 스마트폰을 이용한 MR의 현실화로 스타트업 기업도 많은 콘텐츠를 만들어 내고 있다. 그 외 비행조종사, 우주탐험, 화학분자 설계 등 위험하거나 비용이 많이 드는 교육 훈련을 대체할 수 있는 분야이다.

게임, 영상, 공연 등 엔터테인먼트 산업을 중심으로 다양한 분야로 확대되어 가고 있다. 전시 분야에서도 많이 사용되고 있다. 세계 각지의 유명 미술관, 박물관을 가상으로 재현한다. 실제로 존재하지 않는 디지털 미술관, 박물관을 VR 기술로 구축 가능하고, 전시 작품과 자유롭게 상호작용하는 신개념 인터렉티브 미술관을 재현하고 있다. 구글은 美자연사 박물관, 佛베르사유 등과 협력해 일선 학교에 VR 체험학습을 제공하는 '익스페디션(Expeditions)'을 제공하고 있다. "프로젝션 맵핑(Projection Mapping)"을 이용한 기술이 평창 동계올림픽 개폐회

그림 4-6 2018 평창동계올림픽 '프로젝션 맵핑' 메이킹 영상 중 일부
출처: 닷밀 공식 페이스북.

식 행사에 사용되었다. "프로젝션 맵핑"은 대상물 표면에 빛으로 이루어진 영상을 투사하여 다양한 가상의 효과를 연출하는 방법이다.

3) 의료 및 군사 분야

극한 상황을 대비하여 안전하고 반복적인 훈련 및 원격 지원, 업무(수술 치료, 군사 훈련) 계획 수립이 가능해질 것으로 기대되는 분야이다.

의사의 원격 진료 및 상담 등에 VR 기술 사용으로 고소공포증을 치료하기 위해 VR 속 높은 장소의 단계적 체험을 통한 치료 등의 콘텐츠들이 제공되고 있다. 의료 및 군사 분야에서는 특히 위험이 동반되고 고비용인 수술 수련 및 훈련에 사용되는 콘텐츠들이 제공되고 있다.

4) 쇼핑 및 산업분야

실제 생활의 변화와 함께 플랫폼과 보안 기술은 큰 영향을 받는 분야이다. 온라인 소비 플랫폼이 오프라인 소비 플랫폼의 기능을 넘어서면서 온라인 플랫폼에서 오프라인 플랫폼에서만 가능했던 기능들이 가능하도록 구현한 VR·AR 서비스가 제공되고 있다. 이베이의 마이어, 이케아 VR 쇼핑, 그리고 중국의 알리바바가 개발(VR 쇼핑 프로그램 Buy)한 'Buy+' 등이 그 예이다. 쇼핑 이외에도 다양한 분야에서 AR·VR이 사용되고 있다. 건축 분야에서는 건축 설계 시 필요한 건축 시뮬레이션을 통해 건설 및 제조 현장에서 즉각적인 설계 및 도면 수정, 가상 시현 등이 가능해지면서 작업 방식의 효율화에 사용되고 있다.

3. 디바이스 기술동향

CPND 관계에서 디바이스의 기술개발 경쟁은 가장 치열하며 다양한 유형과 다양한 가격의 디바이스가 시도되는 단계이다. 현실적으로 VR·AR 시장은 디바이스가 주도하는 시장으로 볼 수 있다. HMD 및 스마트 글라스 분야에서는 매직리프(Magic Leap One), 마이크로소프트(Hololens 3세대), ODG(R9) 등이 제품화되면 2020년부터는 더욱 크게 성장하고 대중화가 이루어 질 것이라는 전망이 나오고 있다. 대중이 사용할 수 있는 유형과 가격 수준의 디바이스가 먼저 등장한 후 다양한 콘텐츠의 애플리케이션이 등장하면서 시장이 확대되는 양상을 보여주고 있다. 이는 스마트폰 시장에서 디바이스와 애플리케이션의 관계와도 유사하다고 할 수 있다. VR·AR 산업 활성화를 위한 대표적인 대중적 콘텐츠와 적정한 가격의 보급형 기기의 개발은 중요하다. AR·VR 산업에 대한 관심에 비해 아직 실제 대중적 활성화가 그에 미치지 못하고 있는 원인 중 하나는 디바이스의 접근성이 떨어지는 상황이라는 점이다. 이는 대중의 호감도, 장비가격, 접근성과 연관되어 있다. AR·VR이 더 확장되기 위해서는 보급형 VR이 될 수 있도록 VR 경험 장벽과 비용을 낮추는 것이 중요하다. 구글은 종이와 렌즈로 구성된 VR 디스플레이인 '카드보드'를 개발하고 있고, 삼성은 '기어 VR'과 '기어 360' 등 보급형 장비를 제시하고 있으며 VR테마파크, VR존 등 AR VR 제품 서비스를 체험해볼 수 있는 오프라인 플랫폼 구축을 시도하고 있다. 애플은 아이폰과 연동되는 스마트 안경, AR카메라를 개발하고 있다. 마이크로소프트사는 증강현실 HMD인 홀로렌즈, 혼합현실 모션컨트롤러 및 헤드셋을 개발하고 있다. 증강현실용 EGD(Eye Glasses-type Display) 기기 발전도 가속화 전망이다.

AR·VR의 디바이스는 사용자에게 데이터를 제공하는 디스플레이 중심의 디바이스와 사용자가 데이터를 입력하고 상호작용이 가능한 사용자 입력 디바이스로 분류할 수 있다. 사용자 입력 디바이스는 그 방식이 다양화 되고 있다. 사용자 입력도구 기술은 시각 인식 기술에서부터 트레드밀, 글러브, 바디 슈트 등 신체인식이나 햅틱 등 다양한 접근 방식으로 시도되고 있다.

1) 디스플레이 기기: VR HMD(Head-mounted display)

선명하고 자연스런 효과를 극대화하기 위해 PC나 전용 콘솔을 연동해야 몰입감을 극대화 할 수 있지만 상대적으로 가격대가 비싼 것이 단점이다. 스마트폰과 연동하는 기기는 저렴하게 사용가능하다는 장점이 있지만 상대적으로 몰입감이 많이 미흡하다.

PC와 연동하는 대표적인 HMD는 다음과 같다.

인간의 감각 중 시각을 극대화한 디바이스이다. 초기 AR·VR 시장에서는 오
큘러스(Oculus), Magic Leap 등 선도적 기술력과 창의적인 아이디어를 가진 스
타트업이 주도하였다.

오큘러스는 디스플레이의 양안에 해당하는 두 개의 왜곡 이미지를 출력하고
이를 어안렌즈로 보안해 고품질의 VR을 낮은 비용으로 제공하는 새로운 방식
을 사용한 VR HMD인 오큘러스 리프트(Oculus Rift)를 선보이며 산업을 선도하
였다. 현재는 23억 달러에 페이스북에 인수되었다. 초기 오큘러스 제품은 고성
능의 PC를 요구하여 대중적 사용에 한계가 있었지만 저사양에서도 VR 콘텐츠
를 구현할 수 있는 '스페이스워프'와 '타임워프' 기술을 이용해 사용 가격을 낮
추었다.

그림 4-7 Oculus Rifts

출처: www.oculus.com

오큘러스와 유사한 HMD로는 HTC 바이브(Vive)가 있다. 벨브 코퍼레이와
HTC의 협력으로 개발하였다. 오큘러스 리프트와 유사한 체감형 HMD 기기이
지만, 성능과 기능에서 조금씩 차이가 있다. PC 게임 시장에 우위를 점하고 있
는 밸브의 플랫폼을 기반으로 체감형 게임시장에 진출하고 있다.

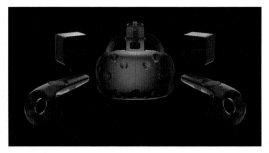

vive VR 시스템

출처: www.vive.com

(1) AR HMD(Head-mounted display)

AR 가시화를 위한 대표적인 HMD가 Magic Leap이다. Magic Leap는 실세계 물체에 대해 3차원 컴퓨터 생성 이미지를 겹쳐놓는 광학식－시스루(Optical See-Through) HMD 방식으로 사용자의 눈으로 외부의 환경을 직접 인지함과 동시에 눈 앞의 렌즈에 투사된 가상 이미지를 겹쳐 볼 수 있다. 2015년에 마이크로소프트의 홀로렌즈가 출시된 이후에 다양한 광학식－시스루 AR HMD들이 등장하고 있다. Magic Leap는 증강 현실과 컴퓨터 비전 응용에 잠재적으로 적합한 기술을 개발하고 있다. 매직 리프의 장점은 인공 객체와 실제 객체와의 차이를 거의 느낄 수 없는 자연스러운 매칭에 있다. 매직 리프는 이를 위해 고해상도의 3D 이미지를 사용하고 있으며, 수많은 초소형 프로젝터로 사용자의 두 눈에 이미지를 투사하는 방식을 차용한다. 구글, 알리바바, JP 모건 등으로부터 투자를 받고 2017년 헤드셋 매직리프원(Magic Leap One)을 출시하였다. "매직리프 원"은 라이트웨어, 라이트팩, 무선 컨트롤러로 구성되어 있다.

Magic Leap One

출처: www.magicleap.com

HMD 디바이스의 전략적 중요성에 따라 주요 ICT 기업과 게임 업체 및 스타트업들이 HMD 디스플레이 시장에 진출한 상황이다. 소니(PS VR), MS(홀로렌즈) 그리고 인텔(알로이)은 콘솔 연동형 HMD 디스플레이 시장에 진출하였다. 그 외 인텔의 프로젝트 알로이는 VR과 AR 모두 구동이 가능한 MR(Merged Reality: 융합 현실)기기이다. 알로이는 인텔의 카메라, 리얼센스, CPU 등이 모두 결합된 하드웨어로 별도의 컴퓨터나 스마트폰 없이도 VR의 구현이 가능하다. 카메라를 통해서 주변의 환경을 스캔, 이를 VR 공간에 구현해냄으로써 HMD를 착용하고도 자유로운 이동이 가능하도록 설계되었지만 실제 시장에 기기를 출시하지 못하고 중단되었다. 스마트폰 연동형으로 저렴한 HMD도 출시되고 있다. 삼성(기어 VR), 구글(데이드림뷰), Razer(게임용 컴퓨터 주변기기 업체), Zeiss(광학기업) 등 중소기업과 폭풍마경, 샤오미 등 저렴한 가격을 내세운 중국업체의 진출도 활발하다. 삼성전자는 마이크로소프트와 함께 혼합현실 HMD인 "삼성 HMD 오디세이(Samsung HMD Odyssey)"를 발표하였다. "삼성 HMD 오디세이"는 넓은 시야각을 제공하고, 마이크가 내장되어 있어 사용 중에도 음성 채팅 애플리케이션을 통해 실시간 소통이 가능하도록 하였다.

2) 사용자입력기기
(사용자와 상호작용이 가능한 Device, 모션컨트롤러 디바이스)

햅틱 기술(haptic)은 사용자에게 힘, 진동, 모션을 적용함으로써 터치의 느낌을 구현하는 기술이다. 컴퓨터의 기능 가운데 사용자의 입력 장치인 키보드, 마우스, 조이스틱, 터치스크린에서 사용자의 힘과 운동감을 느끼는 것이 가능하다.

(1) VR 트레드밀(VR treadmil)

VR을 사용하는 게임 등을 보다 더 생생하게 체험하기 위한 장비이다. Oculus Rift 등에 결합하여 VR을 좀 더 현실적으로 체험할 수 있도록 해주는 장비로 360도 모든 방향으로 움직임이 가능하다.

대표적인 장비로 버툭스(Virtuix) 사는 VR헤드셋과 연동되는 런닝머신 형태의 사용자 컨트롤러 기기인 'Omni'를 개발하였다. 이러한 트레드밀 형태의 컨트

그림 4-10 Virtuix Omni treadmil
출처: www.virtuix.com

롤러는 사용자의 움직임을 데이터로 입력하여 제어하는 장치이다.

(2) VR 글러브 컨트롤러

GloveOne사의 장갑형 입력장치 등이 대표적이다. VR 공간에서 자신의 손 움직임을 재현하는 한편, 물체를 잡는 등 직관적인 조작을 할 수 있다. 또 손가락 하나하나의 움직임을 재현하고 VR에서 만지는 것 같은 느낌까지 느낄 수 있도록 해 현실적인 경험이 가능하다.

그림 4-11 GloveOne
출처: www.kickstarter.com

(3) 바이브 트랙커(vive tracker)

이 디바이스는 상상할 수 있는 모든 제품에 붙여 VR에서 사용 가능하도록 만드는 일종의 센서이자 컨트롤러이다. 게임을 플레이하는 사람들의 손목에 부착해 손의 움직임을 추적하는 것에서부터 시작해 총에 붙이면 총기 컨트롤러 기기로 사용이 가능하다. 야구배트나, 테니스라켓 등 현실의 사물에 부착하면 이를 VR 내에서 인식하게 해주는 장치이다. DSLR에 붙이면 별도 카메라가 되는 등 이미 공식적으로 알려진 활용법만 수십 가지에 달한다. 여기에 이 제품을 활용해 의자에 붙인 다음 의자를 추적해 자리 뺏기 게임을 만든다거나, 심지어 애완용 고양이에 부착한 다음 고양이를 VR에 등장시키는 등 다양한 아이디어가 공개되고 있어 갈수록 범용성이 높아질 것으로 기대되는 제품이다.

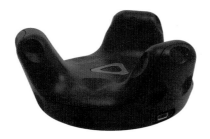

그림 4-12 HTC vive tracker
출처: www.vive.com

(4) 세레보 타클림(Cerevo Taclim)

손과 발에 착용 가능한 VR 컨트롤러이다. 타클립에는 가속센서, 지자기센서, 가속센서 등 총 9종의 센서가 탑재되며, 사용자의 손과 발의 움직임을 인식하여 VR 내에서 구현하였다. 섬세한 진동의 구현을 통해 사용자의 실제 손과 발에 촉감을 전달한다. 영상 환경에 맞추어 사용자에게 사막, 초원, 땅을 딛을 때의 촉감을 재현해주며, 캐릭터가 착용한 신발 종류에 따른 감각 등 또한 재현이 가능하다.

그림 4-13 Cerevo Taclim
출처: www.cerev.com

(5) Araig사의 체험용 바디 슈트

먼저 HDMI와 USB를 통해 트랜스미터에 연결되는 멀티 플랫폼이다. 신체 및 청각적 피드백을 통해 감각을 자극한다. 비주얼용 HMD, 물리적 움직임을 위한 러닝 머신, 상호 작용을 위한 컨트롤러 등 모든 다른 주변 장치와 작동한다. 완벽한 이동성을 제공하며 ARAIG는 실내 또는 실외에서 유선 또는 무선으로 사용할 수 있다. 모든 주요 엔터테인먼트 미디어 소스, 게임 또는 영화, VR 또는 증강 현실과 함께 작업할 수 있다.

그림 4-14 ARAIG GAMING SUIT

출처: araig.com

3) 영상컨트롤러

(1) VR 제작 카메라 GoPro

GoPro회사에서 제작한 고프로(GoPro)는 액션캠의 브랜드로서 선두주자이다. 액션캠은 아웃도어(수영, 자전거, 카레이싱 등) 활동 시 헬멧이나 운동기기에 장착해 영상을 기록하는 '미니 캠코더'를 말한다. 고프로는 대부분의 스마트폰이 할 수 없는 두 가지를 할 수 있다. 첫 번째로, 폰이 들어맞지 않거나 폰을 놓고 싶지 않은 곳에 고프로를 달 수 있다. 두 번째, 고프로는 170도 광각 렌즈를 탑재하고 있어 대부분의 상황에서 초점을 맞추기 쉽다.

4. 네트워크 기술동향

360도 뷰, 인터랙션 경험을 제공하는 AR·VR 콘텐츠는 기존 콘텐츠의 3~20배의 대역폭을 요구하여 기존의 LTE(4G) 네트워크로는 가능한 서비스에 한계가 있다. 시장 산업 동향에서 기업들은 AR·VR 콘텐츠의 원활한 이용이 가능한 네트워크 기술 개발을 추진하고 있다. 대용량 데이터 송수신을 요하는 AR·VR의 특성 상 5G, 또는 기가와이파이 수준의 네트워크를 필요로 한다. 향후 5G 기술은 보급이 확산될 전망이다.

향후 네트워크 산업의 발전 방향으로 AR·VR 시대의 데이터 전송량을 감당하기 위해 충분한 데이터 처리 기술 고도화 구축 이전까지는 AR·VR 데이터 전송을 처리하기 위한 데이터 용량 절감 및 지연 속도 최소화 등 데이터 처리기술 연구개발이 이루어질 것이다. 예를 들면, SK텔레콤은 360도 VR 콘텐츠 전송 시 일부 화면을 저화질로 전송하여 데이터 사용량을 60% 이상 절감하는 '화질 분리' 기술을 개발하였다. 화웨이는 최근 대용량 데이터로 인한 통신 중단, 속도 지연 등을 해결하기 위한 논블로킹 설계, 속도 최적화 기술 등을 공개하였다.

2018년 이후로는 국제적으로 5G 네트워크가 구축되고 2020년 전후로 5G 네트워크 구축이 활성화되면서 AR·VR 시장 활성화 촉진을 기대해 상당수 네트워크 기업들이 단순 데이터 제공 외에도 방송통신, 콘텐츠 사업을 겸하는 점을 고려할 때 AR·VR 콘텐츠 유통에도 진출 가능성이 있다. KT는 2018년 평창올림픽 개최 전까지 5G 통신망 구축을 목표로 하여 올림픽 경기 중계에 사용하였다. 노키아, 에릭슨, 퀄컴 등 글로벌 통신업체는 2020년까지 5G 통신망 구축을 위한 연구개발 및 투자를 추진하고 있다.

실제 평창올림픽에서는 5G를 이용해 360도 VR·싱크뷰 등 실감형 콘텐츠를 제공하고 평창과 강릉 주요 경기장과 서울 광화문, 인천공항에 28㎓ 대역의 5G 시험망을 구축하였다. 360 VR을 이용하면 원하는 각도에서 경기장을 보거나 특정 선수를 골라 보는 것이 가능하도록 하였다.

봅슬레이에 적용되는 싱크뷰는 초고속 카메라에 5G 통신모듈을 탑재해 선수 시점의 영상을 제공하였다. 국내 이동통신사들은 차세대 네트워크 구축 및 통신기술 개발을 추진하면서 새로운 수익원으로서 AR·VR 유통 플랫폼 사업에 진출할 예정이다. SK텔레콤은 에릭슨과 협력해 최근 5G 시험망 장비 시연에 성공, 2019년까지 5G 네트워크에 6조원 투자 계획을 발표하였다.

그림 4-15 2018평창올림픽 봅슬레이 5G 송출화면

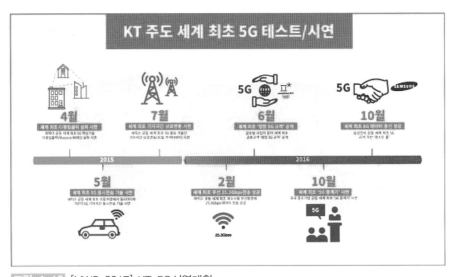

그림 4-16 [MWC 2017] KT 5G시연계획

5. 시사점과 향후 전망

　VR·AR 기기의 사용이 일반화되기 위해서 기술적 선결과제가 있는데 사용자가 느끼는 어지러움과 해상도 문제의 해결이다. VR 기기에서 사용자가 어지러움을 느끼는 것은 반응속도가 느리기 때문이다. 지연시간(Latency)은 0.05초 내에서 반응해야 어지러움을 느끼지 못하기 때문에 5G 네트워크 구축이 필수적이다. 해상도 문제 해결을 위한 최적의 그래픽 제공을 위한 기술이 선도되어야 한다. 기존의 대표적 GPU 기업은 AMD 라데온사로 인텔과 협력을 모색하고 있다. 애플은 GPU 자체 생산을 통해 VR·AR 분야의 진출 확장을 모색하고 있다.

　현재 HMD 디바이스 중심으로 가상증강 현실 산업이 성장하고 있다. 향후 VR 장비의 보급이 좀 더 대중화 된 이후에는 미디어 및 콘텐츠를 비롯한 플랫폼 등 소프트웨어 시장이 디바이스 시장 규모를 넘어서 더 큰 비중을 차지할 것으로 분석된다. 네트워크 기술은 다양하게 제공될 VR·AR 콘텐츠를 사용자가 이질감 없이 사용하는 서비스가 이루어질 수 있는 하드웨어 인프라로 그 성능을 개선하며 기술발전이 이루어질 것으로 전망된다.

참
고
문
헌

김선아, 가상증강현실 기술개발 동향 및 시장전망, 정보통신기술진흥센터.
김희수, 박태정, 가상현실(VR) 및 증강현실(AR)의 기술 동향 및 게임 엔진에서의 구현 사례, 정보와통신.
산업정책 Research, 가상·증강·혼합현실 주요핵심기술동향과 국내외 정책 및 R&D 동향.
양웅연, VR/AR 착용형 디스플레이 기술동향, Electronics and Telecommunications Trends, 2016.
이덕우, 가상 및 증강현실 응용 분야 기술 동향, 정보통신기술진흥센터.
이성빈, vr 핵심은 소프트웨어 콘텐츠, 교보증권.
이헌주, 김화숙, 가상증강현실 기술 및 산업동향, 한국전자통신.

제 5 장

VR의 활용 현황 – 사회 전반

고은현(배화여자대학교) · 이영(정화예술대학교)

VR의 활용 현황 – 사회 전반

이번 장에서는 사회 전반적으로 VR 활용 현황에 대해 알아보고자 하였다. VR 산업은 게임, 언론, 영화, 의료, 군사, 도로교통 등 다양한 분야에서 융합적인 발전을 하고 있으며, 2020년 700억 달러의 규모로 VR 관련 시장의 전 세계적인 큰 성장이 예측되고 있다. VR은 많이 대중화되어 일반인들도 VR형식의 영상을 쉽게 접해볼 수 있으며, 소형 VR 카메라와 HMD 기기도 저렴하게 출시되고 있다. 정부에서는 4차 산업혁명 핵심 기술인 VR 콘텐츠 개발과 사회문제 해결을 위한 디지털콘텐츠 플래그십 프로젝트를 추진하고 있다.

VR은 디바이스와 소프트웨어를 통해 상호작용성을 구현하여 게임 산업에서 특히 빠르게 적용되고 있다. 국내외 언론 분야에서는 2015년부터 VR 뉴스가 서비스되고 있으며, 차세대 플랫폼으로서의 높은 기대를 반영하여 2016년 네덜란드에서 VR 전용영화관이 개관하기도 했다. 뉴스, 영화 등의 VR 콘텐츠에서 체험을 통해 이용자나 관객의 실재감, 몰입감, 즐거움 등을 높이는 효과가 있는 것으로 나타났다. 또한 의료 분야에서는 VR을 알코올 및 도박과 같은 심리장애치료나, 재활치료의 지루함을 덜기 위한 기기 개발 등에 활용하고 있다. 군사 분야에서는 VR 기기 착용을 통해 모의 전투, 전술훈련 등과 같이 비용과 시간을 줄이는 효율적인 교육이 가능해지고 있다. 국내 도로교통 분야에서 VR 시장은 도입 초기 단계로 크레인 운전, 도장, 용접 등에 일부 활용되고 있으나, 도로주행 실험센터를 구축하여 시뮬레이터를 다양하게 활용하기 위한 계획을 추진 중이다. 예술 분야에서도 공연예술을 중심으로 VR을 활용하여 표현의 한계를 극복하고 관객의 몰입감을 극대화 하고 있다.

이번 장에서는 VR 콘텐츠의 다양한 개발을 통해 시장을 선점하기 위한 경쟁 상황에서 게임, 언론, 영화, 의료, 군사, 도로교통 등의 사회 분야별 VR 유형 및 기술 속성에 따른 효과를 통해 현황을 분석하였다.

주제어: VR 산업, VR 시장, VR 콘텐츠, VR 기술 속성

Ⅰ VR의 대중화와 성장

1. VR의 대중화

포켓몬 고의 열풍과 VR 룸의 성장세에서 볼 수 있는 것처럼 게임 산업 분야에서 VR은 매우 빠르게 발전되어 왔다. VR은 급속도로 대중화되어 가고 있으며 포털이나 SNS 등을 통해 VR 형식의 영상들을 어렵지 않게 접해볼 수 있다. VR기업 오큘러스가 소셜 미디어로 혁신을 추구하고 있는 페이스북에 인수되어 산업계의 큰 관심을 불러일으킨 바 있다. 국내에서는 대기업을 중심으로 소형 VR 카메라와 HMD(Head Mounted Display) 기기들을 비교적 저렴한 가격에 선보이고 있다. VR 콘텐츠를 활용하기 위한 HMD로서 2014년에 구글 카드보드, 2015년에 삼성 기어 VR, 2016년에 PS VR과 HTC vive 등의 다양한 제품들이 출시되면서 많은 소비자들의 관심을 모았다.

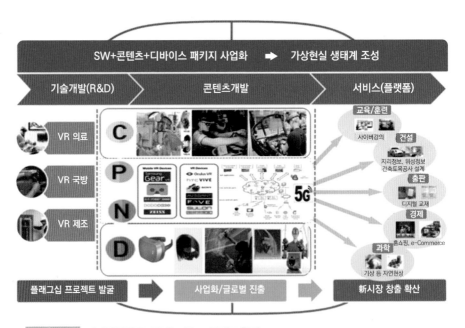

그림 5-1 디지털콘텐츠 플래그십 프로젝트추진

출처: 과학기술정보통신부, 2018.

정부에서도 국가 발전 전략과 정책을 통해 전폭적 지원을 준비하고 있으며, 최근 VR 산업을 사회의 다양한 분야와 융합하기 위한 시도를 하고 있다. 구체적으로 2018년 디지털콘텐츠 플래그십 프로젝트를 통해 4차 산업혁명의 핵심 기술로 여겨지는 VR 기반의 혁신 성장 동력 발굴을 추진하고 있다. 이 프로젝트는 건축, 해양 등의 전통적 산업에 VR을 융합하여 다양한 사회문제를 해결하고 콘텐츠의 연구개발과 해외 진출을 지원하기 위한 목적으로 진행되고 있다.

VR 콘텐츠는 향후 시장에서 소비자에게 큰 영향력을 행사할 것으로 보인다. VR 기반의 콘텐츠 예시로서 첫째, 3D 가상휴양은 활동적인 여행보다 휴양을 위한 여행을 선호하는 소비자의 요구를 반영할 수 있다. VR을 통해 시간과 비용 등과 같은 현실적인 제약에서 벗어나 휴양을 위한 간접 경험을 제공할 수 있다. 3D 공간에서 사물, 자연, 소리 등에 사용자를 노출시켜 휴양 경험을 극대화할 수 있을 것이다. 실제 휴양지를 구현할 뿐만 아니라 가상의 환상적인 공간을 구현하고 제공할 수도 있다. 이는 대규모 VR 게임 개발에 비해 개발 비용이 비교적 적게 들어 상대적으로 빠른 수익 창출을 할 수 있는 분야가 될 수 있다.

둘째, 쇼핑은 오프라인에서 하고 구매는 인터넷으로 하는 소비자들이 많다는 점에 착안하여 3D 가상쇼핑을 개발할 수 있다. 시간과 비용 등의 제약으로 어려울 수 있는 오프라인 쇼핑을 VR 쇼핑 룸을 통해 간접적으로 경험할 수 있도록 하는 것이다. 현존 기술을 적용함으로써 실제 제품과 똑같은 사물을 구현하여, 구매를 고민하고 있거나 단순 쇼핑을 원하는 사용자에게 정보를 제공하고 오프라인 쇼핑과 동일한 경험을 제공할 수 있다.

셋째, 반려동물을 키우고 있거나 키울 용의가 있는 사용자를 대상으로 한 3D 가상동물원을 개발할 수 있다. VR을 통해 현재 개나 고양이에 한정되어 있는 반려동물을 다양화하고 비용과 심리적 책임감을 덜 수 있는 경험을 제공할 수 있다. 이는 다양한 동물 콘텐츠를 통해 수익을 창출하거나 게임 콘텐츠로 발전될 가능성도 크다. VR 기술을 적용하여 동물의 성장기를 장기간 동안 경험하도록 하고, 먹이를 주는 등의 상호작용 활동을 제공함으로써 실제 동물을 키우는 것과 유사한 학습효과도 기대할 수 있다.

2. VR의 성장

VR은 스마트폰, 유비쿼터스 기술 등과 동일하게 사회 전반에서 요구되는 기술로서 빠르게 자리매김하고 있다. 머지않아 가정, 교실, 사무실 등에서 VR 헤드셋을 활용하게 될 것이며 이로 인해 살아가고, 학습하고, 일하는 방식에 큰 변화가 일어날 것이다. 시장 조사기관 Trendforce(2016)에서는 VR 관련 시장의 규모가 2020년까지 약 85조 원으로 성장할 것이라고 예측하였다. VR은 게임 산업뿐만 아니라 언론, 영화, 의료, 군사, 도로교통, 예술 등 다양한 분야에서 발전되고 있으며, 분야별 융합을 통한 시너지 효과가 기대되고 있다.

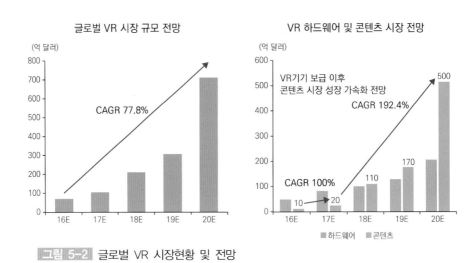

그림 5-2 글로벌 VR 시장현황 및 전망

VR 산업은 콘텐츠, 서비스 플랫폼, 네트워크, 디바이스가 결합된 형태로 볼 수 있다. 콘텐츠는 사용자가 이용하는 내용을 의미하며, 글로벌 미디어 기업을 중심으로 투자가 확대되면서 대중적 인기를 끌 수 있는 혁신적 스타트업들이 다양하게 시도되고 있다. VR 콘텐츠 시장은 국내외 시장에서 크게 성장해 왔다. 세계의 VR 콘텐츠 시장은 2017년 5억 달러 규모에서 2020년이 되면 245억 달러의 규모로 급격히 성장할 것이라 예측된 바 있다(현대경제연구원, 2017). 국내에서는 VR 콘텐츠가 게임, 엔터테인먼트, 영상 산업을 중심으로 개발되고 있다.

서비스 플랫폼은 콘텐츠 저작도구 제공을 위한 기술적 플랫폼과 사용자에게 제공하기 위한 유통 플랫폼으로 구성된다. 영상기술업체와 ICT 기업들이 관심을 보이고 있는 VR 플랫폼 시장은 기업 진출에 있어 초기 단계로 볼 수 있다. 네트워크는 방송통신을 통한 VR 콘텐츠의 송수신 서비스를 뜻하며, 디바이스는 사용자 인터페이스, 영상촬영과 디스플레이를 할 수 있는 하드웨어와 기기를 의미한다.

VR은 단순한 유행에 머무르는 것이 아니라 새로운 주요 플랫폼으로 여겨지고 있다. 하지만 VR 장치가 높은 가격에 머무르게 되면 많은 사람들이 접근하는 데 한계를 지닐 수밖에 없다. 고성능 컴퓨터와 좋은 헤드셋은 고가이지만 향후 보다 저렴한 장치들이 출시될 예정이다. 주요 VR 하드웨어 제작자들은 소비자들을 더 많이 끌어들이기 위해 노력하고 있다. 특히 기어 VR, 구글 카드보드, Daydream View 등을 통한 모바일 VR은 사용자들이 큰 부담 없이 VR을 경험할 수 있도록 개발되고 있다.

또한 VR의 성능을 향상시키기 위한 새로운 기술이 지속적으로 연구 개발되고 있다. 최근 안구 추적 기술을 통해 사용자가 보고 있는 고해상도의 영역을 저장하고 주변을 흐리게 처리하는 작업이 가능해졌다. 이러한 기술의 장점은 차세대 VR 헤드셋을 착용할 때까지 기다리지 않고도 기존 하드웨어의 성능을 향상시킬 수 있다는 것이다. HTC Vive와 같은 최신 VR 헤드셋에는 이미 안구 추적이 가능한 키트가 포함되어 있어 고성능의 VR 경험을 실행할 수 있다.

VR 보급으로 인해 콘텐츠 제작자가 콘텐츠를 제공할 수 있는 새로운 기회가 만들어지고 있다. 360도 동영상은 미디어 업계에서 사용자들에게 콘텐츠를 전달하기 위한 방법으로 활용되고 있다. 대부분의 사용자들은 컴퓨터나 스마트폰 상에서 360도 비디오를 시청하며 화면을 드래그 하여 이동한다. 또한 VR 헤드셋을 통해 수동으로 뷰포인트를 변경하지 않고도 자연스러운 경험을 할 수 있다.

VR 경험은 현재 사용자의 시각 및 청각에 한정되어 있으나 향후에는 광범위해질 것이다. VR 기술을 활용한 진정한 몰입 경험을 위해 총체적 인체 감각을 통합하려는 시도가 지속되고 있다. 시청각적 경험에 향기, 온도, 기류, 진동, 맛 등을 더해 360도 환경에서 완벽한 감각적 상호작용 경험을 제공하는 제품들이 이미 출시되어 있다.

사회 각 분야에서의 VR 활용

1. 게임 분야

게임 분야에서 VR은 기술적 적용과 발전에 있어 특히 빠른 속도를 보이고 있다. 이는 VR의 핵심적 특성으로 손꼽히는 상호작용성이 게임 분야에 가장 적절히 적용될 수 있기 때문이

그림 5-3 VR 게임

다. 또한 소비자의 측면에서는 기존의 게임을 하는 방식과 크게 다르지 않고, 제작자의 측면에서는 일반적으로 실사가 아닌 CG기반의 콘텐츠로 구성되는 장점이 있기 때문으로 볼 수 있다. 관련 업체에서는 콘솔 게임의 차기 VR 버전을 발표하거나, 고사양의 HMD를 지원하는 PC 게임들이 대거 출시되었다.

『Unity Virtual Reality Projects』의 저자 리노우즈(Linowes)는 VR 콘텐츠를 디오라마, 일인칭 경험, 상호작용 가상 환경, 레일 탑승형, 360도 미디어, 소셜 VR의 6개 유형으로 분류하였다(Linowes, 2015). VR 게임은 사용자에게 극도의 몰입을 경험하도록 함으로써 재미와 만족감을 크게 느끼도록 한다. 게임의 주요 요소로서 규칙, 갈등과 경쟁, 목표, 활동, 의사결정, 가공된 삶, 자발성 등을 반영한 상호작용 가상환경과 소셜 VR 콘텐츠가 다양하게 개발되어 왔다. 하지만 관람형으로서 360도 미디어를 통한 콘텐츠, 디오라마, 레일 탑승형, 일인칭 사용자 경험 콘텐츠의 경우에는 화면을 살펴보는 활동을 넘어서는 상호작용이 실제적으로 이루어지기 어렵다는 한계가 있다. 최근 응시형 선택 인터페이스가 개발되어 여러 옵션 중에서 하나를 일정 시간 동안 응시하면 선택되어 활성화되는 기술이 적용되고 있다. 이를 통해 내러티브에 기반하여 퍼즐이나 추리에 참여할

수 있는 게임을 개발해 사용자의 몰입을 높일 수 있다(정윤아, 우탁, 2017). 향후 위치 기반 엔터테인먼트를 통해 광범위한 VR 경험이 가능해질 것으로 보인다. VR 헤드셋을 실제 물리적 위치와 결합하여 혼합 현실 환경을 만들어 사용자는 VR이 매핑된 실제 무대를 걸어 볼 수 있다.

2. 언론 분야

언론 분야에서 VR은 시사 정보와 다양한 의견을 대중에게 전달하는데 있어 새로운 환경을 적용하는데 활용되고 있다. 사건과 정보를 전달하기 위해 VR 기술을 통해 시의적절하고 정확한 보도를 제공할 수 있다는 장점을 살리는 데 주력하고 있다. VR 뉴스를 통해 사용자들이 현장에 있는 것과 같이 생동감과 현실감을 느낄 수 있도록

그림 5-4 VR 뉴스

기술을 적용하고 있는 것이다. VR 뉴스는 인터넷과 모바일 앱을 통한 방식과 HMD 착용 후 VR 뉴스를 시청하는 방식으로 제공된다. 인터넷과 모바일 앱을 통한 방식은 특정 브라우저와 애플리케이션으로 비교적 쉽게 VR 뉴스를 접할 수 있는 반면, HMD를 통한 방식은 기기 착용 후 뉴스 시청이 가능하다는 점에서 다소 불편함이 있다. VR 뉴스는 VR에 기반하여 고도의 현장감을 살린 정보를 제공할 뿐만 아니라 사용자가 능동적으로 참여할 수 있는 기회를 제공한다는 차별성을 지니고 있다. VR 뉴스를 대상으로 한 연구에 따르면 VR 뉴스의 속성 중 실재감, 몰입감, 즐거움, 눈의 피로도 등이 이용자 효과에 영향을 미치는 것으로 보고되었다(송민호, 이인규, 2018).

VR 뉴스는 국내에서 2015년 6월에 동아일보가 스마트폰 기반의 VR 영상을 유튜브에서 제공하기 시작한 이후 2016년 2월 KBS의 VR 저널리즘, 조선일보의 VR 조선 등이 프로그램으로 이어졌다. VR 뉴스 프로그램과 콘텐츠는 주로 홈페이지, 유튜브, 스마트폰 앱을 통해 제공되고 있다. 해외에서는 2015년부터 미국의 ABC, CNN 뉴스, 일본의 NHK 뉴스 등을 중심으로 VR 뉴스와 관련 콘

텐츠의 파급력을 인식하여 시범적인 서비스 제공을 시작하였다. 특히 뉴욕 타임즈는 몰입형 저널리즘으로서 VR을 통한 The Daily 360을 출간하고 있다.

3. 영화 분야

영화 분야에서는 3D 영화 이후에 신성장 동력으로써 차세대 플랫폼 VR을 활용한 시도가 다양하게 이루어지고 있다. 2016년 세계 최초 VR 영화관이 네덜란드 암스테르담에서 개관하였으며, 스페인 바르셀로나에 VR 4D 극장이 국내 대기업에 의해 건설되었다. 할리우드에서는 시각효과 감

그림 5-5 VR 영화
출처: https://pixabay.com/ko

독 에드워즈(Edwards), 영화감독 스트롬버그(Stromberg), 프로듀서 뉴턴(Newton), 사업가 프라이머스(Primus)에 의해 VRC(Virtual Reality Company)가 설립되어 스필버그(Spielberg) 감독, 스콧(Scott) 감독과 제작에 들어가 본격적인 VR 영화가 등장할 때를 앞두고 있다.

실험적으로 제작된 단편 VR 영화「HELP」에서는 영화 관람에 대한 기존 개념과의 차이를 확인할 수 있다. 일반적인 영화 관람은 연출되어 제작된 시청각적 정보를 스크린 상에서 러닝 타임 동안 관객이 받아들이는 행위로 볼 수 있다. 영화 속 스토리와 정서를 공감하면서 받아들이기는 하지만, 영화 연출자가 의도한 시청각 정보를 제공하면 관객들은 이를 수동적으로 받아들이는 역할을 하는 데 머물렀던 것이 사실이다. 하지만 VR 영화에서는 관객이 보는 어느 방향에서 보아도 영화 속 세계가 펼쳐지며 함께 존재하는 듯 체험할 수 있다(정원석, 정원식, 2017).

현재 3D IMAX 영화가 실제 경험에 가장 근접한 방식이라 할 수 있다. 향후 홈시어터의 다음 매체로서 VR은 소비자의 욕구를 자연스럽게 충족시킬 수 있

을 것이다. 2018년 표준 2D 형식에서 VR 환경으로 제작된 영화가 증가하였으나 여전히 기존 형식의 변형에 그치고 있다. 영화 분야에서 VR 기술을 활용하게 되면 사용자에게 진정한 몰입 경험을 제공할 수 있는 큰 잠재력을 지니고 있다. 다각도에서 액션을 보고 화면에서 실행되는 이벤트를 경험할 수 있는 VR 블록버스터 영화를 볼 수 있는 날이 머지않았다.

4. 의료 분야

VR은 1990년대 후반부터 의료 교육프로그램과 치료 등에 적용되어 왔으며 점차 활용 사례가 늘어나고 있다. VR 치료(VRT)는 환자의 신체, 정서, 정신 질환에 혁신 기술을 적용시켜 개입할 수 있도록 하는 방법이다. VR 치료는 인간 대 컴퓨터의 상호작용을 통해 융합적 산물로 고안되어 임

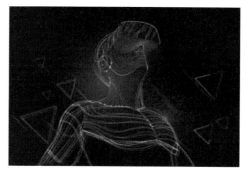

그림 5-6 VR 치료
출처: https://pixabay.com/ko

상적용을 거침으로써 효과가 검증되고 있다. 다중 감각적 현실감과 실재감을 높여 환자나 내담자의 몰입을 유도하는 가상환경을 구현하여 맞춤형 VR 노출치료(Virtual Reality Exposure Therapy, VRET)가 다양하게 소개되어 왔다. 국내에서는 대학병원 및 치료감호소 등을 중심으로 VR 치료 센터를 개소하여 알코올, 도박 등에 대한 임상연구와 프로그램 개발이 활발하게 이루어지고 있다(류창현, 2017).

해외 사례로는 최근 옥스퍼드대학교 정신의학과에서 고소공포증 치료를 위한 VR 프로그램을 개발하여 운영 중이다. VR 속 10층 빌딩에서 바깥쪽 나무 위에 있는 고양이를 구하거나 과일 따기 등의 미션 수행을 통해 고소공포증은 68% 감소 효과를 보였다. 미국 미시간대학교에서는 자폐아가 교실 환경에 적응하도록 돕는 VR 프로그램을 개발하였다. VR 속에서 자폐아는 실제 인간보다

언어 및 표정이 단순하고 일관된 인간 아바타와 커뮤니케이션을 하도록 한다. 이를 통해 복잡한 교실 상황에 들어가기 전에 VR을 접하여 연습해 봄으로써 적응하도록 도울 수 있다(차병원, 2018).

2018 국제의료기기 및 병원 설비 전시회 「키메스(KIMES)」에서는 의료기기에 VR 기술이 접목되어 눈길을 끌었다. 환자가 재활 치료를 받는 중에 지루함을 느끼지 않고 흥미를 유발할 수 있도록 VR 기술을 통해 공원을 실제 걸어 다니는 느낌을 주는 의료 기기가 소개되었다. 또한 임산부의 뱃속 태아 얼굴을 VR 기기로 생생하게 볼 수 있도록 하는 기기가 등장하기도 하였다.

5. 군사 분야

군사 분야에서는 VR을 이용한 훈련 및 시뮬레이션에 대한 수요가 지속적으로 증가하고 있다. 프로스트 앤 설리번 한국 지사가 발표한 '미국 국방부 훈련 및 시뮬레이션 시장 분석 보고서'에 따르면, 2020년까지 훈련 및 시뮬레이션 자금은 연평균 1.7%씩 늘어날 것으로 예측했다(Frost &

그림 5-7 VR 군사훈련
출처: https://pixabay.com/ko

Sullivan, 2016). 우리나라에서도 국방부는 VR 및 증강현실을 이용하여 특수훈련 체계를 고도화하여 훈련자의 전투행동을 인식하는 장비와 전술훈련용 VR 콘텐츠를 제작하고 있다.

병력자원 감소와 미래 전장환경 변화에 대처하기 위해 최첨단정보통신기술을 국방 분야에 적극 도입하고 있으며, 증강현실과 VR 기반의 가상전투 훈련 센터가 이르면 2019년까지 구축될 계획이다. 2018년 8월에 발표된 육군의 훈련 시스템은 '정밀사격훈련 시뮬레이터', '전술훈련 시뮬레이터', '지휘통제훈련 시뮬레이터', '훈련정보 및 훈련효과 분석 시스템', 4종이다(중앙일보, 2018.08.30).

해군에서는 VR로 잠수함 환경을 구현해 각종 상황을 반복훈련하여 숙달하는 '잠수함 승조원 훈련체계'를 개발하고 있으며, 공군은 가상의 적이 공격해오는 상황에서 작전수행 능력을 확인하고 모의훈련할 수 있는 '기지작전 훈련체계'를 구축할 계획이다(경향신문, 2018.04.03). 이처럼 군에서는 위험성이 높고 기술 숙련도가 필요한 군 장비 정비교육과 정비지원을 위한 시스템, 군 차량 운전교육, 간호실습 등과 관련한 VR 콘텐츠를 지속해서 개발할 것으로 예상된다. 국방부가 밝히듯이 VR 기반의 훈련체계 도입으로 훈련의 실제성을 높일 뿐만 아니라 사고 예방 및 예산절감의 효과를 가지고 올 것으로 기대된다.

6. 도로교통 분야

도로교통 분야에서 VR 도로주행 시뮬레이션 프로그램은 신설 도로의 구축을 계획하고 기존 도로를 운영하는 데 있어 도로, 운전자, 자동차 간의 관계를 분석해 볼 수 있는 최적의 방안으로 각광을 받고 있다. 국내 도로교통공단에서는 교통안전 교육에 VR 기술을 도입하여 운영하고

그림 5-8 VR 시뮬레이션
출처: https://pixabay.com/ko

있다. 전국 6개 첨단교육센터에서 교통 법규 위반자, 일반인을 대상으로 사고에 대한 경각심을 높일 수 있도록 생생한 체험을 제공하고 있으며 어린이와 청소년을 위한 체험 콘텐츠도 마련되어 있다. VR 헤드셋과 시뮬레이터 등을 활용하고 있으며 핸들, 브레이크, 액셀 등의 운전모듈이 포함된 상호작동 방식(Interactive Method)의 시스템을 통해 사용자가 자신의 안전행동 점수를 확인할 수도 있다.

일본, 미국을 중심으로 한 해외 교통선진국의 활용사례 보고에 따르면 3차원 VR을 통해 도로 설계와 공사 기간을 5~15%까지 단축시키는 효과가 있는 것

으로 나타났다. 또한 도로의 운영과 유지관리에 있어 도로주행 시뮬레이터의 활용으로 교통사고로 인한 연 10% 이상의 비용을 절감할 수 있는 것으로 확인되었다(박제진, 2018).

국내에서는 국토교통기술촉진사업의 하나로서 한국도로공사가 도로주행 시뮬레이터 실험센터의 설립을 추진하고 있다. 국내의 도로교통 및 관련 산업 분야에서 VR을 통한 훈련이 일부 도입되었으나 아직 초기단계에 머무르고 있다. 향후 다양한 콘텐츠를 통해 크레인 운전, 도장, 용접 등의 분야에서도 시장의 형성과 확대가 예측되고 있다.

7. 예술 분야

예술 분야에서 VR이 공연예술에 활용되면서 예술가들에게는 표현과 제작의 한계를 극복하게 하며, 관람객에게는 몰입감을 높여주고 있다. 스티칭 프로그램이라는 기술을 활용하여 360도 전방위적으로 공연을 볼 수 있도록 VR로 제작하여 오케스트라 및 연극에 활용하고 있다. 예를 들어, 2015년 구스타보 두다멜(Gustavo Dudamel)이 지휘하는 LA 필하모니 연주와 그래픽 애니메이션과 함께 VR 공연을 선보였다(CNN, 2015.11.11)(https://www.youtube.com/watch?v=j-vtJYmia_o). 2016년 LA에서 초연된 '허블 칸타타'는 전통적인 클래식과 오페라의 형식적 틀을 깨고 공연장을 둘러싸는 오케스트라 음악을 배경으로, 별의 생애와 죽음을 시적으로 설명하는 천체물리학자의 설명을 들으며 오리온 성운을 3차원으로 렌더링한 VR 영상을 관람하도록 함으로써 공연체험을 입체화한 사례이다(https://www.youtube.com/watch?v=cRSvxdBKSH8).

국내에서는 2019년 1월 경기도와 경기콘텐츠진흥원이 문화예술 분야 VR·AR 융합 프로젝트 작품 전시회를 개최하여 일반 관람객들이 VR·AR 기반 예술 작품을 직접 체험할 수 있는 기회를 제공하였다(매일경제, 2019.01.16). 최근에는 가상공간에서 작품을 선보이는 Tilt Brush가 개발되어 활발하게 사용되고 있으며, 'VR 아티스트'라는 새로운 예술 장르가 개척되기도 하였다. 아울러 5G 시대의 개막으로 공연장에 직접 가지 않아도 VR을 활용하여 공연을 체험할 수

그림 5-9 허블 칸타타 공연 장면

출처: https://www.flickr.com/photos/51552109@N04/34981969356/

있게 되었다(경향신문, 2019.03.15).

이처럼 VR은 미술, 공연예술 분야에서 예술적 성취를 달성하도록 하며, 예술가의 표현 수단·방법과 무대공간을 확장시키고, 관객의 몰입감을 증대하며 새로운 공감각적 경험을 제공할 것으로 기대되어(박순보 외, 2016), 향후 VR은 다양한 방법으로 적용될 것으로 전망된다.

경향신문(2018.04.03). 국방부, VR·AR 활용한 가상훈련체계 개발 추진. http://news. khan.co.kr/kh_news/khan_art_view.html?art_id=201804031137001#csidx219b 46d71796b10818a475af815756c

경향신문(2019.03.15). 안방에서 보는 '태양의 서커스'…. 5G시대 공연은? https://www. khan.co.kr/allthatart/art_view.html?art_id=201903051554001

류창현(2017). 범죄예방정책과 가상현실치료(VRT): 알코올의존 보호관찰대상자의 가상현 실 인지행동치료(VR–CBT) 중심으로. **한국중독범죄학회보**, 7(1), 65–92.

매일경제(2019.01.16). VR과 아티스트가 만나면… 'ART & VR' 전시회 23일 개막. https:// www.mk.co.kr/news/culture/view/2019/01/32379/

박순보, 김지수, 한하경, 장성아, 박나래, 채홍병, 오승재, 유원준, 정세라, 하태진, 김재인 (2016). 디지털 공간을 활용한 공연예술 활성화 방안 연구. 전라남도: 한국문화예 술위원회.

박제진(2018). VR 기반의 도로주행 시뮬레이터 정책 동향. **ITS BRIEF**, 8(3), 4–7.

송민호, 이인규(2018). VR뉴스의 이용자 효과에 관한 연구. **한국디지털정책학회논문지**, **16**(3), 439–449.

정원석, 정원식(2017). VR180기반 극영화의 도입과 활용성 연구. **Journal of Korean Society of Media & Arts**, **15**(2), 35–49.

정윤아, 우탁(2017). VR콘텐츠 분류 방법론과 게임으로서의 VR콘텐츠 디자인 방법론 고 찰 –"unity virtual reality project" 문헌을 중심으로. **Journal of Korean Society of Media & Arts**, **15**(6), 63–75.

중앙일보(2018.08.30). 훈련도 실제처럼.... 육군 VR·AR 기반 훈련체계 첫 선. https://
news.joins.com/article/22926803

차병원 보도자료(2018). 의료도 가상현실 시대! VR로 수술시연에 재활치료까지. https://
blog.naver.com/chagroup/221325432089.

현대경제연구원(2017). **국내외 AR·VR 산업 현황 및 시사점.** 현대경제연구원 보고서.

CNN(2015.11.11) Beethoven rolls over into virtual reality. https://www.cnbc.com/2015/
09/11/beethoven-rolls-over-into-virtual-reality.html

Frost & Sullivan(2016). https://ww2.frost.com/news/press-releases/16752/

제 6 장

VR의 교육적 활용

신형석(고려대학교)

VR의 교육적 활용

VR을 교육적으로 활용하는 것에 대해 다양한 견해가 존재하며 아직 일치된 결론이 도출되지 못한 상황이다. 그러나 이 장에서는 VR 자체가 일종의 교육용 매체로써 적절한 학습 환경으로 구축될 때 학습자가 학습에 몰입할 수 있는 여건이 조성된다는 관점에서 VR의 교수-학습 기능에 대해 살펴보았다. 그리고 이를 바탕으로 VR을 교육현장에 효과적으로 적용하기 위해 고려해야 할 사항을 정리하였다.

교수자는 수업목표에 맞는 수업계획을 세울 때 수업자료와 수업방법에 있어 최상의 선택을 하기 위해 교수─학습과 관련된 여러 맥락을 고려하게 된다. 따라서 '어떻게 교육을 해야 효과적일까?'라는 질문에 대한 해답을 찾기 위해 교육공학자들은 필연적으로 교육적으로 활용할 수 있는 다양한 매체와 정보통신기술의 개발과 발전에 관심을 기울여왔다. 이러한 점을 고려할 때, 현재 교육공학 분야에서 많은 관심을 받고 있고 앞으로 더욱 관심을 가져야 할 것 중 하나가 바로 VR이다. 이 장에서는 VR의 교수─학습 기능에 대해서 살펴보고, 이를 실제 수업현장에 적용하기 위해서 어떤 점을 고려해야 할지를 간략히 정리하였다.

Ⅱ VR의 교수-학습 기능

1. 매체로서의 VR의 완성도

VR은 이미 일반인들에게도 익숙한 개념이다. VR이나 증강현실을 이용한 게임, 교육훈련을 위한 프로그램 등이 개발되어 널리 활용되고 있다. VR을 간단히 정의내리면, 컴퓨터, 스마트기기 등 멀티미디어 기기에 의해 생성된 가상의 세계라고 할 수 있다. 정보통신기술이 빠르게 발전하면서 VR의 질적 수준도 빠르게 높아지고 있다. VR의 완성도는 크게 생생함(vividness)과 상호작용성(interactivity)의 두 가지 측면을 고려하여 판단할 수 있다(Steuer, 1993). 생생함은 VR이 학습자에게 얼마나 생생하게 느껴지는지 혹은 진짜와 같은 느낌을 감각적으로 제공하는지를 의미하며, Steuer는 여러 요소 중 감각의 너비(breadth)와 깊이(depth)가 VR의 생생함을 결정짓는 두 가지 중요 요소라고 보았다. 감각의 너비는 얼마나 다양한 감각이 동시에 작동하는지를, 감각의 깊이는 감각이 얼마나 높은 수준으로 제공되는지를 의미한다.

VR에서의 생생함은 주로 인간이 감각적으로 외부의 자극을 지각하는 데 필요한 오감 중 시각과 청각에 의해 큰 영향을 받는다. 시각적인 측면의 경우, 이미 상당한 수준으로 VR을 현실감 있게 구현하고 있다. 예를 들어, 영화 제작 시 실제로 영화촬영을 위한 세트를 제작하기 어렵거나 현실에 존재하지 않는 미래 또는 과거를 배경으로 장면을 촬영하는 경우 컴퓨터 그래픽스(CG: Computer Graphics)를 활용하여 가상의 공간을 창조해낸다. 실제 촬영한 것과 구분이 되지 않을 정도의 높은 그래픽 수준을 보여주는 게임이 등장하여 많은 사람들로부터 인기를 끌고 있는 것은 벌써 흔히 볼 수 있는 현상이다. 인간의 청각을 만족시키기 위한 정보통신기술의 발전도 이미 충분한 수준에 올라있다. 영화와 게임 등 위에서 언급한 시각관련 예와 마찬가지로 현재 컴퓨터를 활용하거나 사물의 물리적인 접촉을 통해 만들어낼 수 없는 소리는 존재하지 않는다.

오감 중 촉각과 후각, 미각은 현재 상황에서는 아직 VR이 생생함을 갖추는 데에 큰 영향을 미치지 못한다. 외부의 세계를 받아들일 때 아직까지 인간이 촉각과 후각, 미각에 상대적으로 적은 비중을 두고 있거나 시각과 청각의 역할이 지나치게 크기 때문일 것이다. VR의 내용에 따라 촉각이나 미각, 후각적인 요소는 전혀 필요 없는 경우도 있고, 반대로 이 세 가지 요소를 최대한 구현할 경우 수준 높은 VR이 구현되는 경우도 있을 수 있다. 그러나 아직까지 VR에서 촉각과 미각, 후각을 만족할 만한 수준으로 구현하는 것은 쉽지 않다. 시각과 청각은 형성되는 과정에서 외부의 자극이 바로 직접적으로 눈과 귀에 바로 도달하지 않는 반면, 촉각과 후각, 미각의 경우 인체의 피부 또는 특정 신체기관에 의해 직접적으로 느끼고 반응해야 형성되는데 이를 충실히 구현하기 위한 기술은 아직 좀 더 발전해야 될 필요성이 있기 때문이다. 예를 들어, 미각의 경우 인간이 미각을 느끼기 위해서는 직접 특정 음식 또는 물질을 입에 넣어야 하는데, VR에서 실제로 존재하지 않는 것을 섭취한다는 것 자체가 불가능하다. 따라서 VR의 발전에 있어 기술적인 측면의 질적 향상이 극적으로 이루어지지 않는다면 촉각과 후각, 미각적 요소는 VR을 구현할 때 우선순위로 고려되기는 어렵다.

그러나 4D 영화의 발전에서 볼 수 있듯이, 앞으로 촉각과 미각, 후각을 실제와 같이 재현할 수 있는 기술이 발전한다면 VR이 구현해낼 수 있는 범위는 무한정 확대될 수 있을 것이다. 예를 들어, 학습자들이 가상으로 독도를 체험할 때 동식물들 또는 바다가 뿜어내는 다양한 냄새를 직접 느낄 수 있다면 더 효과적으로 가상의 독도를 경험할 수 있을 것이다.

교육에 활용되는 전통적인 미디어는 감각의 너비라는 측면에서 어느 정도 가능성을 보여주었지만 감각의 깊이라는 측면에서 부족함이 많았다. 초기의 텔레비전은 등장 자체가 정보 전달에 있어 시각과 청각적 측면에서 사용자들에게 놀라움을 선사하였지만 음질과 화질 등을 고려했을 때는 교육 매체로써 월등한 교육 효과를 가져다주지 못했다. 그러나 요즘 판매되고 있는 텔레비전은 음질과 화질이 획기적으로 개선되어 교육 매체로써의 역할을 충실히 해낼 수 있다. 이와 마찬가지로 VR을 활용한 초기의 교육용 프로그램은 생생함의 측면에서 발전해야 할 여지가 많았다. 학습자들이 진짜처럼 느끼지 못하는 VR은 학습자들의 몰입도를 저하시켜 충분한 학습 성과를 거두지 못할 가능성이 높다. 정보통신기술이 급격히 발전함에 따라 구현가능한 VR의 질적 수준 또한 높아지고 있으며, 이는 VR 콘텐츠의 생생함의 수준이 높아짐에 기인한다.

　VR의 완성도를 판단하는 데 있어 상호작용성은 연구 분야에 따라 다르게 정의되고 있으나 여러 의견을 종합하면 VR이 사용자의 행동에 따라 얼마나 실시간으로 반응하는지를 의미한다고 볼 수 있다. 상호작용성을 구성하는 요소는 크게 속도(speed)와 범위(range), 그리고 매핑(mapping), 세 가지이다(Steuer, 1993). 속도는 사용자의 반응이 얼마나 빠르게 VR에 반영되는지를, 범위는 매 순간 취할 수 있는 행동이 얼마나 많은지를, 매핑은 VR 안에서 자연스러운 여러 변화 또는 예측가능한 변화를 얼마나 통제할 수 있는지를 말한다. 과거의 전통적인 교육용 매체인 책은 학습자가 책을 읽고 학습하는 것에 대한 반응속도라는 것이 아예 존재하지 않아서 쌍방향의 상호작용이 전혀 이루어지지 않았다고 볼 수 있다. 그러나 현대 VR의 반응속도는 엄청나게 빨라져서 비디오 게임 형태의 교육용 소프트웨어를 개발하여 적용해도 전혀 무리가 없는 수준에 도달했다. 또한 사용자가 어떤 행동을 취하더라도 무리 없이 이를 VR 안에서 반영할 수 있을 정도로 상호작용성의 범위가 증가했으며, 바위가 굴러가거나 헬기가 날아다니는 등 특정 물체의 예측하기 어려운 자연스러운 연속 움직임도 실제 상황처럼 만들어내는 등 매핑 측면에서도 진일보한 모습을 보여준다. 이렇게 정보통신기술의 발달로 인해 VR의 상호작용성 또한 과거와 비교하여 뛰어난 질적 향상을 보이고 있다. 생생함의 수준을 높이는 것이 VR을 받아들이는 사용자의 감각적인 면을 만족시킬 수 있는 것이라면, 상호작용성의 수준을 높이는 것은 VR 속에서 사용자가 특정 행동을 취했을 때 그에 따른 다양한 반응이 현실에서처럼 나타날 수 있도록 하는 것이다.

　지금까지 살펴본 바를 간단히 정리하면, VR이 교육적으로 활용되기 위해서 실제 현실에 근접한 수준의 생생함과 상호작용성을 갖추는 것이 기본적 전제가 되어야 한다. VR과 현실의 괴리가 뚜렷하면 학습자가 콘텐츠에 쉽게 몰입하기 어렵다. 바꿔 말하면 VR의 생생함과 상호작용성이 충분히 확보될 때 학습자가 VR을 실제 현실처럼 인식하게 되고 최대한의 학습 성과를 거둘 수 있다는 뜻이다. 이러한 점을 기본 전제로 하여 VR의 교수－학습 기능에 대해 살펴봄으로써 VR을 어떻게 교육적으로 활용할 수 있을지 그 방법을 모색하고자 한다.

2. VR의 교수-학습 기능

VR은 다양한 기능을 가지고 있지만 교육적으로 활용가능한 것은 다음의 네가지로 정리할 수 있다(박인우 외, 2017). 첫째, 학습자가 현실에서는 접근하기 어려운 세계를 VR에서 구현할 수 있다. 현실에서 학습자가 바다생물에 대해서 배우기 위해 직접 깊은 바다 속으로 들어가는 것이나, 고대 이집트 문명에 대해 배우기 위해 그 시대를 직접 관찰하는 것은 불가능하다. 그러나 VR에서는 학습자가 이러한 상황을 마치 직접 체험하는 것처럼 간접 체험할 수 있다. 둘째, 학습자가 VR 세계에서 다양한 조작을 할 수 있다. 직접 진행하기 어려운 원소 결합을 VR에서는 다양한 비율로 자유롭게 시도하고 그에 따른 결과를 살펴볼 수 있다. 셋째, 학습자가 VR에서 특정 상황을 반복적으로 경험할 수 있다. 현실에서 의과대학생은 환자의 허리 수술을 연습할 수 없다. 환자를 대하는 것은 연습이 아니라 실전이며, 단 한 번의 실수마저 용납하지 않기 때문이다. 그러나 VR에서는 훈련을 통해 증진시켜야 할 의료기술을 가상환자를 대상으로 반복적으로 연습하여 익힐 수 있다. 넷째, 학습자가 VR에서 실제와 유사한 맥락이나 상황을 체험할 수 있다. 학습자가 많은 학생들 앞에서 강의하는 것을 미리 경험하고 싶다면 VR에서 가상의 학생들을 대상으로 현실과 유사한 상황을 만들어 연습할 수 있다. 이처럼 VR은 학습자에게 다양한 경험을 안겨줄 수 있는 기회를 제공하며, 학습자가 필요로 하는 사항과 그 수준을 고려하여 학습 환경을 구성할 수 있다. 따라서 VR은 구성주의에 기반한 교수-학습을 촉진할 수 있으며(한정선, 이경순, 2001), 이는 궁극적으로 학습자의 학습 성과를 극대화 할 수 있는 학습 환경을 제공해줄 수 있다.

위에서 살펴본 바와 같이 VR은 기존의 교육현장에서 다루던 학습 환경과는 크게 구분되는 독특한 특성과 기능을 가지고 있다. 따라서 VR의 교육적 활용을 극대화하기 위해 VR을 통해 어떤 교육적 효과를 얻을 수 있는지 살펴볼 필요가 있다. 우선 VR에서는 시간과 장소의 제약을 벗어날 수 있다. 학습자는 실제로는 접근하기 힘든 장소를 VR을 통해 원하는 시간에 체험할 수 있다. 예를 들어, 지구 외의 다른 행성이나 독도, 화산 분화구 등은 학습자가 현실에서 직접 경험하기 힘들지만 VR 공간에서는 직접 체험하는 것과 같은 간접 체험이 가능하다. 또한 VR에서는 실제로 실험하기 어려운 가상의 과학실험이 가능하다. 현실에서는 과학실습을 위한 공간과 재정의 부족, 예측하기 어려운 위험에의 노출 등 여러 요인 때문에 실험을 진행하는 데 있어 제약이 크다. 그러나 VR에서는 콘텐츠 개발을 위한 초기비용 문제만 해결된다면 불확실하고 위험한 상황이 발생하는 것을 배제하면서 반복적으로 원하는 실험을 진행할 수 있다. 게다가 VR에서는 학습자가 특정 상황을 선택하여 반복적으로 경험할 수 있다. 고소공포증을 앓고 있는 이들은 VR을 통해 점진적으로 높이에 대한 두려움을 낮출 수 있도록 치료를 받을 수 있으며, 차량을 운전해야 할 필요가 있는 이들은 VR을 활용하여 충돌사고에 대한 걱정 없이 운전면허 취득을 위한 차량 주행연습을 할 수 있다. 이처럼 VR이 가지고 있는 독특한 기능은 학습자의 능동적 참여를 촉진시킬 수 있으며 학습에 대한 몰입도와 흥미를 증진시킬 수 있다. 또한 VR에서는 학습자가 자기만의 방식으로 문제를 해결하는 데 있어 실패에 대한 두려움을 가질 필요가 없으므로 다양한 시도를 할 수 있어서 쉽게 창조성을 발휘할 수 있다는 장점이 있다.

Ⅱ VR을 활용한 수업

1. VR 활용 수업 동향

아직까지 우리나라에서 VR을 활용한 수업의 대부분은 교실환경에서 VR을 적용하는 것보다는 통제된 환경에서 HMD(Head—Mounted Display)를 통해 VR에 접근하는 방식이 일반적이다. 이것은 교실환경에서 VR을 제공하기 위한 기기와 설비를 충분히 갖추고 모든 학생들이 HMD를 보유하기에는 재정적 부담이 크기 때문이다. 게다가 VR을 활용한 콘텐츠 제작이 학교수업보다는 특정 주제 또는 특정 직업군에 필요한 기술을 배우기 위한 것으로 초점이 맞추어져 있는 경우가 대부분이다. 광산의 발파 작업을 연습한다거나 고압선 관리에 필요한 공구를 관리하는 절차를 배우는 것은 일반적인 학생 또는 성인에게 필요한 교육이라기보다는 특정 직업군이 필요로 하는 특별한 기술을 훈련하기 위한 것이라 볼 수 있다. 이렇게 '교육'이라기보다 '훈련'에 그 목표를 두고 VR을 활용하는 경우가 많은 것은 VR 그 자체의 특성 때문일 것이다. 특정 분야에서 기본적으로 다뤄야 할 기초적인 내용의 경우, VR을 활용하여 가르치는 것보다 기존의 방식대로 가르치는 것이 부담이 적고 더 효율적일 가능성이 높다. 예를 들어, 알파벳을 배우는 것은 VR을 구성하여 학습자에게 해당 내용에 대한 교육기회를 제공하는 것보다는 단순하게 알파벳을 외우게 하는 것이 더 효율적이며 효과적일 것이다. 따라서 VR을 교육에 적극적으로 활용하기 위해서는 기존의 교수방법보다 뚜렷하게 효율적·효과적으로 적용가능한 교육분야 또는 교육내용을 찾는 과정이 선행되어야 한다.

반면 유아교육 분야는 VR을 활용하기에 보다 높은 수준의 융통성을 가지고 있다. HMD가 아직 유아에게 적용하기에는 부적합하여 모바일 기기를 활용한 증강현실 위주로 많은 교육용 콘텐츠가 개발·보급되고 있다. 유아의 경우 교육용 콘텐츠의 생생함보다는 상호작용성에 더 직접적인 영향을 받는 경향이 있다. 유아들은 VR이 얼마나 현실감 있게 구현되느냐보다는 얼마나 자신들의 행동이 콘텐츠에 즉각적으로 반영되고 그에 대해 반응하는지에 더 민감하고 직접적으로 영향을 받기 때문이다. 따라서 유아교육에 활용될 VR 또는 증강현실 공간은 상호작용성의 수준을 높여 유아들이 학습에 직접적으로 몰입할 수 있도록 개발되고 있다. 이러한 경향에 따라 성인을 대상으로 하는 교육과 달리 유아교육에서는 알파벳이나 영어 기초단어를 배우는 등의 기초적인 내용을 가르치는 데에도 VR이 폭넓게 활용되고 있다.

2. VR을 활용가능한 교수법

VR은 가상의 학습 환경이라고 볼 수 있다. VR을 구축함으로써 학습자들이 현실에서 직접 경험하기 어려운 것들을 마치 직접 경험하는 것처럼 간접 경험할 수 있는 환경을 조성할 수 있는 것이다. 따라서 VR 자체가 교육에 도움이 되는지 또는 그렇지 않은지를 판단하는 것보다는 VR의 장점을 어떻게 교육적으로 활용할 수 있는가에 논의의 초점이 모아져야 할 것이다. VR을 교육에 활용할 때 중요한 것은 VR을 활용하기에 적합한 콘텐츠를 선정하는 것이다. VR에서의 교수-학습활동은 콘텐츠의 질에 따라 큰 영향을 받으며, 앞서 언급한 바와 같이 콘텐츠가 지니고 있는 생생함과 상호작용성이 높은 수준으로 구현되어야 한다는 점이 효율적인 학습이 이루어지기 위해 중요한 전제조건이다. 바로 이 점이 교육현장에 VR을 적용하기 어렵게 만들기도 한다. 수준 높은 교육용 VR 콘텐츠를 개발하기 위해 많은 초기 투자비용과 충분한 수준의 VR개발 기술을 필요로 하기 때문이다.

이러한 제약에도 불구하고 VR을 하나의 학습 환경으로 간주하는 관점에서는 VR이 교수자와 학습자 간의 매개 역할을 하는 매체라고 볼 수 있으므로 이를 활용하여 다양한 교수법을 적용할 수 있는 여지를 제공한다. 첫째, VR은 학습자 주도적인 교수법을 가능하게 한다. VR에서는 모든 학습자가 주도권을 가지고 학습을 진행할 수 있다. 상호작용성의 수준이 높을수록 학습자는 더 많은 선택권을 가지며 창의력을 발휘할 수 있다. 학습자는 자신의 스케줄에 따라 학습을 진행할 수 있으며 학습목표를 달성할 때까지 자율적으로 VR 콘텐츠를 활용할 수 있다. 그렇기 때문에 자연스럽게 개별학습이 이루어지는 교육환경이 제공된다.

둘째, VR은 협력학습에 필요한 학습 환경을 제공한다(한정선, 이경순, 2001). VR은 학습자가 주도적으로 개별적인 학습을 진행할 수 있지만 다른 학습자들과 상호작용할 수 있는 공간을 제공하기도 한다. 학습자들은 VR에서 다양한 각자의 역할을 맡는 롤플레잉을 통해 학습 또는 훈련에 참여할 수 있다. VR에서 교육실습에 참여하고 있는 교육실습생이 되어 학생들을 대상으로 미리 수업을 하고 학급을 관리하는 연습을 하기도 하고, 고객관리 센터의 직원이 되어 다양한 성향을 지닌 고객들을 응대하는 법을 배우기도 한다. 특정 주제에 대해 다른 학습자들과 토론을 할 수도 있고, 팀을 구성하여 다양한 활동을 통해 학습하기도 한다. 이렇게 가상의 학습 환경에서 팀 활동을 통해 다른 학습자들과 활발히 상호작용하는 것이 가능하며 이를 통해 심도 깊은 학습이 이루어질 수 있다. 뿐만 아니라 학습자가 협력학습에 참여하면서 협업에 필요한 다양한 역량을 함양할 수도 있다.

셋째, VR은 학습자로 하여금 비형식적 학습을 가능하게 한다. 이것은 이러닝 또는 모바일 러닝의 특징과도 비슷한 점이라고 볼 수 있는데, 학습자가 VR을 통해 언제 어디서나 학습을 할 수 있기 때문에 학교에서 중점적으로 이루어지는 형식적 학습을 넘어 비형식적 학습에 폭넓게 참여할 수 있다. VR이 이러닝이나 모바일 러닝과 같은 다른 비형식적 학습과 구분되는 점이라면, 비형식적 학습을 실제 문제상황과 유사하게 경험할 수 있다는 점이다. 이러닝이나 모바일 러닝에서 접근가능한 형태의 학습은 그 효과가 어떠한지와 별개로 실제 학습자가 대면하게 될 현실의 문제상황과 큰 차이가 있다. 그러나 VR 속의 학습 환경은 교수자가 의도한대로 자유롭게 구성할 수 있기 때문에 직업 활동을 하면서 맞닥뜨리게 되는 현실의 문제상황과 유사한 상황을 학습자에게 제공할 수 있다. 이처럼 VR을 활용하면 현실과 밀접한 비형식적 학습의 기회를 학습자에게 제공할 수 있다.

넷째, VR에서는 맥락 속에서 학습자가 능동적으로 학습하는 것을 강조하는 교수법을 적용할 수 있다. 특정 상황이나 맥락을 제공하여 교수자가 문제기반 학습, 프로젝트기반 학습, 사례기반 학습, 상황 학습 등 학습자의 실질적인 문제해결 능력 향상에 초점을 맞춘 교수법을 활용할 수 있는 것이다(임선빈, 1996). 이것은 VR이 하나의 학습 환경으로써 작동하며 교수자와 학습자를 연결시켜주는 매체의 역할을 맡기 때문에 가능한 것이다. 따라서 VR을 학습에 활용하고자 할 때 가르치고자 하는 교육내용과 학습목표를 먼저 정하고 그 교육내용의 성격을 고려하여 어떤 교수법을 활용할 것인지를 결정해야 한다. 그리고 나서 어떤 교수법을 활용하기로 결정했는지에 따라 VR을 활용한 학습 환경을 어떻게 구축할 것인지를 계획해야 한다. 이러한 절차에 따라 학습목표와 교육내용을 고려하여 구축된 VR을 효과적으로 활용하면 학습자는 문제해결에 필요한 다양한 역량을 키울 수 있다. 예를 들어, VR 속에서 의과대학생이 허리디스크 환자를 수술할 수 있는 콘텐츠를 제작하여 제공하면 학습자는 반복적인 연습을 통해 허리디스크 수술과 관련된 총체적인 문제해결역량을 직접적으로 향상시킬 수 있다.

다섯째, VR은 역량중심학습과 평가를 가능하게 한다. 위에서 살펴본 예와 같이 의과대학생이 VR을 통해 허리디스크 수술을 체험하고 연습할 수 있다면 허리디스크 수술에 필요한 실질적인 역량을 향상시킬 수 있다. 또한, 학생들이 허리디스크 수술하는 장면을 녹화하여 교수자가 살펴볼 수 있다면 해당 학생이 허리디스크 수술이 필요한 역량을 어느 정도 가지고 있는지 직접적으로 관찰하고 평가할 수 있다. 물론 VR 콘텐츠를 평가도구로 사용하기 위해서는 대단위 학생들을 대상으로 하는 신뢰도와 타당도 검증이 반복적으로 이루어져야 한다. 그렇지만 교육에 있어 역량중심학습의 중요성이 커지고 있는 상황에서 VR을 통해 학습과 평가가 이루어질 수 있다는 가능성은 교수-학습에 있어 새로운 전기를 마련해 줄 수 있다.

여섯째, VR은 게임기반 학습을 가능케 한다. 이미 VR 또는 증강현실을 활용한 다양한 종류의 게임이 개발되어 많은 사용자들이 즐기고 있다. 이러한 게임들은 학습을 목표로 하는 것이 아니라 사용자들에게 즐거움을 주기 위한 것이지만 교육적 요소를 포함한다면 충분히 훌륭한 학습도구가 될 수 있다. 예를 들어, 고대 이집트인의 생활상을 알아본다거나 전쟁에 필요한 전투기술을 익히는 것, 운전기술을 향상시키는 것 등은 기존에 개발되어 큰 인기를 모으고 있는 게임을 통해 쉽게 배울 수 있다. 보완할 점이 전혀 없는 것은 아니지만, 이러한 게임들은 이미 생생함과 상호작용성에 있어 뛰어난 수준을 보이고 있기 때문에 사용자가 쉽게 콘텐츠에 몰입할 수 있는 환경을 제공한다. 학습자가 얼마나 몰입하여 학습하는가가 학습효과에 큰 영향을 미친다는 사실을 전제로 할 때, 앞으로 VR과 관련된 정보통신기술이 발전할수록 VR을 활용한 게임들은 정교하게 발전할 것이며 이를 교육에 활용하려는 노력도 더욱 활성화될 가능성이 높다.

반복적으로 언급했다시피 VR은 하나의 매체로써 가상의 학습 환경을 제공한다. 따라서 VR을 먼저 구현하고 거기에 맞는 교수법을 선택하는 것은 본말이 전도되는 것이라고 할 수 있다. 교육내용과 목적을 고려하여 어떤 교수법을 활용할 것인지를 먼저 결정하고 나서, 선택된 교수법을 최대한 효율적으로 활용할 수 있도록 VR을 설계해야 한다. 교육에 있어 VR은 교육목표를 달성하기 위한 수단이 되어야 하며 VR을 활용하는 것 그 자체가 우선되어서는 안 될 것이다.

3. VR을 교육목적으로 활용하기 위해 고려해야 할 사항

VR을 교육적으로 활용하기 위해 VR을 활용한 콘텐츠 제작 시 고려해야 할 사항을 몇 가지로 정리할 수 있다. 첫째, VR 콘텐츠는 충분한 현실감을 가져야 한다. VR이 충분한 수준의 생생함과 상호작용성을 전제로 구축되었을 때 성인 학습자는 학습에 온전히 몰입할 수 있으며 궁극적으로 높은 학업성취를 이룰 수 있다. 이를 위해서는 VR을 구현하기 위한 기술을 확보하는 것이 필수적이며, 교수자가 이러한 기술을 직접 확보하여 VR을 구축하는 것은 쉽지 않으므로 VR을 활용하여 콘텐츠를 제작하는 업체와 긴밀히 협의해 설계 및 제작하여야 한다.

둘째, 학습자가 조작하기 쉽도록 VR이 구현되어야 한다. 아무리 VR이 멋지게 구현되었다고 해도 학습자가 조작하기가 어려우면 학습하기 위해 외적인 노력이 추가적으로 필요하므로 학습에의 의욕이 떨어지고 피로감을 쉽게 느낄 수 있다. 따라서 학습자가 쉽고 간편하게 VR을 활용할 수 있도록 콘텐츠뿐만 아니라 VR에 접근하기 위해 사용하는 주변 기기까지 복잡하지 않고 사용법을 이해하기 쉽게 제작해야 한다.

셋째, VR을 활용한 콘텐츠가 교육적으로 의미가 있어야 한다. 교육적으로 의미가 없는 VR은 게임과 다를 바가 없다. 교육목적을 명확히 설정하고 콘텐츠 설계부터 제작까지 철저하게 교육목적을 달성하기 위한 방향으로 VR이 구축되어야 효과적인 학습이 이루어질 수 있는 학습 환경을 조성할 수 있다. 따라서 VR을 활용한 교육용 콘텐츠 제작 시 일반적인 수업설계에 적용하는 교수설계 이론을 적극적으로 활용할 필요가 있다. 교수설계 이론을 활용하는 것은 VR을 활용한 콘텐츠가 지나치게 오락용으로 제작되거나 교육적으로 큰 의미를 갖지 못할 위험을 미연에 방지해주고 뚜렷하게 설정된 학습목표를 바탕으로 탄탄하게 수업을 설계할 수 있도록 길잡이가 되어줄 것이다.

마지막으로 VR을 활용한 교육용 콘텐츠는 학습자의 학습 성과를 측정할 수 있어야 한다. 학습자가 어느 정도 배웠는지를 측정할 수 없다면, 학습자에게 피드백을 제공할 수 없으며 콘텐츠의 질적 개선을 위한 정보를 얻을 수 없다.

따라서 VR을 활용하여 교육용 콘텐츠를 제작할 때 교육목표를 반영한 성취기준을 명확히 밝히고, 이를 측정하여 학습자의 성취수준을 평가할 수 있도록 해야 한다. 콘텐츠 제작과정에서 대단위 학습자를 대상으로 신뢰도 및 타당도를 검증하는 과정이 포함되어야 하며, 개발된 VR 콘텐츠를 실제 교육현장에 적용하면서 수집되는 데이터를 활용하여 콘텐츠 자체를 지속적으로 향상시켜나가는 과정도 필요하다.

III 결론

VR은 다양한 분야에서 점점 더 적극적으로 활용되고 있는 추세를 보이고 있다. 교육 분야에서의 VR 활용은 학습자가 스스로 학습을 주도하는 구성주의 학습의 실현을 촉진할 뿐만 아니라 학습자 중심의 다양한 교수법의 적용을 가능하게 한다. 또한 VR은 역량중심학습과 평가를 실현하기 위한 가능성을 제시하기도 한다. 이처럼 VR은 학습자와 교수자에게 무궁한 가능성을 열어준다는 점에서 앞으로 긍정적인 역할을 할 것이며, 이러한 현상은 정보통신기술이 발전함에 따라 더욱 가속화될 것이다.

그러나 교육현장에서 VR을 교육적으로 활용하기 위해서는 여러 관련사항을 고려해야 한다. 먼저 교수자가 VR의 특성과 교수-학습기능을 정확히 이해해야 하며, 교육내용과 목적에 맞는 적절한 교수법을 먼저 선택하고 이를 실현할 수 있는 VR 공간을 교수설계 이론을 바탕으로 설계·구축해야 한다. VR을 활용하는 것 자체가 충분한 교육적 효과를 보장하는 것이 아니라, 교육목적을 달성하기 위한 수단으로써 VR이 활용되어야 함을 교수자는 항상 명심해야 한다.

박인우, 류지헌, 조상용, 손미현, 장재홍 (2017). **증강현실(AR)과 가상현실(VR) 콘텐츠 이해 및 교육적 활용 방안**. 한국교육학술정보원(KERIS) 이슈리포트.

임선빈 (1996). 새로운 학습 환경으로서의 가상현실. **교육공학연구, 12**(2), 189-209.

한정선, 이경순 (2001). 교수-학습 과정에서 가상현실의 구현을 위한 이론적 고찰. **교육공학연구, 17**(3), 133-163.

Steuer, J. (1993). Defining virtual reality: dimensions determining telepresence. *Journal of Communication, 42*(4), 73-93.

제 7 장

VR의 활용사례 - 초등교육 영역

장재홍(별내초등학교)

VR의 활용사례 - 초등교육 영역

현재 우리나라 학교교육과정에서 사용할 수 있는 초등 VR 콘텐츠는 어떤 것이 있으며 어떻게 적용할 수 있는지 알아보고자 한다. 또한 학교 현장에서 VR 사용 시 유의할 점에 대해 알아본다.

Ⅰ 초등에서의 VR적용

교육현장에서의 VR적용은 실험적이고 능동적인 학습을 가능하게 하고, 시각화와 구체화에 효과가 있으며, 현실에서는 불가능하거나 위험한 내용을 직접 경험할 수 있는 장점이 있다(Pantelidis, 1993). 특히 가상체험을 통해 학습동기가 증진되고, 학생 간 협력이 촉진되며, 고정된 형태에서 벗어나 다양하고 융통성 있는 학습 적응성을 길러준다는 특징이 있다.

또한 VR은 다중지능이론을 배경으로 인간의 여러 가지 지능의 계발을 지원할 수 있다(McLellan, 1994). 이는 VR을 통해 인간의 여러 감각을 경험함으로써 어느 한 가지가 아닌 여러 가지의 인간 능력을 계발할 수 있다는 가능성을 시사한다. 단순한 텍스트나 이미지를 기반으로 하는 교과서와 일반적인 영상자료와는 달리 생생한 입체감을 제공하는 VR 자료를 통해 얻는 교육적 효과는 다음과 같이 다섯 가지로 요약될 수 있다(김유리, 최미영, 2018).

표 7-1 VR의 교육적 효과

효과	내용
구체적 경험	다감각적 정보를 제공하여 학습자가 사태를 직접 체험할 수 있도록 함.
현존감	사용자가 자신의 존재와 영향력을 분명히 인식하도록 하면서 학습자의 몰입을 도움.
경험의 공유	VR에서의 활동은 사회적인 측면까지 포괄하여 다른 문화를 체험할 수 있는 기회를 제공함.
협동 가능성	타인을 돕기 위해 혹은 자신의 목표 달성을 위해 집단을 형성함(협동학습의 기반)
유연한 환경	학습목표에 맞게 최적화될 수 있는 환경 및 지속적인 업데이트를 통해 최신 정보를 제공함.

출처: 김유리, 최미영(2018: p. 4).

VR을 교육에 활용했을 때 학습자는 다양한 감각을 활용한 정보를 제공받음으로써 실제로 해당 상황을 겪지 않고도 구체적인 경험을 할 수 있다. 또 물리적으로 다른 장소와 환경에 있다고 느끼는 현존감을 통해 몰입감을 높일 수 있다. VR을 활용한 교육영상은 학생들이 원하는 방향의 영상을 스스로 선택하여 볼 수가 있어, 수동적인 정보 전달에서 벗어나 학생들이 능동적으로 정보를 받아들일 수 있다는 점에서 긍정적이며, 360도 방향의 영상을 제공하여 현실감을 높일 수 있다(김유리, 최미영, 2018; 이재병, 권낙주, 2018).

이외에도 VR을 통해 다른 문화 체험의 기회를 함께 공유할 수도 있고, VR 자료를 협동학습에 활용할 수도 있다. 뿐만 아니라 계속적으로 업데이트되는 최신의 자료를 통해 학습 목표의 도달을 위한 최적의 환경이 구현될 수 있다(김유리, 최미영, 2018).

VR이 학교 현장에 교육적 목적으로 적극 활용되기 위해서는 무엇보다도 합리적인 가격대의 장비 확보와 콘텐츠 보급이 선행되어야 한다. 특히 지나치게 고가의 장비는 관리부담, 수리비용, 학교예산 부족 등의 문제로 학교 현장에 사용되기 어렵다. 또한 교사들이 VR 관련 교육의 필요성과 가능성을 직접 느껴볼 수 있도록 연수나 체험기회를 확대해야 한다. 초등학생의 경우 신체적으로 미성숙하기 때문에 교육적인 효과보다도 VR기기의 안정성이 검증되어야 한다(최한올, 2018).

다음 [표 7-2]는 초등학교 현장에서의 VR적용 사례 연구를 정리한 내용이다.

표 7-2 초등에서의 VR적용 사례 연구

연구자	주요 내용
최한올 (2018)	초등교사 211명을 대상으로 VR과 AR의 교육적 사용의도에 대한 설문 결과 초등교사의 과반 수 이상은 VR과 AR을 교육적으로 활용하는 것에 대하여 긍정적인 응답을 하였으며, '성과기대', '사회적 영향', '노력기대' 순으로 나타남.
정영식 (2018)	초등학교 교사들은 실감형 기술에 대한 사용경험이 대부분 있었으나, 수업에 직접 활용한 빈도는 1년에 1~2회 정도로 매우 적음. 실감형 콘텐츠를 재생하기 위한 장치는 외부기기와 연결된 HMD를 선호하였고, 참여도를 높일 수 있는 상호작용이 가능한 기기를 선호. 특히 손동작으로 입력하거나 조정기, 터치패드를 이용한 입력 장치를 선호.
김유리, 최미영 (2018)	VR 콘텐츠를 활용한 음악 수업 집단이 전통적 음악 수업 집단보다 수업 분위기 점수가 높았고, 정보검색 및 자료 수집, 자료조작 및 활용, 토의 및 토론, 자료작성 및 제작의 학습활동 비율이 높으며 상호작용의 빈도수가 많음. VR 콘텐츠를 활용한 음악 수업은 학생들의 수업에 대한 몰입과 흥미, 학습활동에 대한 자기주도성과 음악적 이해 수준의 향상에 도움을 주는 것으로 나타남.
노현호, 노석구 (2017)	VR 콘텐츠 프로그램을 적용한 실험반과 일반적인 수업을 진행한 비교반의 학업성취도에서는 유의미한 변화가 없었으나, 과학적 태도에서 유의미한 차이가 발생함. VR 콘텐츠를 활용한 수업은 비교반의 일반적인 수업과 비교하여 학습몰입에서 유의미한 차이를 나타냄.
남충모, 김종우 (2018)	VR 저작도구인 코스페이시스를 활용하여 VR 콘텐츠 제작을 통한 교육적 효과를 알아본 연구 결과, 집중시간이 증가하였으며, 동료 간의 의사소통이 활발하게 일어남.
배영권 외 (2018)	VR장비(VR)를 활용한 STEAM기반의 융합프로그램을 개발, 적용한 결과 학습자의 만족도가 증가하였으며, 자기주도적 학습능력이 향상됨.
이태수 (2017)	VR과 증강현실 기반 탐구학습이 학습장애 학생의 학습에 미치는 영향을 확인한 연구에서 실험집단의 학생들이 통제집단보다 학업성취도와 학습몰입도 및 과학 교과에 대한 태도에서 더 높은 수행 수준을 나타냄.
Pan et al. (2009)	교육 및 엔터테인먼트 문제와 관련된 가상 학습 환경은 학습자의 이해를 향상시키고, 동기를 부여하고 자극하는 수단이 됨.

Ⅱ VR 적용 시 유의점

- 실물자료를 보여주지 못하는 환경에서 VR을 사용할 경우 학습의 몰입감과 실재감을 높일 수 있다.
- 학생들이 시각적으로 관찰하는데 제한이 따르는 영역, 이를테면 몸속 내부, 우주 관련 내용, 세계 여러 나라의 문화유산 등을 생동감 있게 학습할 수 있다.
- 학생들이 학습하거나 체험하는데 위험이 따르는 영역, 소화기 사용법, 화산 폭발실험 등을 가상체험을 통해 안전하게 학습할 수 있다.
- 초등의 경우 학습 상황에 제약이 따르는 분야의 콘텐츠가 활용도가 높으며, 이에 대한 콘텐츠 개발이 필요하다.
- 특히 초등의 경우 VR의 장시간 사용 시 여러 부작용을 호소하는 경우가 자주 목격되기 때문에, 필요한 학습내용을 적절히 사용하는 것이 중요하다.
- 학생들이 사용하기 쉽도록 인터페이스 조작이 간편해야 하며 디자인 또한 시각적으로 단순하고 직관적으로 구성해야 할 필요가 있다.

Ⅲ VR 교과별 적용사례

1. 수학

1) 적용 배경

수학 학습에서 VR사용을 통해 입체도형을 직접 조작하며 볼 수 있는 장점이 있으며, 보는 관점을 360도 자유자재로 변경할 수 있어 도형의 다양한 모습의 시각적 이해를 돕는다. 특히 초등학생들의 경우 시각적으로 보이지 않는 부분에 대한 이해가 떨어지는데, 여러 시점을 지정하여 볼 수 있다는 장점이 있다. 또한 VR을 활용하면 도형의 면을 분해하고 합치는 것, 축소하고 확대하는 것이 자유로우며, 실제 도형을 제작하는 것보다 조작이 단순하다는 특징이 있다.

2) 학습 주제

학년	단원	학습주제
5-1	2. 직육면체	• 직육면체, 정육면체 알기 • 직육면체와 정육면체의 전개도 그리기
5-2	2. 합동과 대칭	• 선대칭도형, 점대칭도형과 그 성질 알기
6-1	1. 각기둥과 각뿔	• 각기둥과 각뿔의 모양 알기 • 각기둥과 각뿔의 전개도를 그리기
6-2	1. 쌓기나무	• 쌓기나무의 위, 앞, 옆에서 본 모양 그리기 • 연결큐브를 이용한 여러 가지 모양 만들기
6-2	3. 원기둥, 원뿔, 구	• 원기둥, 원뿔의 모양 알기 • 원기둥, 원뿔의 전개도 그리기

3) 활용 방안

'VR Math'(http://vrmath.co)는 입체도형을 교육하는데 효과적으로 사용할 수 있는 프로그램으로 AR, VR모드를 적용하여 도형과 측정을 배우는 데 사용할 수 있다. 특히 도형의 전개도를 탐구하기, 입체 그림 그리기를 직접 조작하며 수행 가능하다. 쌓기나무나 연결큐브의 관찰 시점을 지정하여 따라 그려볼 수

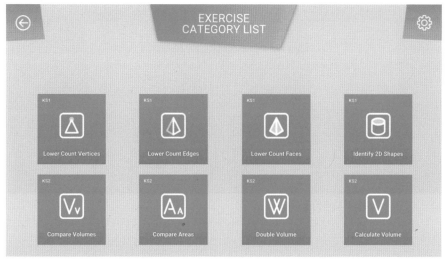

그림 7-1 VR Math 셀프학습내용

있다. 교사와 학생 모드, 셀프학습 및 클래스 개설 등을 할 수 있으며, 도형의
높이, 넓이, 부피 등의 측정이 가능하다는 장점이 있다.

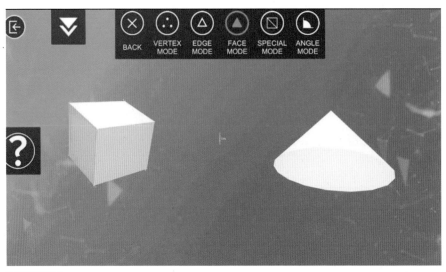

그림 7-2 VR, AR활용 원뿔 높이 계산

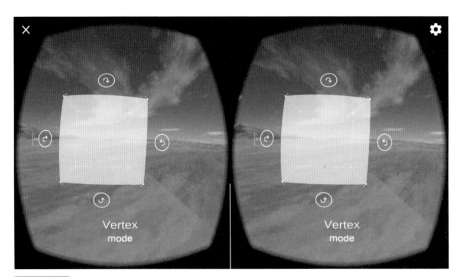

그림 7-3 VR활용 사각기둥 체험

2. 사회

1) 적용 배경

독도VR, 구글익스페디션과 같은 자료를 통해 실제 학생들이 가보기 힘든 여러 지역의 모습을 현장에 있는 것처럼 느낄 수 있으며 관련 내용을 조사하는데 유용하게 쓰일 수 있다.

2) 학습 주제

학년	단원	학습주제
5-1	2. 살기 좋은 우리국토	• 독도의 모습 살펴보기
6-1	3. 세계지역의 자연과 문화	• 세계 여러 나라의 다양한 문화 알아보기
5-2 6-1	전 단원	• 유물 · 유적 탐구하기

3) 활용 방안

'독도VR'의 경우 실제 독도에 가지 않고도 독도를 눈앞에서 체험해 볼 수 있다. 이를 통해 하늘에서 본 독도의 모습과 독도의 자연환경 등에 대해 탐구할 수 있으며, 사회 시간뿐만 아니라 독도 주제와 관련된 학습 시 동기유발 자료로 사용할 수 있다.

'구글익스페디션'(http://edu.google.com/expeditions)을 이용하여 실제 학생들이 가보기 힘든 세계 여러 문화 유적지를 간접 경험할 수 있다. 세계 여러 나라의 역사 유적지, 자연 환경 명소, 화성 탐사 및 우주 체험까지 가능하며 장소에 대한 상세한 설명이 지원된다는 특징이 있다.

그림 7-4 독도VR체험

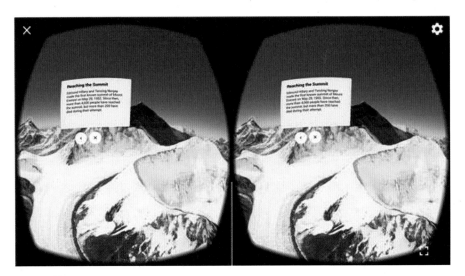

그림 7-5 구글익스페디션 에베레스트 산 VR체험

3. 과학

1) 적용 배경

학생들이 실제로 체험하기에는 안전상 문제가 되는 부분이나, 실험을 통한 관측이 잘 되지 않을 경우 VR을 적용하면 효과적일 수 있다. 화산 분출 장면을 생생하게 관찰할 수 있으며, 빛이나 신호 등 관측이 어려운 경우 이를 적용할 수 있다. 또한 몸속 내부나 우주 분야와 같이 교실 환경에서 수업의 제약이 따르는 경우에도 사용할 수 있다.

2) 학습 주제

학년	단원	학습주제
5-2	4. 우리 몸의 구조와 기능	• 우리 몸의 구조와 기능에 대해 알아보기 • 심장은 어떤 일을 하는지 알아보기
5-2	2. 태양계와 별	• 태양계 구성원 알아보기 • 우주 탐사계획 세워보기

3) 활용 방안

'사이언스레벨업'(http://sciencelevelup.kofac.re.kr)은 한국과학창의재단이 운영하는 과학 콘텐츠 프로그램으로 AR과 VR을 활용하여 과학학습을 할 수 있다. 예를 들어, 우리 몸의 구조와 기능을 학습할 수 있는 '꿀렁꿀렁 뱃속탐험'과 태양계의 행성을 탐험할 수 있는 '태양계로 떠나는 여행'을 통해 단계별로 움직이며 체험할 수 있으며, 몸의 구조를 탐색하고 태양계의 행성을 확인하는 학습을 할 수 있다.

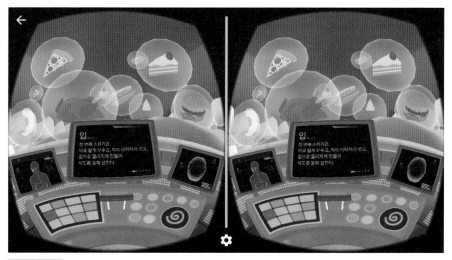

그림 7-6 소화기관 내부 탐험

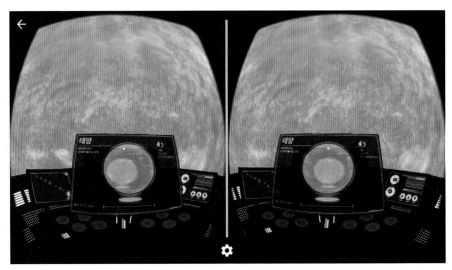

4. 미술

1) 적용 배경

기존의 미술 작품 감상 수업은 책이나 TV 화면을 통해 눈으로 감상하는 수준에서 그치지만, VR을 사용할 경우 단순한 감상을 넘어, 이를 직접 조작하며 체험해 볼 수 있다는 특징이 있다. 예를 들어, VR을 통해 향로에 직접 불을 피워보며 어떠한 형태로 사용되었는지 간접적으로 체험해 볼 수 있으며, 작품의 제작과정을 가상으로 체험해 볼 수 있다.

또한 실제 학생들이 방문하기 어려운 세계 여러 나라의 박물관과 미술관의 작품을 직접 방문한 것처럼 생동감 있게 감상할 수 있다. 예를 들어, VR을 통해 런던 자연사 박물관의 거대한 공룡을 눈앞에서 볼 수 있으며 이를 360도 VR로 관찰할 수 있고, 박물관에서 직접 보는 것과 같은 몰입감과 생생함을 느낄 수 있다.

그 외에도 건축물을 만들거나 공간을 구성하는 작품 제작 시 학생들이 현실의 제약 없이 VR공간을 직접 만들어 좀 더 몰입감 높은 작품 제작 활동을 할 수 있다.

2) 학습 주제

학년	단원	학습주제
4	7. 미술비평(아침나라)	• 미술관과 박물관 방문하기 • 미술작품 관람하기
6	2. 디자인과 건축	• 내가 설계하는 건축물 만들기 • 건축물의 외관, 내관 만들기
6	4. 미술사와 미술비평 (금성)	• 전시회에서 작품을 감상하는 다양한 방법 알기(국립현대 미술관)

3) 활용 방안

'구글아트앤컬쳐'(http://www.google.com/culturalinstitute)는 세계 유명 박물관 및 미술관에서 전시하고 있는 유물 및 유적, 미술 작품 등을 기가픽셀 이상의 고해상도로 볼 수 있다. 미술작품의 섬세한 붓 터치까지 확대하여 살펴볼 수 있다. 박물관과 미술관을 실제 관람하고 있는 것처럼 느끼게 해주는 VR 가상 현실투어를 통해 직접 걸으면서 다양한 작품을 확인 가능하다(국립현대미술관, 국립중앙박물관 지원). 또한 국립중앙박물관 App을 통해 증강현실(AR), 체험형 애니메이션, 동영상 등을 이용할 수 있다. 그 외에도 박물관 유물 중 AR체험을 할 수 있도록 제공하여 유물이 실제 어떤 방식으로 쓰였는지 3차원 영상으로 확인할 수 있다.

'CoSpaces Edu'(https://cospaces.io/edu/)는 학생들이 직접 가상공간을 제작하여 이를 체험해보는 앱이다. 다양한 주제로 가상의 공간을 제작하여 실제 자신이 그 가상공간을 VR을 이용하여 체험해 볼 수 있는 특징이 있다. 뿐만 아니라 다른 학생들과 자신이 만든 가상공간을 공유하여 함께 체험해볼 수 있다는 특징을 지니고 있다. 이는 건축물 만들기와 같은 미술 수업뿐만 아니라 스토리 메이킹을 할 수 있는 국어나 사회 교과에서도 다양하게 적용할 수 있다는 특징이 있다.

국립현대미술관

과천시, 대한민국

컬렉션   방문 정보

국립현대미술관은 1969년 개관 이래 한국 현대미술의 역사와 자취를 함께하며 대한민국을 대표하는 문화공간으로 자리잡아 왔습니다.

자세히 알아보기

그림 7-8 구글아트앤컬쳐 미술관 및 박물관 체험

그림 7-9 CoSpaces Edu 가상공간 구현

그림 7-10 가상공간 VR 체험

4) 초등 VR 수업지도안 예시

단원	2. 미술 감상과 비평	**차시**	1-2/2	**교과서**	82	**시간**	80

학습주제	전시회에서 작품 감상하기
학습목표	세계 여러 나라 미술관의 작품을 감상할 수 있다.
준비물	구글아트앤컬쳐 App, 태블릿 PC

학습 단계	학습 과정	교수 · 학습 활동	시간 (분)	유의점

도입	문제
	인식
		• 전시회 관람 계획 세우기
		  - 미술관을 관람한 경험을 이야기한다.
		• 학습 문제 확인
		  - 세계 여러 나라 미술관의 작품을 감상해
		   봅시다.
		• 학습 활동 안내
		  <활동1> 미술관 관람 계획 세우기
		  <활동2> 작품 감상하는 방법 알기
		  <활동3> 작품 감상하기
			5′	• 미술관 공식 홈페이지에
				  방문하여 관람일정과 세
				  부계획을 세울 수 있도
				  록 한다.

전개	활동
	1
		<활동1> 미술관 관람계획 세우기
		• 가상으로 방문할 미술관을 선택하기
		• 미술관 관람 계획(작품, 시간 등) 세우기
		• 구글아트앤컬쳐 App 또는 해당 미술관 인
		  터넷, App을 다운받아서 구체적인 관람 세
			10′	• 구글아트앤컬쳐에 VR이
				  제공되지 않는 작품의
				  경우, 해당 박물관, 미술
				  관 App 등을 다운받아
				  사용할 수 있다.

		부 계획 세우기 • 해당 미술관 거리뷰를 통해 이동동선을 확인한다. • 미술관 관람을 위해 지켜야 할 에티켓을 확인한다.		
	활동 2	<활동2> 작품 감상 방법 알기 • 수용적 감상, 비판적 감상, 비교 감상 방법에 대해 알아본다. • 작가의 의도를 알기 위해 작가의 인터뷰나 작가가 직접 쓴 작품 설명을 읽어본다. • 세부적으로 볼 작품을 골라 떠오르는 생각과 느낌을 정리한다.	15′	• 구글아트앤컬쳐 App의 경우 붓터치까지 볼 수 있을 정도로 그림이 확대된다는 점을 안내한다.
	활동 3	<활동3> 작품 감상하기 • 관심 있는 작품을 선정하여 구글아트앤컬쳐 App을 이용하여 작품을 다양하게 살펴본다. • VR 체험을 통해 미술관 내부 모습과 실제 전시되어 있는 작품 체험하기 • 작품 보고 감상내용 적기	40	
정리	학습 내용 정리	• 학습 내용 정리하기 - 작품 감상내용 발표하기 - 세계 여러 나라의 미술관 방문 소감 발표하기	10′	

5. 체육 & 안전

1) 적용 배경

체육 활동 시 VR 사용은 학습인원이 부족할 경우, 학생에 따른 수준별 난이도를 제공하는 경우 등을 통해 사용할 수 있으며, 다양한 시각적 효과를 제시하여 흥미를 높여준다. 예를 들어, 농구골대가 높아 농구가 어려운 학생들의 경우 농구골대를 낮추거나 골대의 크기를 크게 키우며 물리적 난이도를 조절할 수 있다.

또한 안전체험 활동 시 학생들이 직접적으로 경험하기에는 위험한 내용들을 가상으로 체험할 수 있다는 점에서 활용 가치가 있다. 기존의 안전 수업은 안전 영상시청, 위험 상황을 가정한 모의 훈련으로 진행하나, VR을 활용할 경우에는 상황에 대한 실제적인 몰입감을 높일 수 있다.

2) 학습 주제

학년	단원	학습주제
2	4. 재난안전	- 소화기 사용방법을 알아봅시다.
4	3. 경쟁활동	- 간이 농구를 해봅시다.
6	2. 도전활동	- 손과 발을 이용하여 표적을 맞추어 봅시다.

3) 활용 방안

The Interactive Gym(http://www.play−lu.com/)은 가상체험뿐만 아니라 학생들의 동작을 인식하여 이에 반응하는 쌍방향 체험이다. 실제 공간에 가상의 표적 또는 골대를 만들어 학습자가 과녁을 맞추거나 골을 넣으면 이에 반응하는 구조이다. 동료학습자 없이도 학습자 혼자 개인연습을 할 수 있으며, 골대를 조정하거나 과녁의 크기를 조정하는 방식으로 게임의 난이도를 조절할 수 있다.

'안전교육체험VR'과 '미션화재탈출VR'은 실제 불이 난 상황을 가정하여 불을 끄는 방법을 체험해 볼 수 있다.

그림 7-11 Interactive Gym Wall

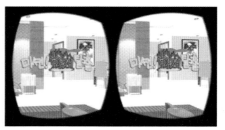

그림 7-12 화재 진압 체험 VR

참
고
문
헌

김유리, 최미영. (2018). VR 콘텐츠를 활용한 초등 음악 수업의 효과성. **음악교육공학, 35**, 1-20.

남충모, & 김종우. (2018). 초등학생의 가상현실 콘텐츠 제작 교육에 관한 연구. **정보교육학회논문지, 22**(1), 33-40.

노현호, 노석구. (2017). VR 콘텐츠를 활용한 초등 과학 프로그램 개발 및 적용: 4 학년 '지구와 달' 단원 중심으로. **한국초등과학교육학회 학술대회, 72**, 31-31.

배영권, 박판우, 문교식, 유인환, 김우열, 이효녕, & 신승기. (2018). 가상현실장비(VR)를 활용한 융합인재교육 프로그램 개발 및 만족도와 학습자의 태도 분석. **정보교육학회논문지, 22**(5), 593-603.

이재병, 권난주. (2018). VR 기기를 활용한 과학수업이 초등학교 학생들의 과학 수업 몰입도와 과학적 태도, 공간감각에 미치는 영향. **한국초등과학교육학회 학술대회, 74**, 76-76.

이태수. (2017). 증강현실 기반 안내된 탐구학습활동이 학습장애 학생의 과학학습에 미치는 효과. **통합교육연구, 12**, 251-271.

정영식. (2018). 초등교원의 가상현실과 증강현실의 인식 조사. **정보교육학회 학술논문집, 9**(1), 231-236.

최한올. (2018). VR과 AR의 교육적 활용에 대한 초등교사의 사용의도 분석. **미래교육연구, 8**(1), 59-81.

Pan, Z., Cheok, A. D., Yang, H., Zhu, J., & Shi, J. (2006). Virtual reality and mixed reality for virtual learning environments. *Computers & graphics, 30(1)*, 20-28.

제 8 장

VR의 활용사례 – 중등교육 영역

백송이(한국교육학술정보원)

VR의 활용사례 – 중등교육 영역

중등교육에서 VR은 몰입감 및 체화된 인지를 위한 교육적 목적으로 도입되고 있으며, 융합교육, 자유학기제, SW교육 등 교육정책 및 교육과정에 연계되어 적용되고 있다. 본 장에서는 중등교육에서 VR 활용의 특징 및 사례를 소개하고자 한다.

I 중등교육에서 VR 기술의 적용

학교 현장에서 VR은 초기 단순 체험 및 가상세계에 대한 몰입감 있는 경험을 위해 흥미 위주로 활용되었으나, 가상과 현실이 결합된 AR에서 콘텐츠의 질적 향상과 결부되어 다양한 교수–학습을 가능하게 하고 있다. VR이 갖고 있는 조작, 시각화, 상호작용은 그 동안 교육에서 탐구해 오던 경험주의, 인지주의, 구성주의 교수–학습 이론과 일치되는 것이며 발달된 테크놀로지로 인해 네트워크 상에서 VR의 구현이 가능해짐에 따라 VR은 개별화 학습, 협동 학습, 문제해결학습 등을 구현해 수용할 수 있는 기술로 활용될 수 있다(한정선, 이경숙, 2016).

2016년 4월 6일 일본 도쿄에서 일본 최초의 인터넷 N고등학교의 입학식에서는 학생 60여 명이 HMD를 착용한 뒤 오키나와 본교와 연결된 교토 행사장에서 보내주는 인터넷 생중계 방식으로 입학식에 참가하기도 하였다. 이들은 VR 속 홀로그램으로 등장한 교장선생님의 축사모습을 보며 실시간으로 댓글을 남겼는데 이는 수업뿐 아니라 학교생활 전반에 VR이 확대 적용되고 있음을 보여준다.

미국 중등교육에서는 대표적인 증강현실 콘텐츠인 Magic Leap의 증강현실 프로젝트가 증강현실의 가능성을 일반대중에게 널리 알린 사례로 들 수 있다. Magic Leap는 증강현실 기술로 알려진 혼합현실을 활용하여 현실에 컴퓨터 그래픽을 통합한 것이다. 음성이나 동작, 머리 자세, 눈동자 추적 등을 포함한 다양한 입력방식을 수용하여 활용하고 있다.

그림 8-1 일본 인터넷 N고등학교
출처: http://nnn.ed.jp

그림 8-2 미국 Magic Leap 교육콘텐츠
출처: https://www.magicleap.com/

Ⅱ VR의 기술적 구분에 따른 활용사례

VR은 위험한 상황 또는 불가능한 상황에서 구체적인 경험을 지원할 수 있는 큰 잠재력을 지니고 있기에 학습자의 적극적인 참여가 가능하고 학습 기회 조성이 강조되고 있는 최근 교육 환경에서 VR 콘텐츠 활용의 효과를 탐구하는 데 많은 연구가 집중되어 왔다(고장완, 2019; Radu, 2014; Huang Rauch, 2010).

예를 들어, 교실에서의 화재 훈련(Chung, 2017), 발달 장애 중재 프로그램(Lee, 2005), 박물관에서의 비형식적 학습과(Rhee, Kim, 2016; 강인애, 설연경, 2010) 같은 다양한 주제 및 교육 환경에서 VR을 활용한 교육의 효과를 연구했다. 또한, 주로 VR은 과학 교육에서 사용되어 왔다(김희수, 2002). VR 기술을 활용한 수업의 국내외 연구동향을 살펴보면 학생들의 수업집중도 향상과 사실적 체험을 할 수 있다는 이유로 교실 수업현장에서 활용되고 있다(장상현, 계보경, 2007). 교육에서의 AR의 효과를 메타분석 하여 효과성을 확인하고, 초·중·고등학생들과 같이 어린 사용자들이 점점 더 쉽게 이용할 수 있는 교육용 매체임을 밝히고 있다(유명현, 김재현, 구요한, 송지훈, 2018; Radu, 2014).

VR의 기술적 구분에 따라 VR, 증강현실, 증강가상, 대체현실, 혼합현실로 구분되어 해당 AR, VR, MR의 기술적 구분에 따른 학습상황 및 교육설계에 따라 콘텐츠가 개발되고 있다.

표 8-1 기술적 구분에 따른 VR 기술 활용사례

	구분	내용	사례
VR (Virtual Reality)	VR (Virtual Environment)	시청각 감각정보로 가상세계를 제공 HMD(Head Mounted Display) 및 동작 인식 장치들을 사용 - 박물관 체험, 현장학습	
	증강현실 (Augmented Reality)	현실 위에 가상의 정보를 결합 사용자가 눈으로 보는 현실세계에 가상의 물체를 겹쳐 보여주는 기술 - Google Glasse	
	증강가상 (Augmented Virtuality)	가상 위에 현실의 정보를 결합 사용자의 움직임을 모니터에 투영해 주는 기술 - GolfZone, Nintendo Wii	
	대체현실 Substitutional Reality)	VR의 몰입도와 AR의 Interaction을 결합 현실의 사람 혹은 사람에 가상의 이미지를 덧입혀 VR 환경에 상호작용 강화 - Magic Leap	
	혼합현실 (Mixed Reality)	VR의 몰입도와 AR의 정보전달력을 결합 여러 사람이 동시에 같은 상황을 체험, 원하는 위치에 이미지 배치 - Magic Leap	

Ⅲ 중등교육에서 VR활용의 특징

중등교육의 정책적 측면을 살펴보면, 융합교육, 자유학기제, SW교육 정책 등 교육과정의 패러다임 변화에 따라 VR기술이 연계되어 활용되고 있다. 국내 교육현장에 적용되는 유형은 ① 실감형 디지털 교과서와의 연계, ② 융합교육에서의 활용, ③ SW교육/메이커교육에서의 활용, ④ 실시간·양방향 상호작용, ⑤ 사회정서적 역량 강화를 위한 개별화 학습과의 연계로 구분해 볼 수 있다.

1. 실감형 디지털 교과서와의 연계

2018년도부터 2015 개정 교육과정에 따른 사회·과학 교(군) 디지털 교과서에는 중학교 1학년을 대상으로 실감형 콘텐츠(AR, VR, 360° 등)가 포함되어 개발·보급되었으며 학습자의 학습 몰입도 및 학습 흥미도를 높이고 있다.

표 8-2 기술적 구분에 따른 VR 기술 활용사례

유형	특징	단원명	콘텐츠 화면
AR (Agument Reality)	AR마커를 카메라에 인식하면 태블릿 PC/스마트폰 화면에 사물이나 현상이 입체적으로 구현되어 관찰과 조작이 가능 모의실험 및 탐구활동에 활용	히말라야 산맥의 형성과정 해안침식지형의 형성과정 역사 속 인권 세계적으로 유명한 도시	
VR(3D) (Virtual Reality)	실제와 유사하게 구현된 가상 공간에서 몰입감, 이는 입체적 경험을 제공 화산, 우주, 해저, 인체 내부 등을 체험하거나 참여에 제약이 있는 사회제도(선거과정, 민사재판) 등에 간접 경험	열대우림 및 툰드라 기후 지역의 주생활 사회집단과 차별	

유형	특징	단원명	콘텐츠 화면
VR(HMD) (Virtual Reality)	VR/360° 콘텐츠를 실행하면 학습모드 선택화면이 표시되며 VR HMD를 활용하는 경우 VR HMD모드를 선택	사회집단과 차별 민사재판의 의미와 절차	
360° 동영상	실사 촬영된 공간이나 대상을 다양한 각도에서 관찰 현장 사진과 동영상을 통해 학습주제에 대한 생생한 이미지 감상	소중한 우리 영토 독도, 국가 지질공원 암석 조사하기	

출처: 실감형 디지털교과서 활용안내서 재구성(교육부, 한국교육학술정보원).

디지털 교과서 연계 실감형 콘텐츠는 학습내용을 실제적 맥락 속에서 체험하고 적용하여, 스스로 지식을 습득하는 자기주도형 학습을 촉진한다. 디지털 교과서에서 실감형 콘텐츠 아이콘 또는 바로가기 메뉴의 AR, VR 메뉴를 클릭하여 설치하고 실행할 수 있다. 교과 내용뿐 아니라 풍부한 보충 자료, 학습관리 및 외부 콘텐츠 연계 기능을 탑재하여 학습자 중심의 수업, 교과 특성이 반영된 활용 매뉴얼 등이 제공되고 있으며, 20개 연구학교의 우수 운영사례가 발표되어 실감형 디지털 교과서 활용 수업을 위한 교수학습 노하우가 공유되었다.

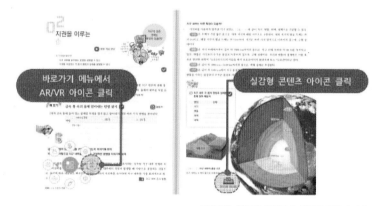

비상교육, [중학교 과학1] 1. 지권의 구조 (p.16)

그림 8-3 실감형 콘텐츠 활용안내서(한국교육학술정보원)

출처: https://st.edunet.net

2. 융합교육에서 연계

　교육적 관점에서 융합의 의미를 정의하는 학자들의 의견은 매우 다양하다. '하나 혹은 그 이상의 교과 학문 목표를 학습에 연결하여 학습자에게 개념 또는 주제를 조직화하여 주는 과정'이며(Bredekamp & Rosegrant, 1995) '학습자의 과거와 현재의 경험을 통합하고 재구성할 뿐 아니라 이를 다시 미래의 경험으로 이어주는 것, 학습자와 교사의 경험을 연결하여 주는 일, 교육내용 간 또는 학교와 지역사회 간 연계, 학습자의 지식이나 개념을 통합하여 재구성, 학습자의 발달영역 간 혹은 각 발달영역별 활동 간의 통합 등을 통해 학습자의 전인적 통합'으로 정의될 수 있다(신재한, 2013).

　융합교육에서 유관학문범주, 속성 및 교과는 주제를 재구성하여 VR을 활용해 창의성, 복합적 지식, 기술을 연마할 수 있는 교육과정 속에서 활용되고 있다. 융합수업에서의 공통된 특징은 첫째, 두 가지 이상의 대상 간 결합이 새로운 결과를 도출할 수 있어야 한다. 둘째, 학습자에게 여러 가지 개념 또는 주제를 통합, 재구성하여 새로운 경험을 체험할 수 있도록 한다는 점이다. 셋째, 그와 더불어 학습자가 다양한 체험을 통해 학습을 하기 위해서는 기존에 학습자가 가지고 있는 배경지식을 활용해야 한다는 전제를 깔고 있다. 이를 위해 VR 콘텐츠는 개별적 체험을 가능하게 하고 기존 학습자의 맥락에서 구현 가능케 할 수 있기에 융합수업에서 활용되고 있다.

　융합수업을 위해 한국과학창의재단에서 VR을 활용한 교수·학습지도안을 배포하고 있다(한국과학창의재단, 2018). 학생들이 미래의 과학기술을 창의적으로 이끌어 갈 수 있도록 VR과 3D프린터와의 연계성을 토대로 예술에 대한 경험이 가능하게 구성되었다. 3차시로 구성이 되어 있으며 상황제시를 통해 생물다양성을 탐색해 보도록 하고 멸종위기 생물 보전을 위한 예술작품 및 아이디어를 구상한다. 3D프린터 또는 VR 기술을 배우고 활용하나 생태미술작품을 제작하고 의미와 활용방안에 대해 토론하며 감성적 체험 경험을 가능하게 하는 Tinkercad와 Cospaces를 활용하였다.

표 8-3 VR과 3D프린터로 즐기는 생태예술 콘서트

구분	내용		
사례	한국과학창의재단	차시	3차시
목표	생물다양성 보전의 필요성을 이해하고 생물다양성의 감소원인 탐색		
관련교과	과학, 기술가정, 미술		
내용	1차시: 예술작품으로 멸종위기 생물을 구해보자! 2차시: 3D모델링 기술로 예술작품 제작하기 3차시: VR과 3D프린터를 활용한 생태조각 제작하기		
교수학습	프로젝트기반		
주요활동	VR실습, 체험 토론 생태미술작품 제작		
활용콘텐츠	Cospaces, Tinkercad		

융합수업(STEAM) 프로그램에 One–Source Multi–Use(OSMU)를 적용하여 Tinkercad를 사용해 3D모델링을 진행한 후 VR환경으로 영상을 제작하여 VR 콘텐츠 결과물을 도출해 3D프린팅 기술과 VR의 유연한 연계를 통해 수업에 활용하였다.

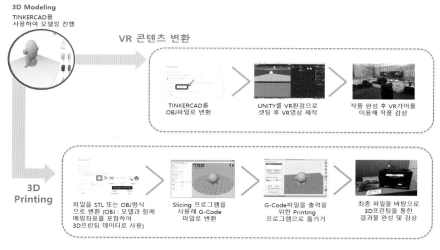

그림 8-4 One–Source Multi–Use(OSMU)

출처: 가상현실과 3D프린팅으로 만드는 미래의 예술, 김효정(2018).

S중학교의 경우 사회과 수업에서 교과 내 융합수업에서는 실생활의 문제를 해결하기 위한 탐색과정으로 VR을 활용하였다. 이를 위해 1차시에 사전학습으로 구글 카드보드를 조립하는 실습으로부터 시작하여 기술·공학에 대한 이해를 선행하게 하였다. 융합교육은 유관학문의 범주, 속성 및 교과의 주제를 재구성하여 VR 활용수업을 통해 창의성, 복합적 지식, 기술을 연마할 수 있는 교육과정 구성을 가능케 하고 있다.

구분	내용		
사례	S중학교	차시	6차시
목표	분쟁과 분단의 개념을 이해하고, 분쟁지역 및 통일 국가 탐색		
관련교과	사회		
내용	1차시: VR실습 및 사전 학습 2차시: VR실습 및 사전 학습 3차시: 갈등과 분쟁 마주하기 4차시: 평화와 만나기 5차시: 2036 통일미래 상상하기 6차시: 평화의지 다짐하기		
교수학습	프로젝트기반, 협동학습		
주요활동	협업토론 활동 체험활동		
활용콘텐츠	Google Cardboard, Google Expedition		

그림 8-5 Google Cardboard

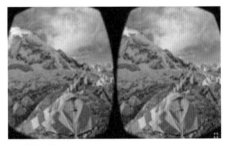
그림 8-6 Google Expedition

3. SW교육/메이커교육에서의 활용

2015 개정교육에 따라 초·중고등학교에 SW교육이 단계적으로 실시되고 있다. SW교육은 단순히 컴퓨터 기술을 습득하는 것이 아니라, 컴퓨팅적 사고(Computational Thinking)를 바탕으로 실생활과 타학문 분야의 문제를 효율적으로 해결할 수 있도록 하는 것이다. 이때 중점교사의 역할은 재능코치(talent coaches)로서 역할을 수행한다(김경규, 이종연, 2016).

메이커교육은 SW교육을 통해 습득한 것을 코딩, 로봇 3D프린터, VR 등의 도구를 활용해 스스로 실행하고 협동하여 현실로 만드는 과정의 하나로 자유학기제 활동이나 방과후 활동의 진로관련 체험에서 연계되어 활용되고 있다.

Hellpapps에서 개발한 SW교육의 일환으로 3차시로 구성된 VR 코팅 수업에서 스스로 만들어보는 VR, AR 콘텐츠를 통하여 VR에 코딩을 접목해 슈팅게임 및 VR 콘텐츠를 만들어 보는 활동을 통해 알고리즘을 이해하고 문제를 해결한다.

가상현실(VR) 모드

증강현실(AR) 모드

혼합현실(XR) 모드

적청안경 입체 모드

블록 코딩 모드

스크립트 코딩 모드

그림 8-7 VR 코딩 SW수업
출처: https://www.helloapps.co.kr

사회적 기업 감성놀이터는 강서공업고등학교와 이화미디어고등학교에서 메이커활동과 VR을 접목시켜 VR 교육을 이수하고, 교육을 바탕으로 마음을 치유하는 목적으로 'MAKE : FEEL : HEAL(메이크 : 필 : 힐)'을 주제로 하여 미디어 아트를 제작, 전시하였다. 청소년들이 흥미를 가질만한 콘텐츠로 자신의 마음을 들여다볼 기회를 갖도록 하고 작품을 만들면서 스스로 치유해가도록 하는 것을 목표로 하고 있다.

그림 8-8 청소년 심리치료 VR 메이커 스페이스
출처: http://www.emotionpg.com/

4. 사회정서적 역량 강화를 위한 개별화 학습(Social-Emotional Learning, SEL)

WEF(World Economic Forum)가 미래사회의 가장 핵심적인 역량으로 강조하는 '사회－정서 학습기술(Social and Emotional Learning Skills)' 역량 강화를 위한 활용의 사례가 최근의 동향을 이룬다(강정찬, 오영범, 이상수, 2015). 사회정서 학습(Social Emotional Learnig)의 교육적 목표를 고려했을 VR수업이 어떠한 수업목표에 효과적일지 생각해 볼 때 자신감, 사회정서역량 학습 및 연습 기회를 반복적으로 제공할 수 있다.

버츄얼 스피치(virtual speech)에서 개발한 가상교실(Virtual Classroom)에서 프레젠테이션 연습 프로그램은 인지역량 지원에서 확장하여 비인지 영역인 사회정서역량을 강화할 수 있다. 사람들 앞에서 불안에 떠는 것을 VR을 이용해 스트레스 받는 환경에서의 긴장을 풀어주고 의도적인 일시정지와 심호흡 등을 통해 커뮤니케이션 기술을 습득할 수 있도록 VR과 애플리케이션을 통해 도와준다. 가상의 발표상황은 장소와 청중의 인원을 설정할 수 있고 프레젠테이션의 결과는 음성으로 분석되어 인공지능 기반 데이터 통신을 통하여 학습분석과 함께 적용된다. 이를 통해 개별화 학습을 통한 수업활동의 결과를 기반으로 맞춤형 피드백이 제공될 수 있다.

그림 8-9 프레젠테이션 연습을 위한 가상교실((Virtual Classroom)
출처: https://virtualspeech.com/

그림 8-10 가상 프레젠테이션 상황 설정
출처: https://virtualspeech.com/

그림 8-11 가상 프레젠테이션 종료 후 음성 인식을 통한 학습분석
출처: https://virtualspeech.com/

5. 실시간·양방향 상호작용

VR콘텐츠는 기존 시나리오 기반의 비실시간 콘텐츠를 수업에 적용하는 경우가 대부분이었으나 최근 실시간·양방향 상호작용이 가능한 형태로 변화하고 있다. 실시간 화상스튜디오(Virtual Studio)를 통한 수업으로 실시간 화상수업 또

그림 8-12 Virtual Studio
출처: https://www.darim.com/

는 방송형 수업으로 상호작용할 수 있도록 콘텐츠의 변화, 학습환경의 변화가 있었다.

2017년 교육부에서 시범사업으로 운영된 소인수·심화학습을 위한 온라인 공동교육과정은 실시간·양방향 상호작용이 가능한 화상수업 플랫폼을 활용하고 있다. 이를 위해 학교 환경에 스튜디오가 구축되고 있으며 학교에서는 저비용으로 다양하고 유연한 학습환경에 맞는 콘텐츠 개발을 위해서 가상환경 스

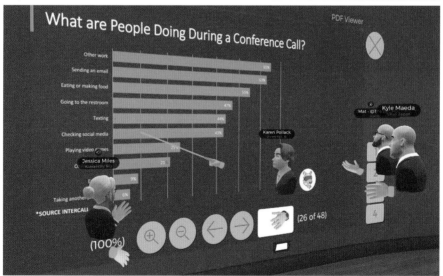

그림 8-13 실시간 상호작용이 가능한 VR 콘텐츠

출처: https://www.rumii.net/

튜디오를 적용할 수 있다.

이러한 원격화상 수업은 실시간 양방향 교수·학습과 함께 고려되어지고 학생중심 화상 학습모델 SVSL(Student centered Video conference SMART learning Model)을 고려하면 학습자의 자기주도적 학습력에 의해 학습효과를 증대시킬 수 있다(계보경, 김재옥, 배윤주, 2012).

컴퓨터 과학 분야에서 구현하고자 하는 감각 경험 중심의 VR 기술에 네트워크 기술이 적용되면서 그 적용 가능성은 더욱 확대되고 있다. 사람의 움직임에 대한 3차원 데이터를 실시간으로 가공 처리하여 3D캐릭터의 움직임으로 표현하는 기술을 그 예로 들 수 있는데, 여러 사람이 동일한 VR 환경 속에서 상호작용을 할 수 있다. VR의 실감형이 학습자-콘텐츠 간의 상호작용뿐 아니라 학습자-학습자, 학습자-교수자 간의 실시간·양방향 상호작용을 가능하게 한다.

Ⅳ 시사점

중등교육에서 VR은 초기 단순 체험 및 가상세계의 경험을 위한 흥미도, 몰입감을 위해 활용되었으나 여러 가지 정책과 결부되면서 교육 목표에 따라 다양한 형태로 활용되고 있다. 이를 위해 교수자는 단순히 VR을 흥미 위주로 활용하기보다는 활동 전략 및 자료 개발에 따른 학습모형으로 선택하고 수업을 설계하는 것이 필요하다.

중등교육에서는 비교과 영역(창의적 체험활동)과 비인지 영역에서의 연계가 특징이다. 인지적 학습목표 도달만이 아닌 학습자의 생각 공유와 함께 감정도 공유하여 사회적 역량과 정서적 역량을 통합하고, 개별 학습자를 위한 자기 주도적인 사회정서 학습전략을 활용하는 방향으로 개선되어야 한다. 이때 VR의 콘텐츠 및 수업설계는 매체의 특성을 고려한 학습이 고려되어야 한다. 오답경험 및 실패의 경험을 제공하거나, 반복할 수 있어야 하고, 예습과 연습이 가능하며 수정의 기회가 있어야 한다.

VR이 보편화되는 추세를 보면 실감형 디지털 콘텐츠, 실시간 화상교육이 공교육으로 도입이 되면서 가상과 현실이 결합한 콘텐츠의 질적 향상은 필수적이다. 이를 위해 학교현장에서는 교실환경과 학교의 네트워크 망에 대한 개선이 함께 고려되어져야 한다. 보안이 필요한 업무용 네트워크와 교육용 네트워크가 함께 사용되면서 방화벽 정책등록 등의 보안 이슈가 발생하고 있다. 5G 기술표준화가 2020년경에 완료되고 2022~2023년경에 서비스 상용화가 본격적으로 이루어진다고 예측되며 교육현장에서 대역폭 증가, 업무용 네트워크와 교육용 네트워크의 분리가 이루어지고 있다. VR 활용수업에서 실감형 콘텐츠, 네트워크 기반 실시간, 상호작용이 강조되면서 이를 위한 교실환경의 개선이 필요하다.

강정찬, 오영범, & 이상수. (2015). 사회정서역량 향상을 위한 교과통합 설계원리. **교육공학연구**, 31(1), 129–157.

강인애, & 설연경. (2010). 온라인 학습환경으로서 가상박물관(Virtual Museum)의 가능성에 대한 탐구. **한국콘텐츠학회논문지**, 10(4), 458–470.

계보경, 김재옥, 배윤주. (2012) 21세기 학습자 역량 강화를 위한 〈원격화상 교수·학습 프로그램 개발 연구〉. **한국교육학술정보원**, 연구보고서.

김경규, & 이종연. (2016). 컴퓨팅 사고력 기반 프로그래밍 학습의 효과성 분석. **컴퓨터교육학회논문지**, 19(1), 27–39.

김태현, & 고장완. (2019). 몰입형 가상현실 학습이 중학생의 학습성과에 미치는 영향. **교육정보미디어연구**, 25(1), 99–120.

김효정. (2018). 2018 STEAM 프로그램 개발 최종 보고서 – 가상현실과 3D 프린팅으로 만드는 미래의 예술. **한국과학창의재단**, 연구보고서.

김희수. (2002). 웹기반 지구과학교육에서 가상현실 기술의 활용. **한국지구과학회지**, 23(7), 531–542.

신재한. (2013). STEAM 융합교육의 이론과 실제. **서울: 교육과학사.**

유명현, 김재현, 구요한, & 송지훈. (2018). VR, AR, MR 기반 학습의 효과에 관한 메타분석. **교육정보미디어연구**, 24(3), 459–488.

장상현, & 계보경. (2007). 증강현실(Augmented Reality) 콘텐츠의 교육적 적용. **한국콘텐츠학회지**, 5(2), 79–85.

한정선, & 이경순. (2001). 교수–학습 과정에서 가상현실의 구현을 위한 이론적 고찰. **교육**

공학연구, 17(3), 1333-163.

Radu, I. (2014). Augmented reality in education: a meta-review and cross-media analysis. **Personal and Ubiquitous Computing**, 18(6), 1533-1543.

Chung, Y-K. (2017). Development of VR Fire-extinguishing Experience Education Contents Using UX Design Methodology, **Journal of the Korea Contents Association,** 17(3), 222-230.

Lee, H-J. (2005). "Industrialization issues of VR — Tangible Interaction Contents and its application case study on Autism Remedy system," **JOURNAL OF THE KOREA CONTENTS ASSOCIATION,** 5(3), pp. 53~61.

Rhee, B. A. & Kim, J. S. (2016). A study on users' experiences with VR applications of artworks: The future of VR Applications in Art Museums. Korea **Institute of exhibition industry convergence**, 25, 273-284.

https://www.kofac.re.kr 한국과학 창의재단

http://www.keris.or.kr 한국교육학술정보원

http://itfind.or.kr 정보통신 기획평가원 Trend Report(2016)

http://nnn.ed.jp/n 일본 디지털 N 고등학교

https://st.edunet.net 에듀넷 실감형 콘텐츠 활용

http://www.emotionpg.com 감성놀이터

https://www.helloapps.co.kr 헬로 앱스

https://www.rumii.net 루미

https://virtualspeech.com 버츄얼스피치

제 9 장

VR의 활용사례 – 고등교육 영역

장지윤(고려대학교)

VR의 활용사례 – 고등교육 영역

VR은 게임, 영화, 의료, 전시, 관광, 마케팅 등 다양한 분야에서 활용되고 있으며, 교육 분야에서의 활용 또한 증대되고 있다. 본 장에서는 고등교육에서 VR이 어떻게 활용되고 있는지 사례를 통해 소개하고자 한다.

VR은 초·중등교육뿐만 아니라 고등교육에서도 활발하게 활용되고 있다. 특히 의료, 기술, 어학, 스포츠, 직무교육 분야 등에서 주로 활용하고 있으며, VR을 활용한 교육용 콘텐츠 개발도 활발하게 진행되고 있다. VR 학습에 관한 선행연구들을 보면, 3D 형태의 VR 환경을 통해 학습자에게 다양한 경험적 요소와 상호작용 요소를 제공함으로써 학습몰입감을 높여주고, 학업성취도나 학습만족도 향상과 같은 효과연구 중심으로 이루어지고 있다. 그러나 VR이 교육 현장에서 실제로 어떻게 활용되고 있는지에 대해서는 정보가 부족한 실정이다. 이에 본 장에서는 고등교육에서의 VR 활용 사례들에 대해 살펴보고자 한다.

Ⅰ 기술 및 공학

우리나라에서는 한국기술교육대학교의 코리아텍 온라인평생교육원이 기술·공학 분야의 가상훈련(Virtual Training)을 통해 교육과 VR 기술의 결합을 선도하고 있다. 코리아텍 온라인평생교육원은 직업훈련기관을 대상으로 NCS(국가직무

능력표준)를 반영한 가상훈련 콘텐츠를 무상 보급하고 있으며, 가상훈련 홈페이지(vt.e−koreatech.ac.kr)를 통해 누구나 서비스를 이용할 수 있다.

가상훈련은 직업훈련에 필요한 고가의 대형, 초소형 장비와 특정 환경이나 상황을 가상(Virtual)으로 구현하고, VR 및 AR 기술과 인터랙션 디바이스 등을 활용하여 실제 상황처럼 학습이 이루어지는 것이다.

코리아텍 온라인평생교육원은 2015년부터 2018년까지 기계, 전기·전자, 화학, 건설, 환경·에너지·자원 분야 등 가상훈련 콘텐츠 65개 과정을 개발하였으며, 직업훈련기관 및 특성화고(마이스터고) 등 333곳에 무상 보급하고 이를 이용한 학습자 수는 4만 7천여 명에 이른다.

표 9-1 코리아텍 온라인평생교육원 가상훈련 콘텐츠 영상

과정명	콘텐츠 화면	콘텐츠 영상
자동차 섀시정비 훈련: 조향장치, 제동장치		
LED칩 제작 공정		
토탈스테이션과 GNSS를 이용한 측량		
머시닝센터-좌표계 설정		

과정명	콘텐츠 화면	콘텐츠 영상
배관배선공사 실무		
화력 발전소 시설	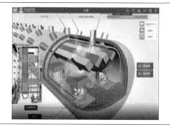	

출처: vt.e-koreatech.ac.kr

표 9-2 코리아텍 온라인평생교육원 가상훈련 콘텐츠 목록　　　　　　　(2018년 기준)

NCS 대분류	가상훈련 콘텐츠명
15. 기계	자동차 섀시정비 훈련: 조향장치·제동장치, 범용 선반 가동-단순 형상, 흡수식 냉온수기 유지보수 훈련, 화력 발전 보일러 주요 설비 유지보수, 전기유압 서보제어, 머시닝센터 좌표계 설정, 흡수식 냉동장치, 스크류식 칠러시스템, 하이브리드 자동차, 클린디젤 엔진 자동차, 범용밀링머신, 유압비례제어, 유압요소설계, 지멘스 PLC 생산설비 시스템
19. 전기전자	LED 칩.제작 공정, 배관배선공사 실무, 터보 냉동기, SMT In-Line 시스템, 반도체 제조장비 운용, 반도체 CMOS 제조공정, 클린룸 시스템 제어 및 유지관리, 배전 접지 시공
23. 환경·에너지·안전	태양광 발전 설비 및 유지관리, Solar Cell 제조공정, 풍력발전 시스템
14. 건설	천장/컨테이너 크레인 안전교육, 지게차 운전기능사 실기, 철근 콘크리트 건축물 시공, 패시브하우스 건축설계, 조경기반 시설관리, 토탈스테이션과 GNSS를 이용한 측량, 화력 발전소 시설
17. 화학	화학물질 취급 실험실 안전체험, 플라스틱성형 시험사출
01. 재료	피복 아크 용접-비드 쌓기

이 중에서 코리아텍 온라인평생교육원의 가상훈련 콘텐츠 대표 과정을 훈련 개요와 함께 소개하면 다음과 같다.

표 9-3 코리아텍 온라인평생교육원의 가상훈련 콘텐츠 대표 과정

자동차 섀시정비 훈련: 조향장치, 제동장치		
NCS 분류체계	15.기계 > 06.자동차 > 03.자동차정비	**학습매체** Web/PC/HMD
훈련대상	자동차정비 관련 직업훈련기관 교사, 자동차 관련 학과 재학생 및 전문학사, 학사, 숙련도 레벨(중) 기준	
훈련목표	• 자동차의 섀시 부품 중, 조향·제동장치의 주요 고장유형에 따른 자동차 정비훈련을 할 수 있다. • 조향·제동장치의 정비 절차에 필요한 주요 공구의 종류와 정비 대상 부품에 대한 분해·조립을 할 수 있다.	
훈련내용	1. 이론: 조향장치, 제동장치의 개요 / 종류 / 구성요소 2. 실습 : 스티어링 휠 / 컬럼(MDPS모터, ECU) / 기어박스 / 브레이크 부스터 / 마스터 실린더 / 디스크 브레이크 / ABS, VDC HECU 분해, 조립 3. 고장유형별 실습 : 핸들 무거움 / 핸들 떨림 / 운행 중 쏠림 / 브레이크 유압오일 누유 / 브레이크 소음 / 브레이크 진동	
선수과목	자동차 섀시 실차 정비(조향장치), 자동차 섀시 실차 정비(제도장치)	

토탈스테이션과 GNSS를 이용한 측량		
NCS 분류체계	14.건설 > 02.토목 > 03.측량 지리정보개발	**학습매체** Web/PC
훈련대상	• 공업고등학교 토목과 학생, 전문대 및 일반대 토목과, 지리정보공학 전공자 • 일반측량용체 및 건설업체 취업 희망자	
훈련목표	토탈스테이션 GNSS 사용법을 습득하여 여러 현장의 측량작업을 수행할 수 있다.	

훈련내용	• 건설 측량을 위한 측량기의 기본 구조 및 작동원리 • 토탈스테이션을 활용하여 좌표측정과 좌표측설 실습 • GNSS를 이용하여 좌표측정과 좌표측설 응용측량 실습

또한 코리아텍 온라인평생교육원은 산업 재해 안전교육과 반복훈련이 필요한 현장기술 훈련에 대해 오감을 만족할 수 있는 가상훈련 플랫폼을 지원·활용함으로써 재직자 직무능력 향상에도 기여하고 있다.

표 9-4 코리아텍 온라인평생교육원의 가상훈련 플랫폼 활용 사례

가상훈련 유형	특징	훈련 모습
온도 액추에이터를 활용한 화력발전소 온열감 체험	펠티에 소자[1]가 탑재된 HMD를 활용하여 사용자에게 온열감을 느끼게 하여 화력발전소의 고온고냉을 체험할 수 있음	
소형햅틱 공구세트	촉감이 적용된 소형 공구 세트와 가상훈련 콘텐츠 연동을 통해 드릴링, 드라이버 등 실제와 같은 훈련 환경 제공	
작업공간 스캔 모델링 플랫폼	훈련이 발생되는 작업공간 및 장비들을 스캔하여 빠르게 모델링 파일로 변환시켜주는 플랫폼	

---

1) 펠티에 소자: 펠티에 효과를 이용한 전자소자(電子素子) 혹은 전자냉각소자라고도 함. 펠티에 효과란, 어떤 종류의 금속을 짝지어 전류를 흐르게 하면 한쪽 접점(接點)은 발열(發熱)하고, 다른 쪽 접점은 흡열(吸熱-냉각)하는 현상을 말한다.

가상훈련 유형	특징	훈련 모습
온도 펜을 활용한 흡수식냉온수기 온열감 구현	훈련생은 펠티에 소자를 이용한 펜을 활용하여 흡수식냉온수기 냉·난방운전 전환 시 장비 위치에 따른 온열감을 느낄 수 있음	
HMD 보호구와 VR 용접기를 활용한 피복아크용접 비드쌓기 훈련	모터를 이용하여 용접봉의 길이를 조정하는 VR 용접기를 구현하여 훈련생은 실감나는 용접 비드쌓기를 훈련	
터치프로젝터와 실물 마커를 활용한 혼합현실 터치노트	터치 프로젝터와 실물 마커, 일반 노트를 활용하여 노트에 있는 평면 그림을 3D 모델링 애니메이션으로 확인하고, 인터랙티브한 학습 가능	

출처: vt.e-koreatech.ac.kr

이와 같이 한국기술교육대학교의 코리아텍 온라인평생교육원에서는 가상훈련 콘텐츠를 활용하여 시·공간 제약을 극복하고, 비용과 안전 측면에서도 효율적인 가상훈련 학습을 적극 지원함으로써 새로운 직업훈련 교육의 방향을 제시하고 있다.

Ⅱ 의학

다음으로 의학 분야에서도 수업에 VR 기술을 접목하려는 시도들이 매우 활발히 이루어지고 있다. 수술처럼 사람의 생명을 다루는 의료 전문가들은 고도의 정밀성이 요구되는 만큼 많은 훈련이 필요하다. 하지만 학생들이 원하는 만큼 실습 기회가 제공되기는 어렵기 때문에, 실습 보조교재로 VR 기술을 활용한 가상환경이나 인간 신체의 가상모델을 활용하려는 시도들이 계속되고 있다.

특히 해부학은 의대생의 필수 과목이지만, 실습용 시신(cadaver)의 확보, 보관, 처리에 있어 현실적인 어려움과 비용 부담이 상당하다. 이같은 문제를 해소할 수 있는 방안으로, 미국 실리콘밸리 아나토마지(Anatomage)의 최원철 대표는 2011년 3D 이미징(imaging) 기술을 의료장비와 결합시켜 세계 최초로 3D 가상해부대 '아나토마지 테이블(anatomage table)'을 개발하였다.

아나토마지 테이블에는 실습용 시신 대신 사람의 몸을 1:1 비율로 만든 실물 크기의 인체 영상이 LCD 화면 위에 올려진다. 학생들은 화면의 3D 영상 속 인체를 손으로 터치함으로써 자유롭게 원하는 방식으로 확대·축소, 회전·절개 등을 할 수 있고, 정교하게 인체 단면이나 장기, 뼈, 혈관 등을 기능별, 부위별, 조직별로 상세히 살펴볼 수 있다. 예컨대 순환계를 이해하기 위해 심장에서 손가락 끝까지의 말초혈관계까지를 동시에 나타나게 한다거나 혈관이 뼈나 근육 사이를 어떻게 통과하는지를 구체적으로 확인할 수 있다.

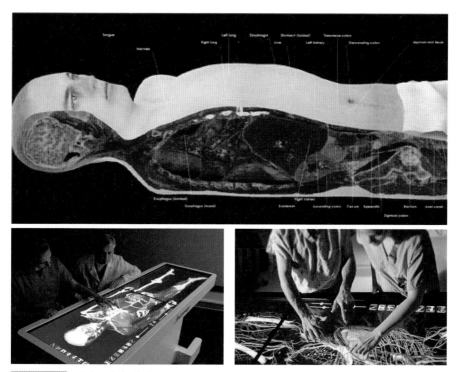

그림 9-1 아나토마지 테이블

실제 스탠포드 의대 디지털해부학과에서 임상해부학 과정을 수강하는 학생들을 조사한 결과, 응답자의 73%가 아나토마지 테이블이 해부학을 시각화하고 학습하는 데 유용하다고 답했다(임솔, 2012). 또한 학생들은 가상인체해부대를 이용해 빠른 시간 안에 전문적인 지식을 습득할 수 있었으며, 해부학적 구조물 간의 관계를 관찰하는 데 많은 도움이 됐다고 응답하였다.

 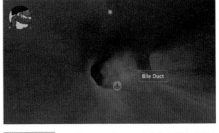

그림 9-2 스탠포드 의대 가상해부 실습 모습　　그림 9-3 톨레도 의대 VR 인체 탐험 장면

이밖에도 미국의 톨레도(Toledo) 의과대학 역시 해부학 수업에 VR을 도입하였는데, 가상해부는 물론, 마치 영화처럼 인체 기관 속으로 들어간 듯한 체험을 통해 심장이나 위, 신장 등 장기들을 원하는 각도에서 입체적으로 들여다볼 수 있다. 이를 통해 단시간 내 학습의 이해도를 높이는 데 도움을 주고 있다.

이처럼 가상해부는 실습용 시신을 해부하는 것보다 더 자세하고 선명한 화면을 통해 여러 가지 시도를 해볼 수 있다. 간단한 조작을 통해 해부학적 구조물의 표면(surface) 및 절단면(section)의 정보도 같이 보여줄 수 있다. 뿐만 아니라 누구나 쉽게, 되돌리기 기능을 통해 몇 번이고 반복해서 해부할 수 있고, 쾌적한 환경에서 학생들이 편안하게 해부학 실습을 접할 수 있다는 장점이 있다. 또한 각종 질병 사례는 프로그램 업데이트 등을 통해 보다 쉽게 데이터를 수집·분석할 수도 있고, 수술에 들어가기 전 계획을 짜거나 이후 리뷰를 하는 데에도 가상해부를 활용함으로써 교육뿐 아니라 의학 연구분야, 일선 병원에서도 광범위하게 활용할 수 있다.

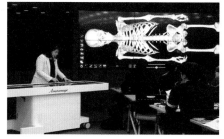

그림 9-4 고려대학교 의과대학 해부학교실   그림 9-5 안산대학교 해부학 실습실

현재 미국의 스탠포드 대학, 톨레도 대학 외에도 영국의 임페리얼 컬리지, 우리나라의 고려대학교, 안산대학교 등 전 세계 약 500여 개 이상의 의과대학에서 가상해부를 적극적으로 활용하여 해부학 수업의 변화를 선도하고 있다.

Ⅲ 건축

건축 역시 VR 기술을 활용하기에 매우 적합한 분야이다. 특히, 설계 단계에서 기존의 평면도는 일반 대중들에게는 이해하는 데 어려움이 있었다. 하지만 VR 기술을 적용한다면 2차원 형태의 도면을 3차원 건축물로 시각화하여 미리 체험하도록 할 수 있다.

뿐만 아니라 평면도를 기반으로 구현한 3D 가상 건물의 실내 내부를 보면서 공간 배치를 변경하거나 마감재, 가구배치 등의 인테리어까지도 해볼 수 있다. 예를 들어, 실시간 그래픽으로 구성되는 만큼 가구 등의 배치를 단계별로 설정한다거나, 커튼이나 바닥재, 벽지 등을 클릭해 다른 소재나 디자인으로 교체하는 것도 실시간으로 가능하다. 또한 낮과 밤 등 일조권 변화에 따라 바뀌는 실내 모습도 볼 수 있으며, 건물 층 수에 따른 외부 조망까지 실시간으로 확인할 수 있다.

VR 설계를 이끄는 기술의 핵심은 BIM[2]으로, 설계 도면을 BIM으로 구축하

---

2) BIM: 건축 정보 모델(Building Information Modeling)로, 3차원 정보모델을 기반으로 시설물의 생애주기에 걸쳐 발생하는 모든 정보를 통합하여 활용이 가능하도록 시설물의 형상, 속성 등을 정보로 표현한 디지털 모형을 뜻한다.

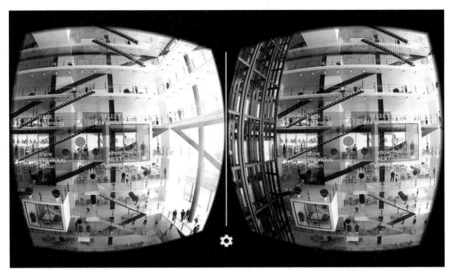

그림 9-6 VR을 이용한 건물의 내부 설계 과정(ⓒNBBJ)

고 VR 모델로 추출한 후 장비를 통해 설계된 공간을 보여주는 것이다. VR 설계를 대표하는 개발사의 프로그램을 살펴보면 다음과 같다.

플로드(Floored)는 VR 기술을 활용해 설계 도면을 클릭하면 가상 건물의 실내외를 미리 확인할 수 있고, 사용자가 원하는 인테리어 컨셉도 적용하여 보여줄 수 있다.

그림 9-7 플로드(Floored)

VR티산(VR+Artisan=VRtisan)은 고품질의 비주얼과 VR 환경 및 응용 프로그램을 제공할 수 있는 기술을 보유하고 있다. 이를 기반으로 모든 주요 플랫폼 및 장치와 연동되는 대화형 응용 프로그램 및 가상 환경을 제작할 수 있다.

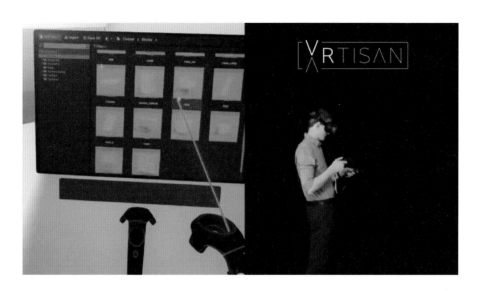

그림 9-8 VR티산(VRtisan)

엔비디아의 아이레이 VR(Iray VR)은 물리기반 실사 렌더링 기술 기반으로, 렌더링된 가상 공간을 내부 카메라를 통해 현실처럼 생생한 경험으로 제공한다. 즉, 건물을 아직 짓지 않은 초기 설계 단계에서 건물, 구조물 등의 내부를 VR로 구현하여 다양한 각도에서 실시간으로 둘러볼 수 있고, 공간 활용, 일조량, 동선 등도 확인할 수 있다. 아이레이 VR 기술을 활용해 엔비디아의 산호세

신사옥 설계를 맡은 하오 코(Hao Ko) 디자이너는 건물이 완공되기 전까지는 발견하기 힘들었던 공간 활용 문제를 VR 기술을 통해 사전에 발견하고 보완할 수 있었다고 한다.

그림 9-9 아이레이 VR(Iray VR)

이처럼 VR 설계는 건축 시공 단계에서의 위험성, 비용, 인건비 등을 최소화할 수 있고, 궁극적으로 건축 서비스의 부가가치도 향상시킬 수 있다. 건축 학계에서는 VR 건축의 높은 성장 가능성에 주목하고, 기업과 연계하여 VR 설계 프로그램을 건축 수업의 실습 교구나 연구에 활용하고 있다. 실제로 미국의 카네기 멜론 대학교에서 새로운 도시 건설 프로젝트와 설계 등에 VR 기술을 이용한 것은 잘 알려진 사례이다.

Ⅳ 시사점

VR을 활용한 교육은 고등교육에서도 새로운 활력을 불어넣고 있다. 예전에는 비용이 많이 들거나 고위험으로 인해 불가능했던 학습을 VR을 통해 구현한 가상환경에서 효과적으로 할 수 있기 때문이다. 이러한 점을 최대한 살려 고등교육 영역에서의 VR은 다음과 같이 크게 세 가지 목적으로 활용되고 있다.

첫째, VR 기술이나 사용 효과에 대한 연구 목적으로 활용하는 경우다. 테크놀로지의 발전은 보는 VR에서 참여형 VR, 체험형 VR로, 나아가 소셜형 VR로 상호작용성이 강화되는 방향으로 진화를 거듭하고 있다(남선숙, 유홍식, 신동희, 2017). 이에 고등교육에서의 VR 관련 연구들은 주로 VR 디자인 설계나 VR 콘텐츠의 교육적 효과, 그리고 VR 콘텐츠를 이용한 사용자에 관한 연구가 활발히 이루어지고 있다.

둘째, 체험학습이나 현장학습으로 VR을 활용하고 있다. 가상현실로 구현한 시뮬레이션은 학습자들에게 안전한 학습환경에서 교육자료와 체험활동을 삽입함으로써 실제적인 학습경험을 통해 교육효과를 극대화할 수 있는 장점이 있다(류지헌, 유승범, 2016). 캐나다 알베르타 대학교에서는 재활 교육에 VR을 도입하여 학생들에게 환자가 휠체어를 타고 다닐 때 어떤 상황에 맞닥뜨리게 되는지를 경험해 볼 수 있도록 체험학습을 하는 데 활용하고 있으며, 싱가폴의 난양 폴리텍 대학교는 가스터빈과 엔진 실습 교육에 VR을 활용하여 가스터빈의 생김새와 엔진 내부 모습 등에 대해 보다 입체적인 학습을 실시하고 있다.

셋째, 스킬 향상 교육을 위해 VR로 구현한 도구나 교육콘텐츠가 활용되고 있다. VR을 활용한 스킬 향상 교육은 기술·직업훈련 전반에서 다양하게 진행되고 있다. 이는 가상공간을 활용하여 학습의 시간적·공간적 제약을 극복할 수 있을 뿐 아니라 VR 장비를 통해 고위험 작업이나 훈련을 안전하게 저비용으로 반복학습을 할 수 있기 때문이다.

이처럼 많은 장점에도 불구하고, 한국과학기술기획평가원(2016)에 따르면 VR 교육과정 구성이 미흡할 경우 책의 효용성 및 가치 외면, 사고력 및 상상력 감퇴 가능성이 있고, 피로감과 현실 부적응 등으로 인해 교육 효과가 저하될 수 있다는 문제점을 제기하였다. 따라서 VR을 활용한 교육의 효과가 극대화되기 위해서는 학습자와 학습목표에 맞게 적절하게 쓰일 수 있도록 체제적 수업설계가 뒷받침되어야 할 것이다.

참고문헌

남선숙, 유홍식, 신동희. (2017). VR게임의 이용자 경험: 현존감이 즐거움에 미치는 영향을 중심으로. **정보통신정책연구, 24**(3), 85-125.

네이버 지식백과, 사이언스올 과학백과사전.

네이버 지식백과, 지형 공간정보체계 용어사전.

류지헌, 유승범. (2016). 가상현실 기반 수업 시뮬레이션의 시나리오 내용이 예비교사의 교사효능감과 가상실재감에 미치는 효과. **교육정보미디어연구, 22**(3), 661-680.

임솔, "가상이지만 실제처럼 인체해부 실습 가능", 〈메디칼업저버〉 2012.05.16.

최대환, "창조경제人 - 디지털 가상인체해부대를 만드는 사람들", 〈KTV〉 2013.11.28.

플로드(Floored). https://www.cbrebuild.com/

한국과학기술기획평가원. (2016). 2016 기술영향평가 보고서 : 가상·증강현실 기술. **한국과학기술기획평가원**, 연구보고서.

한국기술교육대학교 온라인평생교육원. https://vt.e-koreatech.ac.kr/

VR티산(VRtisan). http://www.vrtisan.co.uk/

아이레이 VR(Iray VR). https://blogs.nvidia.com/blog/2016/04/05/vr-with-iray/

제10장

VR의 활용사례 – 기업교육 영역

정영혜(멀티캠퍼스)

VR의 활용사례 – 기업교육 영역

비즈니스 속도가 빠르게 변화함에 따라, 기업교육도 이를 뒷받침 할 필요성이 높아졌다. 업무 중에도 빠르고 짧게 몰입할 수 있고, 직면한 문제를 해결하는데 실질적으로 도움이 되는 경험 중심의 학습이 중요해진 것이다. VR은 몰입과 경험이라는 측면에서 이러한 기업교육의 니즈를 충족시켜 줄 것으로 기대되고 있다. 최근 VR 콘텐츠 제작이 용이해졌고, VR을 경험할 수 있는 기기들이 대중화 되면서, 기업교육에서 VR 기술을 적용하고자 하는 시도가 늘어나고 있다. 본 장에서는 이러한 기업교육의 VR 활용 사례에 대해 소개하고자 한다.

Ⅰ VR 기술의 교육적 활용 가치에 대한 기대

VR 체험 기기 및 콘텐츠의 보급이 활발해지면서 VR에 대한 접근성이 높아졌다. 기존 VR 기술이 모니터 또는 스크린을 통해 가상의 공간을 3D 영상으로 재연하는 수준이었다면, 이제는 360도 영상과 다양한 인터페이스를 통해 시청각뿐만 아니라 촉각, 후각 등 다양한 감각을 자극해 사용자의 몰입감을 높일 수 있다. 특히, 스마트폰을 HMD에 끼워 VR을 체험하는 방향으로 기술이 발전하면서 일반인들도 VR에 접근하기 용이해졌다.

오래 전부터 VR은 현실에 가까운 환경 구축, 다감각적인 경험 제공, 다양한 상호작용으로 교육적 효과가 높을 것으로 기대되었다. 하지만, 높은 구현 비용 및 인력 문제로 군사, 비행 훈련 등 특수 기술 분야에서만 한정적으로 활용되었다. 1985년 Jaron Lanier가 HMD를 상용화하면서 VR 기술 사용에 대한 가능성을 제기했지만, 당시 $9,400의 가격으로 일반인들이 구매하기는 힘들었다

(최항섭, 2016). 1990년 중반부터 급격하게 쇠퇴했던 VR 시장은 영상 처리 기술의 발전과 더불어 초고속화 된 네트워크 속도에 힘입어 4차 산업혁명의 신사업 및 소통 플랫폼으로 다시 주목 받고 있다. 이에, VR 기술을 활용한 교육 또한 일방적 지식 전달이 아닌 학습자 경험 중심의 학습을 제공한다는 측면에서 활용 가능성이 높아지고 있으며, VR기술을 활용한 교육은 연평균 25.8%의 성장세를 보이는 신산업으로 자리 잡고 있다(최재홍, 2016).

기업들은 점점 예측하기 어려운 비즈니스 문제에 직면하면서, 회사가 일방적으로 임직원에게 전달하는 교육에서 직원 개개인의 업무 현장의 니즈를 충족하기 위한 개별화된 교육으로 변화하고 있다. 과거에는 Best Practice를 분석하고 이론화하여, 경영진을 중심으로 임직원들에게 전달하는 방식으로 교육이 이루어졌다. 하지만 이러한 교육 훈련은 비즈니스 변화 속도를 따라 잡을 수 없기 때문에 업무상에서 보다 빠르고 짧게 몰입할 수 있으며, 직무 문제 해결에 곧장 적용할 수 있는 경험 중심의 학습 방식을 선호하게 되었다. VR은 "몰입"과 "경험" 측면에서 주목받는 에듀테크로, 직무 교육에 활용하고자 하는 시도가 늘어나고 있다.

Ⅱ 기업교육에서 VR 기술 활용 유형

투입 비용 대비 효율성을 중요시 여기는 기업교육에서 하드웨어의 특징 및 비용은 중요한 고려 사항이 된다. 사용자는 VR로 구현된 프로그램을 콘솔이나 PC, 스마트폰 또는 추가 연결 장치 없이 사용 가능한 독립형 VR기기로 접할 수 있다. 콘솔과 PC는 해상도는 높지만 휴대성이 떨어지고, 스마트폰은 콘솔과 PC에 비해 가격이 저렴한 만큼 해상도는 떨어지지만 휴대성이 높다. 독립형 VR 기기는 해상도와 휴대성을 모두 만족시키기 위한 것으로, VR의 대중화에 힘쓰고 있는 오큘러스社에서 2017년 10월에 공개하였다. 기업교육에서는 정교한 VR 환경 구현과 함께 대규모 반복 훈련이 필요한 경우에는 PC 또는 콘솔 기반의 하드웨어를 사용하고, 개인별 역량 수준에 맞춘 학습 내지 간단한 상황 대응에 대한 학습인 경우에는 개인 스마트폰에 VR앱을 깔고 HMD기기로 경험하는 방식을 선택하는 경향을 보이고 있다.

이러한 하드웨어적 특성과 더불어, 교육 목적에 따라 기업교육에서의 VR을 활용한 교육 프로그램은 크게 ① 간접 체험, ② 시각화를 통한 이해도 향상, ③ 상황 대응 및 반복경험의 유형으로 구분해 볼 수 있다.

1. 간접 체험

실제 체험을 하기에는 비용이 많이 들거나, 위험하기 때문에 직접적인 체험이 힘든 경우 VR을 활용하면 간접 체험이 가능하다. 기업교육에서는 주로 출입이 제한된 사업장 투어 또는 안전사고 및 재해 위험에 대한 경각심을 높이고 안전의식을 고취시키기 위한 방법으로 VR 기술을 활용하고 있다.

2. 시각화를 통한 이해도 향상

VR이 가진 특징 중에 하나는 현실 세계에서는 눈으로 볼 수 없는 추상적인 개념을 구체적으로 표현하여 실제 있는 것처럼 보고, 느끼게 해준다는 것이다 (임선빈, 1996). 육안으로 확인이 불가능한 화학 물질이 어떻게 합성되는지를 시각적인 형태로 표현하여 보여주는 것을 예로 들 수 있다.

3. 상황 대응 및 반복 경험

현실에서는 한번 지나간 상황은 다시 되돌릴 수 없다. 하지만, VR에서는 실제와 똑같이 구성된 상황을 여러 번이고 반복해서 경험해볼 수 있다. 그리고, 이러한 반복 경험은 실제 세계에서의 대응 능력을 향상시켜 준다.

Ⅲ 유형별 VR 기술 활용 사례

1. 간접 체험

신규 보직자가 현장에 배치되기 전에 작업장에 대한 구조나 위치를 알아둔다면 현장 배치 후 적응하는데 큰 도움이 될 것이다. 특히 업무 현장이 화재나 폭발과 같이 위험 요소가 산재한 곳이라면 사전 시뮬레이션은 꼭 필요한 교육일 것이다. H화력발전소는 숙련 직원들의 노하우와 매뉴얼을 바탕으로 발전소 현장을 360도 카메라로 찍은 영상에 이동 동선 및 안전 점검이 필요한 위치에 대해 표시한 VR 콘텐츠를 제작하여 신규 보직자 교육을 실시하고 있다.

| 신규보직자 사전 교육 | 점검 포인트 안내 | 비상상황 시 조작 매뉴얼 |

그림 10-1 H화력발전소 VR 교육프로그램 화면

산업안전보건법에 의거하여 5인 이상 사업자의 모든 근로자들은 산업안전교육을 이수하게끔 되어 있다. 법적 의무가 아니더라도, 산업 현장에서 안전사고 예방을 위한 임직원들의 의식 수준 향상은 기업의 지속가능한 발전을 위해 꼭 필요한 조건이다. 이에 많은 기업들이 체계적인 안전교육을 기획·운영하고 있으며, 효과적인 안전교육 방법 중 하나로 VR 기술을 채택하고 있다. M사는 안전환경 체험관을 구축하면서 VR Zone을 마련하였다. VR Zone은 HMD에 블루투스 컨트롤러를 사용하여 실제 작업장에서 발생할 수 있는 위험 상황에서 학습자가 직접 컨트롤러 조작을 통해 대응할 수 있도록 구성되어 있다.

P사는 현장직 신입 사원을 대상으로 안전 교육에 대하여 이러닝과 4D VR 체험을 연계하여 운영하고 있다. 신입 사원은 현장 경험이 전무하기 때문에,

그림 10-2 M사의 안전 환경 체험 콘텐츠

이러닝을 통해 현장 안전에 대한 이론 및 실제를 사전 학습한다. 사전 학습 후 학습자들은 4D 체험관에서 실제 현장 사례를 바탕으로 개발된 3D입체영상과 의자진동, 흔들림, 바람 등을 직접 느끼며 재해 사례에 대한 위험성을 인지한다. 이후, 학습자들은 오프라인 학습에서 4D 체험을 공유하고 실천을 다짐하는 마무리 활동 시간을 가지게 된다.

2. 시각화를 통한 이해도 향상

VR 기술은 현실과 똑같이 구현하는 특징도 있지만, 현실이 아닌 것 또는 보기 힘든 것을 현실처럼 보여준다는 특징도 있다. 예를 들어, 현실적으로 맨 몸으로 구름 위에 떠 있거나 우주를 유영할 수 없지만, VR에서는 그것이 가능하다. 눈에 보이지 않거나 보기 힘든 것을 실제처럼 보여준다면, 학습자의 이해도는 훨씬 높아질 것이다.

S사는 이러한 VR의 특징을 교육에 잘 활용하고 있다. 정제공정은 분리정제 및 각종 분리와 필터를 위한 기계들로 육안으로 보기 힘든 입자들을 분리 수집하는 과정이다. S사는 이러한 정제공정 과정을 360도 카메라로 찍은 영상에 3D 그래프를 덧입히는 방법으로 콘텐츠를 제작하였다. 덧입힌 3D는, 공정기계 안에서 입자들이 어떻게 분리되고, 걸러지는지를 표현하고 있다. 이를 통해, 학습자들은 현장 견학뿐만 아니라 육안으로 확인하기 힘든 입자 분리 과정도 구체적인 시각화를 통해 보다 쉽게 이해할 수 있게 되었다.

3. 상황 대응 및 반복 경험

기존까지 기업교육에서 VR 기술을 활용할 때 주제적으로는 안전교육, 하드웨어적으로는 PC기반에 치우쳐져 있었다. 하지만, 스마트폰을 HMD에 끼워 곧장 VR 체험을 할 수 있게 되면서, 보다 범용적인 주제와 분야의 교육에서도 VR 기술을 활용하고자 하는 시도가 늘고 있다. 특히 비즈니스 변화 속도가 급격하게 빨라지면서, 주입식·암기식 교육보다 현실 문제와 유사한 과제 해결 역량을 향상시켜 주는 교육의 필요성이 높아졌다(김진형, 2016). 의사결정자 입장에서는 지식의 응용 가능성 및 효율성을 강조하는 교육의 필요성을 절감하고 있고, 임직원들은 업무 현장의 현실적 상황이 충분히 반영되어 실제 문제 해결에 직접적으로 도움이 되는 교육을 선호하게 되었다.

KFC는 VR 기술과 게임을 접목하여 신입 직원 교육 프로그램을 제작해 제공하고 있다. 그리고 주방 작업에 대한 이러닝과 실습을 제공하는 CMC(Chicken Mastery Certification)라는 교육 프로그램을 운영하고 있는데, 이 프로그램에서

[Step 1] 방에 갇힘

[Step 2] 커널 샌더슨의 안내에 따라 조리

[Step 3] 탈출 직전 다시 한번 5단계 숙지

[Step 4] 소요 시간과 점수 체크

그림 10-3 KFC의 The Hard Way−a KFC Virtual Training Escape Room

VR을 활용하여 '치킨을 만들기 위한 5단계'를 훈련하고 있다. 이 훈련은 갇힌 공간 안에서 주어진 시간 내에 미션을 해결하여 탈출하는 "방탈출" 게임 방식을 차용하고 있다. 게임은 KFC의 창립자이자 마스코트인 커넬 샌더슨 대령과 함께 의문의 방에 갇히면서 시작된다. 주어진 시간 10분 내에 5단계에 걸친 치킨 조리 과정을 마무리 지어야만 방을 탈출할 수 있다.

실제로 매장에서 치킨을 조리하는 데에는 25분이 소요되는데, 게임은 10분의 시간으로 제한하고 있다. 이는, 해당 교육 프로그램이 완벽한 실습을 대체하는 프로그램이 아님을 의미한다. KFC 대변인은 "이 게임은 현재의 교육프로그램을 보완하는 성격으로 실습 프로그램을 완전하게 대체하는 것은 아니다. 미국 전역에서 매일 만 9천여 개 이상의 메뉴를 만들고 있는 우리 직원들에게 재미를 선사해 주기 위한 목적도 있다."라고 이야기하고 있다.

독일 국영 철도회사인 도이치반(Deutsche Bahn)은 ICE 4를 도입하면서, 4천 명이 넘는 직원들을 대상으로 VR을 활용한 시뮬레이션 교육 프로그램을 실시하고 있다. 도이치반의 Martin Repondek는 "VR은 현실에서는 거의 대체가 불가능한, 직접 체험을 제공할 수 있는 굉장하면서도 경제적인 방법이다."라며 VR 기술을 활용한 직무 교육의 효율성을 강조하고 있다. 도이치반은 전국 9곳

그림 10-4 도이치반의 ICE 4 조작 훈련

에 교육센터를 설치, 2020년까지 4천명의 인력을 VR을 통해 훈련할 예정이다. 직원들은 VR기기를 통해 가상 ICE 4의 모든 조작을 연습할 수 있으며, 실습 트레이너가 동반된다. 이 실습 트레이너들은 태블릿에 트레이너용 앱을 사용하여 훈련생들이 필요할 때 도움을 줄 수 있다.

월마트(walmart)는 미국 모든 매장에 VR기기를 활용하여 100만 명의 직원을 교육하고 있다. 새로운 기술 활용 훈련을 위해 VR 기술을 도입하였는데, 대표적인 예가 Pickup Tower에 대한 훈련이었다. Pickup Tower는 온라인 구매자를 위해, 온라인으로 주문한 상품을 매장에서 손쉽게 수령하거나, 반품할 수 있게 매장에 설치된 집배 기기이다. 월마트는 2018년 여름부터 10개의 점포를 대상으로 Pickup Tower 설치 전 직원들에게 파일럿으로 교육을 실시하였다.

이 교육 프로그램에 참여한 학습자들은 원하는 시간에 실제감 높은 교육으로 빠른 시간 내에 Pickup Tower 사용이 가능해졌다는 점에 대해서 높은 만족감을 보였다. 이 교육의 결과로 월마트는 VR 교육의 장점을 다음과 같이 평가하고 있다. ① 별도의 강사 없이 훈련을 진행할 수 있다. ② 실제 경험과 가장 유사하지만, 가상의 상황이기 때문에 안전하게 학습을 진행할 수 있다. ③ 비용이 많이 들고, 어렵거나 불가능한 시나리오 및 시뮬레이션도 가능하고, 목표에 도달할 수 있다. 월마트는 VR 기술을 활용한 직무 교육에 대한 효과성을 높이 평가하여, 향후 새로운 기술 및 공감과 고객서비스 같은 소프트 스킬, 컴플라이언스와 같은 분야에도 VR을 적용할 계획이다.

그림 10-5 월마트의 VR을 통한 교육

국내에서도, 업무 상황에 대한 대응력 및 능숙도를 향상하기 위한 교육 프로그램에서 VR 기술을 활용하고자 하는 시도가 활발하게 이루어지고 있다. M사는 다양한 고객 유형에 알맞은 응대가 필요한 CS 교육에 VR 기술을 활용하였다. M사가 2012년부터 개발·운영했던 기존의 CS 이러닝 콘텐츠의 누적 학습자 약 2,215명의 학습 만족도를 분석한 결과 사례 중심 학습과 실전 연습에 대한 요구가 높음을 파악하였다. 이에, 현장에서 경험할 수 있는 다양한 유형의 고객을 성격별/행동 특성별로 카테고리화 하여, 각 유형별 특징을 반영한 응대 상황을 VR로 구현하였다.

M사가 VR 기술을 적용하여 개발한 CS 과정의 차시별 학습 흐름은 다음과 같다. 먼저, 고객의 유형 및 특징과 응대 요령에 대해서는 이러닝으로 학습한다. 이때 응대 요령은 실제 사례를 강사의 설명식으로 강의한다. 이러닝 학습을 마무리 하고 나면, VR 앱으로 진입하여 이러닝에서 학습한 고객 유형을 응대하는 실습을 진행한다.

VR 체험은 다음과 같이 구성되어 있다. 마트, 가전제품 매장, 여행 상담 코너와 같이 고객 응대가 빈번하게 일어나는 장소에서, 3D로 구현된 고객이 등장한다. VR 속 고객이 학습자에게 불만을 제기하면, 학습자는 주어진 답변 중

[Step 1] VR에 접속, 고객 유형 제시

[Step 2] 고객 불만 제기

[Step 3] 필요한 응답 선택 및 반응 확인

[Step 4] 모범 답안 및 응대 포인트 복습

그림 10-6 M사 CS 학습 콘텐츠의 VR 고객 체험 프로세스

에서 원하는 답변을 선택한 후 실제처럼 연습해본다. 제시되는 답변은 크게 ① 실무자들이 자주 저지르는 실수 답변, ② 적합한 수준의 답변, ③ 상황 속에 등장한 고객 유형 응대에 가장 적합한 답변으로 제시되며, 학습자가 선택한 답변에 따라 고객의 반응과 뒤이어 나오는 고객의 대화 내용이 달라지게 된다.

가상의 캐릭터가 등장을 하고, 학습자는 주어진 선택지 중에서 하나를 선택하여 가상 캐릭터의 반응을 확인하는 롤플레잉 방식은 기존 플래시 기반 이러닝에서 사용했던 상호 작용 방식과 크게 다르지 않은 것이 사실이다. 하지만, HMD를 착용함으로써 분산된 시야가 차단되어 있고, VR 속에서 구현된 장소와 등장인물(고객)이 입체감 있는 3D로 제작되었으며, 실제 발생했던 고객 클레임 상황을 기반으로 대화가 이루어지기 때문에 학습자들은 더 큰 몰입감을 느낄 수 있다.

S사는 'VR을 통해 사람들이 가지고 있던 두려움을 극복할 수 있다'라는 주제로 캠페인을 전개하면서, 다양한 VR 체험 프로그램을 제작하였다. VR체험 전/후 사람들의 달라진 모습을 통해 VR의 가능성을 보여주고 있는데, 이 중 하나가 바로 "대중 앞에서 발표할 때의 두려움"이다. M사는 이를 프레젠테이션 교육 프로그램과 연계, 발전시켰다. M사의 교육프로그램은 프레젠테이션 기획부터 제작, 발표까지의 내용으로 구성되어 있다. 이 중에서 "발표" 부분에 VR을 적용하고 있다. VR에서 학습자가 체험할 수 있는 내용은 크게 "보는 것"과 "실제 해보는 것"으로 구분해 볼 수 있다.

"보는 것"은 프레젠테이션 전문가의 실제 PT 시범을 청중의 입장에서 관찰하는 것이다. 학습자는 VR을 통해 여러 청중 중에 한 명으로 참여하여 PT 전문가의 오프닝, 시선처리, 제스처, 말의 속도 및 발성과 클로징 등을 관찰할 수 있다. "실제 해보는 것"은 두 단계로 구분되어 있다. 첫 번째 단계는 앞서 프레젠테이션 전문가의 PT와 동일한 내용으로 학습자가 직접 발표를 해보는 것이다. 두 번째 단계는, 학습자가 직접 작성한 발표 자료로 발표할 환경과 시간을 선택하여 발표하는 것이다. 첫 번째, 두 번째 단계 모두 실습이 끝난 후 자동 평가와 함께 자가 진단의 기회가 제공된다. 이 프로그램에 참여한 학습자들은

| 발표 환경 및 시간 선택 | 자동평가 및 자가진단 |

그림 10-7 M사 프레젠테이션 학습 콘텐츠의 VR 체험

기존의 강의 중심의 이러닝이 VR 체험과 접목되면서, 실제 활용에 큰 도움이 되었다는 반응을 보이고 있다.

Ⅳ VR 기술 활용에 대한 수업 설계자들의 인식

앞서 살펴본 국내·외 사례와 같이 VR 기술을 기업교육 프로그램에 사용하고자 하는 시도는 점점 늘어나고 있다. VR을 활용한 교육이 전통적인 교육에 비해 2.7배의 효과를 보이며 집중력이 100% 이상 향상된다는 통계도 있다(최재홍, 2016). 하지만, Roca, Chui와 Martinez(2006)에 따르면, 새로운 기술을 도입했을 때, 초기에는 매체 자체에 대한 흥미로 인해 학습 도구로 활용하고자 하는 학습자의 사용 의도가 높게 나타나지만, 시간이 흐를수록 기술에 대한 흥미가 떨어지면서 활용하지 않으려는 현상이 발생한다고 한다. 또한, 새로운 매체가 소개되면 전통적 수업 방식 또는 기존 매체와 비교하여 새로운 매체의 학습효과를 증명하는데 노력을 기울이는 연구 분위기를 고려할 필요가 있다(한정선, 2000). 따라서, VR이 잠깐의 유행이 아니라 지속적으로 활용되기 위해서는, VR의 학습 효과를 증명하는 것도 중요하지만 어떤 상황에서 어떻게 활용되는 것이 적절한지를 알아볼 필요가 있다.

매체는 단순한 전달 도구가 아닌 지식 구성의 촉매 역할을 한다. 최근의 학습 패러다임은 교수 중심에서 학습 중심으로 변화하고 있다. 이에, 매체를 학습자의 지식 구성 과정을 도와주는 계산적, 지식적 도구로 바라보고 수업을 설계하는 것이 필요하며(홍기칠, 2004), 이러한 매체를 배치하고 활용하는 것이 바로 수업설계자이다. 컴퓨터 공학의 빠른 발전으로 매체로 인한 새로운 수업 환경 및 방법의 설계가 가능해졌고, 수업설계자들은 학습자의 효율적이고 효과적인 학습을 위해 자신의 아이디어를 매체로 표현한다(Kozma, 2000a). 따라서, VR이 실제 수업에서 어떻게 활용될 수 있는지 알아보기 위해서는, 수업설계자들이 VR에 대해 가지고 있는 인식을 살펴볼 필요가 있다.

이에, 기업교육 분야에서 이러닝 콘텐츠 기획·개발 업무를 수행하고 있는 수업설계자 11명을 대상으로 2017년에 인터뷰를 실시하였으며, 주된 질문 내용과 답변은 다음과 같았다.

1. VR 기술의 장단점은?

- (이**, 수업 설계 경력 8년) 위험할 수도 있는 상황은 시뮬레이션을 통해 실제와 유사한 체험을 제공하면서도 위험에서는 배제될 수 있다는 점과, 실제로 경험하는 데 있어 비용이나 시간적인 측면에서 굉장히 많이 절약할 수 있을 것 같아요.

- (박**, 수업 설계 경력 4년) 쉽게 경험하기 어려운 공간이나 환경을 체험할 수 있다는 것 자체가 VR의 장점인 것 같아요. 특히 그냥 영상을 보는 것보다 더 생동감 있게 현장을 느낄 수 있다는 점도 큰 장점이고요.

- (강**, 수업 설계 경력 11년) 아닌 사람들은 괜찮다고 하지만, 여러 편을 봤을 때, 멀미 나는 게 더 많아요.

- (박**, 수업 설계 경력 10년) 장비와 환경 구축이 제대로 갖추어져야만 제대로 된 체험을 할 수 있어요. 그리고, 내 시야가 막혀 있고, 몰입되어 있다 보니 오히려 갇혀 있는 것이 아닌데도 갇혀 있다는 느낌이 들어요. 내가 이걸(HMD)를 쓰고 있으면 누가 옆에 와도 모를 수 있고, 조금 움직이다가 선에 걸려 넘어질 수도 있으니, 나도 모르게 생기는 공포감이나 조바심이 있더라고요.

2. VR 기술의 적절한 수업 적용 방법은?

◉ (강**, 수업 설계 경력 11년) 반복적인 훈련을 통한 스킬 향상이 필요한 경우에, VR 기술을 활용하면 좋을 것 같아요.

◉ (박**, 수업 설계 경력 4년) 안전사고 관련된 것들은 직접적으로 체험해볼 수 없으니깐 VR로 구현하는 게 가장 적합할 것 같아요. 과학 실험도 마찬가지로 위험한 실험을 실험실에서 하기보다는 VR로 실제처럼 조작은 못하더라도 손이 VR 안에서 나와서 해본다던지... 그런 요소들은 충분히 활용해볼 수 있을 것 같아요.

◉ (김**, 수업 설계 경력 7년) 저는 개념적인 것은 아닌 것 같아요. 개념적인 것은 VR로 했을 때 줄 수 있는 정보가 그리 많지 않고요, 학습자가 스스로 느끼게 하기 위한 체험형 교육에는 적합할 것 같아요. 그리고 생각보다 다양한 구현이 가능해서, 시뮬레이션이나 역할극 같은 롤플레이잉을 구현해보는 것도 좋을 것 같아요. 예를 들면, 주재원 교육은 사전에 현지 나가기 전에 시뮬레이션 해보면 조기 전력화에 도움이 될 수 있잖아요? 아니면 상담사가 어떻게 대응하면 좋을까? 이런 것도 VR로 구현해 보면 좋을 것 같아요.

◉ (박**, 수업 설계 경력 10년) 장시간 학습이라든지, 짧은 시간에 효과적으로 전달할 수 있는 스팟성으로 다른 형태의 학습과 결합된 형태로 활용하는 것이 좋을 것 같아요.

◉ (박**, 수업 설계 경력 8년) 전체 학습을 VR로 다 활용해서 구현하는 것은 어려울 것 같아요. 온라인 학습이든, 오프라인 학습이든 수업 초반에 몰입을 이끌거나, 후반부에 실습 형태로 활용하면 효과적일 것 같아요. 사실 저는 VR하면 총게임 같은 것만 생각했거든요. 하지만, 최근 VR 관련 교육 콘텐츠들을 보면서, 가능성이 높다는 생각을 했어요. 여러 가지 상황에 놓였을 때 회화도 직접 해보고, 음성 인식과 결합하면 굉장히 좋을 것 같아요.

3. VR 기술을 수업에 적용하기 위해 극복해야 할 장애요소는?

- (김**, 수업 설계 경력 7년) 교육 운영적인 측면에서 문제가 좀 있는 것 같아요. 기존 온라인 학습은 대규모 학습이 가능하잖아요? 기업도 (비용 효율적 측면에서) 그게 필요하고... 근데 이건 기기가 일대일로 매칭되지 않으면 경험하기 어려워요. 그리고 상호 작용이 있는 경우에는 아직까지 사람들이 익숙하지 않아서 운영자가 계속 가이드를 해줘야 하는 구조인 것 같아요.

- (박**, 수업 설계 경력 4년) 새롭게 만들어진 기기에만 너무 집중을 하다 보면, 오히려 학습 효과가 떨어질 수 있지 않을까 하는 생각도 들어요. 왜 게임도 학습에 적용해서 긍정적인 효과를 보일 수도 있지만, '게임 재미있었네'로만 끝날 수 있잖아요. (중략) 그래서, 단순히 VR을 활용하는 데 의의를 두는 것이 아니라, 교육적 효과를 극대화하기 위하여 필요한 것이 무엇인가에 대한 연구를 해야 할 것 같아요. VR과 연계된 추가적인 활동, 콘텐츠가 무엇인지... 제가 생각하는 VR은 지금까지는 주로 체험에 관련된 것이기 때문에 그 체험과 관련된 사전 지식, 체험 뒤에 무엇을 얻었는가에 대한 정리 등 이런 큰 맥락 속에서 교수 설계에 대한 고민이 이루어져야 할 것 같아요.

※ 수업설계자들의 경력은 인터뷰 당시(2017년) 경력으로 기재하였습니다.

이상의 인터뷰 내용을 통해 수업설계자들이 VR 기술에 대해 가지고 있는 인식을 정리하면 다음과 같다. VR 기술은 현실과 같은 경험을 제공하고 이로 인한 몰입감이 높다는 장점으로 평가되고 있다. 하지만, 사람에 따라 발생하는 멀미와 동일한 증상인 VR Sickness와 체험에 걸맞는 컨트롤러 장비의 부족 및 시야가 가려져 있는 동안 진짜 현실에서 발생하는 행동의 제약 등이 단점으로 작용하고 있다.

이러한 장단점을 기반으로 수업설계자 대부분이 절차를 익히거나, 반복 경험과 연습을 통해 능숙해져야 하거나 실제로 경험하기에는 위험한 상황에 대해 시뮬레이션이나 롤플레잉 방식으로 VR 기술을 활용하는 수업을 설계하는 것이 적합하다고 보고 있다. 특히, VR 기술을 수업의 처음부터 끝까지 활용하기보다는 다른 수업 방식과 결합하여 사용하는 것이 더 효과적이라고 보는 경향이 많았다. 즉, VR 기술을 사용하는데 급급하기보다는 수업의 전체적인 맥락을 고려하여 적합한 내용에 적절한 시점에 사용하는 것이 필요하며, 이를 위해서는 수업 설계자들이 다양하고 심도 있는 연구가 필요하다는 점에 대해서 공감하고 있었다.

Ⅴ 기업교육에서 VR 기술에 대한 향후 활용 방안

4차 산업혁명은 산업 구조 및 노동 시장의 변화뿐만 아니라, 인재를 길러내는 교육 방식 또한 변화시키고 있다. 1차 산업혁명이 육체노동의 자동화를 이끌었다면, 4차 산업혁명은 광범위한 소프트웨어 사용과 인공지능으로 정신노동의 자동화를 이끌 것으로 예상된다(김진형, 2016). 과거에는 많이 아는 것이 중요했다면, 이제는 다양한 문제 상황에서 창의적 해결 방법을 제시하는 능력이 우선시 되고 있는 것이다. 이에, 주입식·암기식 교육보다 현실 문제와 유사한 과제를 통해 통찰력과 해결 능력을 향상시켜 주는 교육의 필요성이 높아지고 있다.

문제와 연관 지어 특정 사실과 정보를 기억하면, 맥락과 연관 작용으로 오랫동안 기억에 남는다(Norman, Schmidt, 1992). 학습에서 다루는 문제가 실제 업무현장에서 겪고 있는 문제와 관련이 깊으면, 현실에서 유사한 상황에 직면했을때 적용하는 전이가 촉진될 수 있다. VR은 실제와 유사한 학습 환경을 제공하고, 학습자는 실제와 같은 환경 및 상황 속 경험과 시행착오를 통해 현실 문제해결에 대한 아이디어를 얻을 수 있다.

사실, VR을 적용한 교육 프로그램을 제작할 때 초기 투입 비용 및 제작 난이도가 기존에 비해 높은 것은 사실이다. 하지만, 360도 카메라를 통해 VR 콘텐츠 제작이 용이해졌고, 스마트폰을 사용하여 VR을 쉽게 체험할 수 있게 되면서, 장기적인 관점에서는 오프라인 교육 및 체험학습 대체를 통해 비용 효율화에 도움을 줄 수 있다. 따라서, VR 기술은 기업교육 분야에서 경험을 통한 인식 개선, 수행착오의 반복을 통한 숙련도 향상, 새로운 기술 도입 시 사전 체험 및 훈련 등 직무 전반에 걸쳐 적용될 것으로 전망된다.

하지만 아무리 좋은 기술과 매체일지라도, 학습자에게 불편함을 주거나 학습 효과가 없다면 의미가 없다. 앞서 수업설계자들 인터뷰에서도 언급한 것과 같이, VR 기술을 활용할 때 사용자가 느끼는 가장 큰 불편함은 멀미와 동일한 증상을 유발하는 VR Sickness이다. 이를 최소화하기 위해서는 실제 시점과 비슷한 앵글, 안정적인 시야각으로 화면의 움직임 내지 이동 속도를 최소화할 필요가 있다. 그러나, 학습자가 원하는 학습 목적 및 내용에 따라 역동적인 경험이 필요할 수 있고, 이런 경우에는 정적인 VR 경험이 실망스러울 수 있다. 따라서, VR을 활용한 교육 프로그램을 개발할 때에는 제공하고자 하는 학습 경험과 학습자의 성향을 반영하여 역동성과 그에 따른 시간을 조절해야 할 것이다.

새로운 매체가 교육에 도입될 때마다 그 매체로 인해 교육 효과가 높아질 것인가에 대한 논쟁이 이루어져 왔다. 일찍이 컴퓨터가 수업에 활용되면서 Kozma와 Clark 사이에서 매체의 효과성에 대해 활발한 논쟁이 이루어지기도 하였다. 이에, 임정훈(1997)은 교수매체의 맹목적인 도입이 학습 효과를 보장하지 않으며, 매체를 활용할 경우 매체의 특성을 반영하여 학습 효과를 최대한 높일 수 있는 수업 전략 고안에 많은 노력을 기울여야 한다고 주장하고 있다. 현장 수업설계자들의 고민도 이와 맥락을 같이 하고 있다.

VR의 가장 큰 특성은 현실에 가까운 경험 또는 현실에서 어려운 경험을 제공한다는 것이다. 또한, 학습자의 직접적인 참여와 조작을 전제로 하기 때문에 자연스럽게 학습자 참여 중심의 교수법을 촉진하고(박인우 외, 2017), 높은 몰입감을 제공한다. 기업교육에서 VR의 활용 사례와 현업 수업설계자들의 인터뷰를 종합해 보면 기업교육에서 VR을 활용한 학습이 효과가 있기 위해서는 수업설계 시 다음의 사항들이 고려되어야 할 것이다.

① 실제 업무의 맥락과 특성을 고려한 학습 경험이 설계되어야 한다.
② 학습자 행동에 대한 명확한 피드백으로 학습자의 잘못된 행동을 교정할

수 있어야 한다.

③ 학습자가 자신의 행동을 객관적으로 관찰할 수 있는 성찰 기회가 제공되어야 한다.

학습이 곧 업무인 시대이다. VR이 기업교육에서 한때의 유행이 아닌 효과적인 교육 매체로 활용되기 위해서는, "몰입"과 "경험"이라는 특성을 잘 고려하여 학습의 목적이 아닌 수단으로 사용되어야 할 것이다. 즉, 학습자가 교육 프로그램을 통해 달성하고자 하는 목표가 우선시 되어야 하며, VR은 이를 위해 필요한 경험과 성찰을 제공하기 위해 효과적 수단으로 고려되어야 할 것이다.

참 고 문 헌

김진형(2016). 4차산업혁명, 인공지능 시대의 교육. 지속가능과학회 춘계학술대회. 21–29.

박인우, 류지헌, 조상용, 손미현, 장재홍(2017). 증강현실(AR)과 가상현실(VR) 콘텐츠 이해 및 교육적 활용 방안. 한국교육학술정보원(KERIS) 이슈리포트.

임정훈(1997). 최신 교수 매체의 활용: 교육 효과성 제고를 위한 최선의 선택인가?. **한국 초등교육, 9**(2), 471–489.

최재홍(2016). 가상현실을 통한 교육과 문화 산업의 미래. **FUTURE HORIZON, 29**, 20–23.

최항섭(2016). 가상현실의 새로운 진화와 사회의 변화. **FUTURE HORIZON, 29**, 15–19.

한정선, 이경순(2001). 교수–학습 과정에서 가상현실의 구현을 위한 이론적 고찰. **교육공 학연구, 17**(3), 1333–163.

홍기칠(2004). 교수매체 효과성 연구의 쟁점과 방향. **한국초등교육학회, 17**(1), 47–77.

Kozma, R. B. (2000a). Reflections on the state of educational technology research and development. *Educational Technology Research and Development, 48*(1), 5–15.

Roca, J. C., Chiu, C. M., & Martinez, F. J. (2006). Understanding e–learning continuance intention: An extension of the technology acceptance model. *Human-Computer Studies, 64*(6), 683–696.

제11장

VR의 교육효과

김명랑(성신여자대학교)

VR의 교육효과

VR 기술이 교육현장에 적용되면 어떠한 교육효과를 기대할 수 있을까? 이미 VR 기술을 적용하여 검증된 교육효과는 무엇일까? VR이 교육에 초래한 교육효과를 다양한 측면에서 살펴보고, 지속적으로 실행해야 할 과제와 새롭게 도전해야 할 과제가 무엇인지를 논의할 수 있는 관점을 제시하였다.

Ⅰ VR의 교육효과에 대한 접근

VR은 전통적 교수·학습환경의 한계를 해결하고 새로운 교육적 대안을 제시할 수 있는 가능성을 제공한다. 학습 모듈로서의 VR이 가장 강력한 이유는 전통적인 학습 환경에서 달성할 수 없는 상황과 관계를 구현할 수 있다는 점이다(Bailenson, Yee, Blascovich, Beall, Lundblad, & Jin, 2008). 그 동안 교수·학습에서 탐구해 오던 경험주의, 인지주의, 구성주의 이론과 방법을 효과적으로 구현할 수 있는 환경을 VR이 가능하게 하고 잠재력 있는 매체로 떠오르게 되면서(한정선, 이경순, 2001), 점차 그 가능성이 교육적으로 검증되고 있다. VR 기술을 접목한 VR학습환경(VRLEs: Virtual Reality Learning Environments)은 실제세계와 유사한 가상세계의 시뮬레이션을 제공하여 몰입감을 주고, 실제적 과제를 해결할 수 있는 상황을 제공하기 때문에 특히 구성주의 교육 패러다임에서의 교육적 효과를 촉진할 수 있는 가능성을 높여준다(Huang, Rauch, & Liaw, 2010; Winn, 1993).

구성주의에서 학습은 개인적 경험의 해석, 실제적·맥락적 지식 구축, 다양한 관점에서의 탐색을 강조하는데(Richey, Klein, & Tracey, 2011), 우선 VR은 이러한 구성주의 학습 활동을 촉진하는 핵심적인 기술을 제공할 수 있다. 다양한 3차원의 표현 방식, 몰입감, 다감적인 신호, 동기, 원격 현존감이 그러하다(Dede, Salzman, Lofin, & Ash, 2000). 또한 VR은 교수자의 안내에 의한 단순한 연습이 아닌 학습자가 스스로 구성할 수 있는 경험적(experiential)인 환경을 제공할 수 있기에 기존의 학습공간과는 다른 교육적 자원의 가용 한계를 극복할 수 있다(Youngblut, 1998). 특히, VR은 기존의 전통적 교수학습환경에서 경험할 수 없었던 1인칭 비 상징적 경험(first-person non-symbolic experiences)을 제공하고, 실제 세계와의 일상적인 상호작용을 가능하게 하여 다양한 상호작용을 촉진할 수 있다(Winn, 1993).

이미 Jonassen(1994)은 구성주의 학습 환경 설계에 있어, 현실의 다양한 표현을 제공하여 실제세계의 복잡성을 표현, 실제적 과제 제시, 성찰적 연습 강화, 맥락과 내용에 의존한 지식 구축, 사회적 협상을 통한 지식의 협업 지원을 강조한 바 있다. 그에 의해 제시된 구성주의 교육환경 설계 요건들은 온라인 학습 체제를 넘어 VR을 통해 실현 가능성을 더 높여줄 것이다. 그러나 VR의 교육효과를 접근함에 있어 Burdea와 Coiffet(2003)이 제안한 VR학습환경에서 학습과제는 미리 만들어진 VR 세계의 탐색과 발견을 포함하였는지, 학습과정 에는 VR 기술과 학습모형을 연계하여 어떻게 지원할지에 대한 전략이 수립되어 있는지에 대한 관점은 반드시 고려되어야 할 것이다.

▥ VR의 교육적 기대효과

VR이 지니는 독특한 속성은 교육에서의 다양한 효과를 기대하게 한다. Bailenson 등(2008)은 VR이 독특한 학습의 기회를 제공하는데 효과적인 측면을 여섯 가지로 제시하였다. 첫째, 가르치거나 배우는 가상 에이전트 구현을 통해 자신의 편의에 따라 학습 경험을 쌓을 수 있을 뿐만 아니라 개인 맞춤형 일대일 학습이 가능하여 학습이 향상될 수 있다. 둘째, 가상의 공동학습자를 구현하여 서로가 도움을 주는 관계임을 경험하고, 공유된 추론 및 대화 경험을 제공할 수 있어 협동 및 협력학습의 결과를 기대할 수 있다. 셋째, 시각적 신호뿐만 아니라 햅틱 및 청각 신호를 통합한 현실적이고 매력적인 학습 경험을 제공하여 학습의 몰입감을 높이고 실제적인 수행력도 높일 수 있다. 넷째, 행동추적시스템(behavioral tracking systems)을 통해 학생의 학습성과를 추적하여 학습 시스템을 개선할 수 있다. 다섯째, 심리적 관점에서 학생들은 자신의 것이 아닌 가상 신체에 존재감을 느끼게 되어 공감력을 높일 수 있다. 여섯째, 실제 공간에서 수행하기에는 너무 비싸거나 위험한 상황을 가상 시뮬레이션을 통해 경험하여 문제해결과 대처능력을 향상시킬 수 있다. 마지막으로 VR에서만 경험할 수 있는 상호작용을 통해 학습향상을 기대할 수 있다.

VR의 참된 교육적 효과를 기대하기 위해서는 기존에 교육현장에서 적용해 오던 교수학습의 패러다임 및 방법론과의 연계성을 높일 수 있는 방안을 고려해야만 교육과 기술의 바람직한 관계를 모색할 수 있다. VR 기술이 교육적 효과를 향상시킬 수 있는 환경을 제공한다는 점은 설득력이 높다고 할 수 있으나(Dede et al., 2000; Youngblut, 1998; Winn, 1993), VR 기술이 적용되는 교육현상의 특수성, 복잡성을 토대로 적응(adaptation)의 관점을 심도 있게 고려하는 접근이 요구된다(Holloway, 1984).

따라서 VR에서 기대할 수 있는 교육적 효과는 다양한 교수학습 패러다임과 방법론에 근거하여 기존의 전통적 교수·학습환경에서 기대할 수 없었던 교육적 효과를 찾는 방안으로 접근해야 한다. 즉, 학생들의 다양한 배경, 학습경험, 사전학습의 차이를 주요한 학습 변인으로 고려하고 학습자의 주도적 역할을 보다 강조하고 드러내는 데 있다(박성익, 임철일, 이재경, 최정임, 2015). 다행히도 이미 교육현장에서는 이를 실천하기 위해 다양한 방법론을 모색하고 있는데 상황학습, 역할극, 협동/협력 학습, 문제중심학습, 인지학습 등이 연계해야 할 학습모형으로 논의되고 있다(한정선, 이경순, 2001; Huang 외, 2010).

이러한 VR의 교육적 효과에 대한 논의를 통해 최근 교육현장에서 주목받고 있는 교수학습모형을 토대로 VR 구현 전략과 이에 따른 기대효과를 [표 11-1]에 정리하였다. 상황학습에서의 VR 구현 전략은 실제적인 상황에서의 실험, 경험 환경과의 실시간 상호작용, 위치접근 기술이며 자신의 경험을 통한 지식구성 촉진, 학습몰입과 동기유발 증가의 교육적 효과를 기대할 수 있다. 역할극의 경우 특정한 특성 및 캐릭터, 에듀테인먼트 기능을 활용하여 자기표현 및 개념의 확립 역할 인지 및 상호작용 증가의 효과를 기대할 수 있다. 협동 및 협력학습은 개인 및 집단에 적합한 교수자의 스캐폴딩, 의사소통 환경을 통해 긍정적 상호의존성 및 사회적 기술개발의 효과를 기대할 수 있다. 문제중심학습은 문제상황을 시뮬레이션으로 제공, 환경변수를 활용한 시뮬레이션 상황 변경 기술을 접목시켜 구현하면 상황에 맞는 새로운 지식의 적극적 구축, 문제해결력 증가의

표 11-1 VR의 교육적 기대효과

교수학습모형	VR 구현 전략	기대효과
상황학습	• 실제적인 상황에서의 실험, 경험 • 환경과의 실시간 상호작용 • 가상 에이전트 구현	• 자신의 경험을 통한 지식 구성 촉진 • 학습몰입증가 • 동기유발증가
역할극	• 특정한 특성 및 캐릭터 • 에듀테인먼트 기능 • 실제적인 상황	• 자기 표현 및 개념의 확립 • 창의력과 상상력 자극 • 역할 인지 • 상호작용 증가
협동/협력학습	• 교수자의 스캐폴딩 • 가상환경에서 다른 존재(면대면) 인식 • 의사소통환경(교수자와 학습자) • 공동학습자 구현	• 학습자의 적응 및 응집성 증가 • 긍정적 상호의존성 촉진 • 비판적 사고 촉진 • 사회적 기술 개발
문제중심학습	• 문제 상황 시뮬레이션으로 제공 • 현실감있는 즉각적인 피드백 • 양방향 환경에서의 학습 유도 • 환경변수를 활용하여 시뮬레이션 상황 변경 • 다감각화된 문제 제공	• 상황에 맞는 새로운 지식의 적극적 구축 • 학습몰입 증가 • 문제해결력 증가 • 창의적 사고력 향상
인지학습	• 사회문화 맥락 제공 • 지역사회 경험 • 문화유물 전수 • 사물 및 사건의 개념(속성) 연계	• 개인과 사회의 역동적인 상호작용과 협력 • 자아개념의 확립 • 개인과 집단의 어포던스 증가 • 개념학습 이해도 증가

효과를 도출할 수 있다. 인지학습은 VR에서 제공된 다양한 사회문화 맥락과의 연계를 통해 자아개념의 확립 및 개념학습 이해도를 증가시킬 수 있다.

Ⅲ VR의 교육효과와 검증사례

VR에서 주목한 교육적 효과는 실재감(presence), 감정(emotions)과 관련된 정의적 성과(Riva et al., 2007), 신체 운동 수행의 향상(Bailenson et al., 2008; McComas, MacKay, & Pivik, 2002), 개념학습과 절차학습의 향상(Merchant et al., 2014), 변형된 사회적 상호작용(transformed social interaction)을 통한 학습 향상(Bailenson et al., 2008) 등이 있었다. 구체적인 효과 변인으로는 학습 몰입감 증진, 이해력 향상, 학습 흥미 및 관심 증가, 학습만족도 향상, 상호작용 증진 등이 검증되고 있다. VR의 교육효과를 Richey 등(2011)이 제시한 구성주의 교육에 있어 적용 가능한 통합적 원리를 근거로 하여 경험의 개인적 해석, 적극적·실재적·맥락적 학습, 다양한 관점에 대한 탐색으로 구분하여 설명하고, 국내·외 연구를 통해 검증된 사례를 제시하였다.

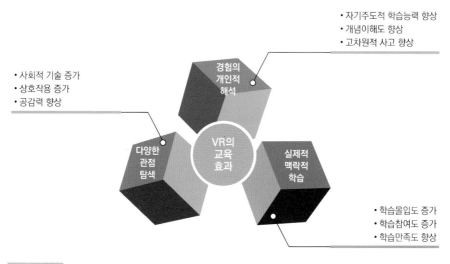

그림 11-1 VR의 교육효과

1. 경험의 개인적 해석을 통한 교육효과

VR이 지식의 구성을 도와주는 과정으로 구현될 경우, 자신이 스스로 지식을 구성할 수 있다는 것을 인지하고 적극적으로 생각하고 분석하며 적용할 수 있게 된다. 학생들이 자유롭게 질문하고 자신의 의견을 표현하는 활동 증진, 학습에 대한 긍정적인 태도가 향상될 수 있으며 문제중심학습을 통해 얻을 수 있는 자기주도적 학습능력, 개념 이해도 및 고차원적 사고력 향상의 성과로 나타날 수 있다.

자기주도적 학습능력의 교육적 효과를 검증한 연구를 정리하면, 김유리(2018)는 학생들이 직접 VR 콘텐츠를 제작하고 활용함으로써 학생 스스로 문제를 해결하고 활동하며 자기주도성이 높아진다고 밝혔다. 안재희(2018)는 미술 감상문을 작성할 때 스스로 조사하고 현대조각을 비교하여 공통점과 차이점을 찾고, 양감을 기준으로 현대조각을 비교하고 공간을 고려하여 감상하였다는 효과를 제시하였다.

개념 이해도 향상 효과의 경우 안희두, 서만호, 이순천, 정회경(2018)은 콘텐츠 이해도 측면에서 효과가 높았으며, 특히 학습자가 원하는 콘텐츠를 어려움 없이 찾아보고 자유롭게 태양계를 이동할 수 있도록 한 VR 콘텐츠와의 '상호작용' 경험은 학습 이해도를 높이는 것으로 나타났다고 제시하였다. 또한 김유리와 최미영(2018)은 VR 콘텐츠를 활용한 음악 수업에서 직접 체험하는 것처럼 생생하고 몰입도 높은 수업 활동을 통해 학습 내용을 습득할 수 있기 때문에 음악적 이해 수준의 향상에 긍정적인 영향을 준다고 밝혔다. 곽원규와 김홍래(2005)는 3차원 입체의 회전과 관련되어 직관적인 모델들을 제시함으로써 이해를 증가시킬 수 있다고 보았다.

고차원적 사고향상의 교육적 효과를 살펴보면, 실감나는 가상 경험은 안전하게 학생들이 건설 현장에서 발생할 수 있는 잠재적인 안전사고의 위험요소를 쉽게 파악할 수 있고, 기억해야 하는 방법이나 규칙을 VR 안전교육을 통해 각인하는 기회를 제공할 수 있다(Le Quang Tuan, 2016)는 결과가 있다. 또한 정상현 등(2007)은 특정한 과제를 수행하기 위한 절차 등을 쉽게 이해할 수 있도록 증강현실을 적용하고 과업 수행 상황을 제시하여 학습자의 다양한 반응과 그에 의한 피드백을 구현함으로써 학습자는 문제 해결을 위한 다양한 접근 방식을 탐구해 볼 기회를 갖게 된다고 보았다. 한편, 문화재와 관련하여 모든 정보를 전자책 형태로 볼 수 있게 하고 문화재 VR체험을 직접 조작하고 상호작용할 수 있다는 점에서 학생들은 높은 흥미를 보였고, 학업성취도가 높게 나타났다는 결과도 있다(한선관, 윤경남, 2009). 또한 VR의 공학적 접근은 지각할 수 없는 물체를 지각할 수 있도록 변환시켜 주고 추상적인 사항들을 구체화시켜 제시해 줌으로써, 개념 및 원리에 의한 기본적인 학습에서부터 창의력과 사고력을 포함한 문제해결 학습에 이르기까지 학습의 효과를 증진시키는 데 도움을 준다고 밝혔다(이삼성, 2002).

2. 적극적·실제적·맥락적 학습을 통한 교육효과

VR이 적극적이고 실제적이며 맥락적인 학습환경 창출의 가능성을 높여줄 경우, 학습자들은 직접 체험을 통한 학습(learning by doing)이 가능하여 학습 기술(skill) 향상 및 정보 습득을 촉진할 수 있다. 또한 교수자가 이미 알고 있는 답을 발견하는 것이 아닌 VR에서 제공하는 높은 수준에서의 정보와 상호작용하고 이를 정교화할 수 있다. 역할극, 상황학습과 같은 체험을 강조한 학습을 통해 얻을 수 있는 교육적 효과로는 학습몰입도 및 동기 향상, 학습참여도 증가 및 만족도 향상이 있다.

학습몰입 및 동기 향상을 검증한 연구를 살펴보면 수업을 즐거운 경험으로 받아들이고 만족스러운 수업을 했다는 결과가 다수 검증되었다. 학생들이 수업에 즐겁게 참여할 수 있는 긍정적인 동기가 부여되었고, VR 콘텐츠를 활용한 수업 방법이 생소하기에 학생들은 수업 목표를 도달함에 있어 좀 더 긴장감을 가지고 수업에 참여하였다는 결과(노현호, 2018), 수업분위기에 있어 VR 콘텐츠를 활용했을 때 전통적 음악수업만을 진행한 집단보다 '창의성, 활기성, 치밀성, 온화성'의 네 가지 영역이 모두 높게 나타나 긍정적이고 온화한 수업분위기가 조성되었다는 효과(김유리, 2018)가 있었다.

유미(2017)는 VR기기와 웨어러블 촉각자극을 통해 콘텐츠에 맞는 촉각자극을 전달할 경우 콘텐츠의 상황에 따라 이에 어울리는 촉각자극이 주어지기 때문에 학습자는 몰입도가 더욱 증가될 수밖에 없다는 결과를 제시하였다. 안재희(2008)는 미술감상 수업에서의 교육적 효과를 구체적으로 제시하고 있는데 학생들이 VR체험을 통해 조각을 실감나게 인지하고 스스로 원하는 방향과 동선에 따라 움직이며 활동에 몰입하고 참여하는 주도적 감상을 했다고 밝혔고, 감정관련 흥미도, 가치관련 흥미도, 인지적 흥미도, 정서적 흥미도가 높게 나타났음을 검증하였다. 또한 아바타 채팅을 이용해 학습한 학생들은 구두토론 방식을 이용하는 기존의 학습방법과는 차별적이기에 흥미가 생겼으며, 자신을 나타내는 아바타가 VR 속에서 움직이고 행동하는 것을 보는 것 자체가 흥미로웠다는 결과를 제시하였다(이선혜, 2010).

학습참여도 및 만족도 향상의 경우 안희두 등(2008)은 학습자들이 해당 VR 콘텐츠를 경험한 후에 우주과학 학습에 대한 관심도가 눈에 띄게 증가한 것을 알 수 있었고, 권승혁, 이영지, 최수연, 권용주(2018)는 생명과학 VR 콘텐츠가 제공하는 새로운 경험 행동과 방향의 선택에 따른 다양한 경험이 학습에 대한 참여를 유도할 수 있다는 결과를 제시하였다. 문성용, 최봉두, 문영래(2016)는 실제 수술실에서 이루어지는 교육의 경우 높은 정도의 스트레스를 받아 교육효과가 오히려 떨어지기 때문에 VR 시뮬레이션을 적용한 결과 수련의들의 만족도를 증가시킬 수 있었고 환자에 대한 위험성이 없는 상태에서 이루어지는 교육이라 만족도가 증가된다고 밝혔다.

3. 다양한 관점에 대한 탐색을 통한 교육효과

VR은 풍부한 학습환경과 협력적 학습환경을 제공할 수 있다. 학습자가 사회적으로 협상된 과제를 수행하기 위해 해당 분야와 관련된 실제에 참여함으로써 사회적 기능을 습득하고 협력을 통한 공유, 논쟁, 성찰을 경험할 수 있으며 학습이 그룹 전체에 분산될 경우 분산인지의 관점에서 학습이 확장될 수 있다. 협동/협력 학습, 역할극, 인지학습을 통해 얻을 수 있는 교육적 효과는 사회적 기술 증가, 상호작용 증가, 공감력 향상으로 나타날 수 있다.

Bailenson 등(2004; 2008)은 협력적 VR 환경(CVEs: collaborative virtual environments)에서는 체계적으로 고안된 다수의 상호작용자들이 상호작용의 형태를 변환하고 상호작용의 양도 조절할 수 있게 된다고 보았다. 이러한 협력적 VR 환경이 학습상황에 구현될 경우 사회감각 능력(social-sensory abilities), 사회적 환경(social environment), 자기표상(self representation)에서의 변환된 상호작용을 경험할 수 있다. 먼저 사회적 감각능력의 변환은 가상환경에서 인간의 지각능력을 보완하는 것으로 각각의 학생들은 교사의 관심과 주의를 개별적으로 느낄 수 있게 되어 교사와의 직접적인 상호작용을 보다 기대할 수 있다. 사회적 환경의 변환은 가상환경에서 자신에게 필요한 학습 환경을 설정하여 선호하거나 의도한 상호작용을 경험하게 할 수 있다. 자기표상의 변환은 고정된 교사와 학생의 모습을 가상환경에서 학습자가 원하는 모습으로 표상하고, 다른 사람이 되어 상호작용을 경험할 수 있다. 이러한 VR학습환경에서의 변환적 상호작용의 경험은 수업에서의 주의집중력과 학습력 향상을 보다 극대화할 수 있다.

VR을 통해 학생 중심의 자기주도적인 학습활동이 늘어났기 때문에 수업 분위기가 좀 더 생동감 있고 개인적인 학습 활동보다 서로 의견을 나누는 협력적인 활동이 많아 정의적 유형의 상호작용도 늘어났다는 점도 주목할 만한 결과이다(김유리, 최미영, 2018). 하지만 온라인으로 상호작용을 하는 것을 선호하지 않는 경우에는 학습 내용을 이해할 수 있을 만큼 충분히 학습 활동에 참여하지 않는다는 결과도 있었다(이선혜, 2010). 배영권 등(2018)은 STEAM 수업을 통해 과학수업에 대한 흥미가 높아지고, 다른 친구들과 협력하고 배려하는 마음이 생겼고 다른 학습으로의 학습 전이에 유리하다는 것을 검증하였다. 역할극을 구현한 최태준, 이창조(2018)는 콘텐츠 사용자에게 문화재나 역사를 연구하는 고고학자라는 직업을 부여하고 유물을 발굴하여 문화재를 찾게 되는 미션을 수행한 결과 학습의 몰입감을 고취시키고 직업역할을 인지하고 공감할 수 있다는 효과를 도출하였다.

Ⅳ 교육에 대한 시사점과 향후 전망

VR의 교육적 효과는 자기주도적 학습능력, 개념 이해도, 고차원적 사고력 향상, 학습몰입도 및 동기 향상, 학습참여도 증가 및 만족도 향상, 사회적 기술 증가, 상호작용 증가, 공감력 향상으로 나타났다. 그러나 VR의 교육적 효과에서 보다 주목해야 할 점은 미래 교육의 방향성과 미래 학습자들이 달성해야 할 역량과 연계하여 접근해야 한다는 것이다. 「OECD Education 2030」에 따르면 교육의 목적을 개인적·집합적 수준에서의 포괄적인 성장(inclusive growth), 학생이 학습의 행동주체가 되기 위한 개별학습 환경 구축과 교사, 학교 관리자, 부모, 공동체 등 누구나 학습자가 되는 'co-agency' 구축으로 제시하고 있다.

지금까지 교육현장에서 VR을 구현하여 검증된 효과는 미래교육의 교수학습 패러다임에 기반하여 거시적으로 접근하기보다는 교육콘텐츠의 속성에 부합한 효과를 검증하기 위한 미시적 접근에 보다 주력하였다. 또한 개별학습차원에서의 인지적·정의적 효과 검증에 주로 초점을 둔 것으로 보인다. 물론, 이러한 접근은 VR 교육에서 지속적으로 발전시켜나가야 할 과제라고 볼 수 있겠다.

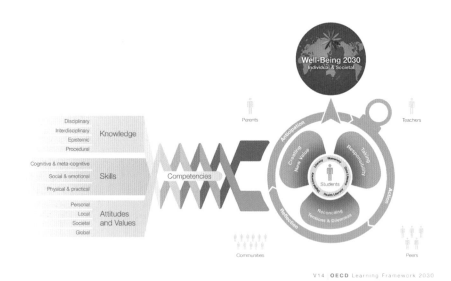

그림 11-2 OECD 학습 프레임워크 2030

그러나 보다 교육의 본질에 접근한 효과성을 높이기 위해서는 미래교육이 지향하는 방향성과 미래 학습자들의 삶을 향상시킬 수 있는 역량과 연계시킨 접근이 요구된다 하겠다.

참
고
문
헌

곽원규, 김홍래 (2005). 웹 기반 가상현실 프로그램이 초등학생의 공간시각화 능력 향상에 미치는 효과. *Journal of Educational Research Vol. 22.* 205–223.

권승혁, 이영지, 최수연, 권용주 (2018). 생명과학 VR 콘텐츠 활용에서 학습자에게 영향을 미치는 구성 요소 분석. *학습자중심교육연구, 18*(6), 585–605.

김유리 (2018). VR 콘텐츠를 활용한 초등 음악 수업의 효과성. *대구교대 석사논문*, 46–55.

김유리, 최미영 (2018). VR 콘텐츠를 활용한 초등 음악 수업의 효과성. *음악교육공학* (35), 1–20.

노현호 (2018). VR 콘텐츠를 활용한 초등 과학 프로그램 개발 및 적용: 4학년 '지구와 달' 단원 중심으로. 경인교육대학교 교육전문대학원 석사논문.

문성용, 최봉두, 문영래 (2016). 가상현실을 이용한 치과 임플란트 수술 교육. *전자공학회 논문지, 53*(12), 169–174.

배영권 외 (2018). 『가상현실장비(VR)를 활용한 융합인재교육 프로그램 개발 및 만족도와 학습자의 태도 분석. *한국정보교육학회, 22*(5), 593–603.

안재희 (2018). 가상현실체험(VR)을 활용한 현대조각 감상수업이 학습자의 흥미도에 미치는 영향. 서울교육대학교 교육전문대학원 석사논문.

안희두, 서만호, 이순천, 정회경 (2018). VR 교육 콘텐츠의 실재감과 상호작용 효과 연구. 한국HCI학회 학술대회 자료집, 903–906.

유미 (2017). 어린이 미술 교육용 햅틱 VR콘텐츠. *애니메이션연구, 13*(3). 62–79.

이삼성 (2002). 가상현실을 이용한 웹기반 학습프로그램의 개발 및 효과 분석. 인천대학교 교육대학원 석사논문.

이선혜 (2010). 3D VR 아바타 채팅을 이용한 수업이 대학생의 영어 학습에 미치는 효과: 어휘인지와 영작문을 중심으로. 중앙대학교 대학원 박사학위 논문.

임상욱 (2017). 가상현실(VR)을 활용한 정신교육 발전 방안. *군사논단, 89*(0), 84–110.

정상현 외 (2007). 증강현실(Augmented Reality) 콘텐츠의 교육적 적용. *한국컨텐츠학회지, 5*(2), 79–85.

최태준, 이창조 (2018). 문화역사 에듀테인먼트 콘텐츠제작을 위한 Virtual Reality 엔진 활용 연구, 12(2), 129–135.

한선관, 윤경남 (2009). 문화재학습을 위한 VR 기반 교육 시스템. *정보교육학회논문지, 13*(2), 159–167.

한정선, 이경순 (2001). 교수–학습과정에서 가상현실의 구현을 위한 이론적 고찰. *교육공학연구, 17*(3), 133–163.

홍석영 (2014). 혼합형 교수매체를 활용한 자연체험학습이 유아의 창의성과 자연친화능력에 미치는 영향. 중앙대학교 대학원 박사학위 논문.

Bailenson, J., Blascovich, A. C., & Turk, M. (2004). Transformed social interaction: decoupling representation from behavior and form in collaborative virtual environments. *Presence, 13*(4), 428–441.

Bailenson, J.N., Yee, N., Blascovich, J., Beall, A.C., Lundblad, N., & Jin, M. (2008). The use of immersive virtual reality in the learning sciences: Digital transformations of teachers, students, and social context. *The Journal of the Learning Sciences, 17*(1), 102–141.

Bailenson, J., Patel, K., Nielsen, A., Bajscy, R., Jung, S., & Kurillo, G (2008). The effect of interactivity on learning physical actions in virtual reality. *Medial psychology, 11*(3), 354–376.

Burdea, G. C., & Coiffet, P. (2003). Virtual reality technology (2nd ed.). New York: John Wiley & Sons.

Dede, C., Salzman, M., Loftin, B., & Ash, K. (2000). The design of immersive virtual learning environments: Fostering deep understandings of complex scientific knowledge. In M. J. Jacobson & R. B. Kozma (Eds.),Innovations in science and mathematics education (pp. 361–413). Mahwah, NJ: Erlbaum.

Holloway, R. E. (1994). Educational Technology: A Critical Perspective. Information Resources Publications.

Huang, H-M., Rauch, U., & Liaw, S-S. (2010). Investigating learners' attitudes toward virtual reality learning environments: Based on a constructivist approach. *Computers & Education, 55*(3), 1171-1182.

Jonassen, D. H (1994). Thinking Technology. Educational Technology. April, pp. 34-37.

Le Quang Tuan(2016), VR과 AR 기반 상호 보완 건설 안전교육 시스템: An Experiential and Interactive Education System for Construction Safety Utilizing Virtual and Augmented Reality. 중앙대학교 대학원.

McComas, J., MacKay, M., & Pivik, J. (2002). Effectiveness of virtual reality for teaching pedestrian safety. *Cyber Psychology & Behavior, 5*(3), 185-190.

Richey, R., Klein, J. D., & Tracey, M. W. (2011). The instructional design knowledge base: Theory, research, and practice. New York, NY: Routledge.

Riva, G., Mantovani, F., Capideville, C. S., Preziosa, A., Morganti, F., Villani, D., Gaggioli, A., Botella, Cl, & Alcaniz, M. (2007). Affective Interactions Using Virtual Reality: The Link between Presence and Emotions. Cyberpsychology & Behavior, 10, 45-56.

Youngblut, C. (1998). Educational uses of virtual reality technology. Institute for Defense Analyses.

Winn, W. (1993). A conceptual basis for educational applications of virtual reality (Report No. TR-93-9). Human Interface Technology Laboratory, Washington Technology Center.

제12장

VR의 교육적 활용을 위한 수업체제 설계

정종원(울산대학교)

VR의 교육적 활용을 위한 수업체제 설계

VR 기술의 교육적 활용을 위해서는 체제적인 접근이 필요하다. 학습은 본질적으로 많은 요인과 그 요인들이 갖는 관계성이 내재되어 있기 때문이다. 매체의 발달과 매체의 교육적 활용을 통해 얻은 역사적 교훈 가운데 하나는 새로운 매체의 기술적 속성에 초점을 맞추어 교육적 논의가 진행되면 결코 의도한 성과를 거두기 어렵다는 점이다. 따라서 본 장에서는 VR 학습환경을 기반으로 하는 수업체제 설계에 대해 논의하고자 한다. 이를 위해 먼저 VR에서의 체험의 특징을 살펴보고, 이러한 특징들이 교육적 장면에서 어떻게 활용될 수 있을지에 대한 가능성을 살펴보았다. 아울러 학습환경 설계에 대한 기존 논의들을 정리하고, VR 학습환경 설계를 위해 구체적으로 고려해야 할 몇 가지 설계요소들을 살펴본다. 이어서 VR 환경에서의 수업체제 설계에 대한 기존의 논의와 모형들을 검토하고, 마지막으로 ADDIE모형에 근거해서 VR 수업체제 설계를 위한 구체적인 고려사항들을 정리하고자 한다.

▮ VR 환경의 특징과 교육적 가능성

지난 수십 년간 테크놀로지의 교육적 활용에 있어서 주요한 논의의 대상은 인터넷과 웹이 차지하였다. e-learning, m-learning, blended-learning 등 이제는 익숙해진 용어들은 인터넷과 웹을 기반으로 하는 상호작용 중심의 학습활동을 지원하기 위한 여러 형태의 교육적 실천모습을 지칭하고 있다(Dickey, 2005). 정보통신기술의 발전과정에서 VR의 기술적 속성과 교육적 활용 가능성에 대한 논의는 1980년대부터 시작되었다. 지속적인 VR 기술의 발전을 통해 이제는 정교하게 3차원 가상세계를 구현할 수 있게 되었으며, VR 환경에서 사용자가 얻게 되는 경험은 단순한 경험의 확장을 넘어서 인간의 현실 인식 방법과 사고체계에 큰 변화를 불러일으킬 것으로 예견되기도 한다(박명진, 이범준, 2004). 매체가 갖는 교육적 가능성을 실현하기 위해서는 먼저 해당 매체를 통해 이루어질 수 있는 학습 경험의 속성을 면밀하게 검토할 필요가 있다. 이러한 검토는 매체기반의 수업설계에 있어서 핵심적인 이해기반을 제공해주기 때문이다. 따라서 VR을 활용한 수업설계에 대한 논의에 앞서 VR 환경에서 얻을 수 있는 체험의 속성과 이에 따른 교육적 가능성을 우선적으로 검토해보고자 한다.

1. VR을 통한 경험의 특성

인터넷과 웹을 통해 구성된 교수학습 환경에서의 학습경험과 차별화되는 VR의 특징에 대해 Mikropoulos와 Natsis(2011)는 VR 환경이 최신 테크놀로지의 조합을 통해 현실 또는 비현실적인 상황을 묘사해주는 3차원적 체험공간을 제공해준다는 점을 강조하였다. 박명진과 이범준(2004)은 VR 환경이 지닌 특징에 대한 그들의 통찰을 다음 일곱 가지로 정리하고 있다.

① 감각적 체험이 가능하나 물리적 존재성을 지니지 않은 현실
② 가장 발달된 형태의 디지털 영상 문화로서 탈 상징적 커뮤니케이션(non-symbolic communication)이 이루지는 세계
③ 영혼과 육체의 분리를 체험하는 세계
④ 육체를 통한 정보의 습득이 가능한 환경
⑤ 논리적, 선형적, 분석적 사고가 아닌 총체적, 조합적 사고가 필요하므로 이전과는 다른 사고과정을 요구하는 환경
⑥ 탈 인간적인 사이보그(cyborg) 의식의 형성
⑦ 다중적, 다층적, 분열적 정체성들의 체험

이러한 VR의 특징은 그 안에서 이루어지는 인간의 경험을 특정한 방향으로 결정짓는데, 대표적으로 몰입(immersion)과 감정이입(empathy), 행위주체성(agency), 변형(transformation)을 꼽을 수 있다. 몰입은 VR 속에서 인간이 지식을 획득하게 하는 주요한 과정으로 타자의 관점을 통해 사태를 체험하는 것을 의미한다.

물론 VR의 등장 이전부터 타자의 관점에 대한 몰입과 동일시는 매체를 통한 간접경험의 중요한 특성이었다. 그러나 VR의 시각적 표상방식, 외부 환경에 대한 지각의 단절, 상호작용적 조작과 같은 기술적 특성들(박명진, 이범준, 2004)은 예전에는 오로지 인간의 상상력에만 의존해왔던 몰입과 동일시 경험을 실제적이고 현실적인 경험으로 승화시켜 줄 수 있다. VR 환경에서 체험의 주체가 갖는 정체성은 관점의 변화에 따라 다르게 구성될 수 있다. VR 안에서는 시점의 변화에 따라 관찰자 시점에서 전체 사태를 조망할 수도, 행위자가 되어 VR 세계와 직접적인 상호작용을 할 수도 있다. 이렇게 시점에 따라서 형성되는 VR 속 자아는 행위의 주체로서 스스로의 선택과 결정에 따라 결과가 어떻게 달라지는지를 실제적 위험부담 없이 즐길 수 있게 된다. 이러한 체험의 변형 가능성은 현실 세계에서는 불가능하다. 현실에서 행위주체의 의사결정은 하나의 사태를 불러일으키고 그 사태의 결과가 좋던 나쁘던 이것은 되돌릴 수 없기 때문이다. 마찬가지로 VR 속에서 자아가 내리는 선택과 결정은 사태의 변화를 불러일으킨다. 그러나 현실과 다르게 VR 속에서는 사태의 변화 이전 상태로 언제든지 되돌아 갈 수 있기 때문에 다양한 체험의 변형이 가능하다.

2. VR 환경의 교육적 가능성

Winn(1993)은 VR의 특성으로 경험을 통한 학습(experiential learning)과 정보의 표상(information representation) 사이의 간극을 좁혀준다는 점을 강조하였다. 경험을 통한 학습은 인간의 자연스러운 학습방법이다. 세계와의 경험, 타인과의 경험은 우리의 일상생활을 구성하는 요소이며, 이를 통해 우리는 새로운 지식과 정보를 획득하고, 삶의 의미를 구성해간다. 반면 폭발적인 지식과 정보의 증가와 학교교육의 보편적 제도화는 직접적인 경험을 통한 지식구성보다는 제3자에 의해 선택되고 해석된 학습내용을 언어와 같은 상징체제(symbolic system)를 통해 전달받는 학습방식을 고착화시켰다. 이러한 맥락에서 보자면 학교에서 학습자가 갖는 실패경험은 학습 그 자체에 대한 실패이기보다는 제공된 교과개념과 원리에 대한 상징체계 이해의 실패로 볼 수 있다. 바꾸어 말하면 학교에서의 실패가 진정한 의미에서 학습 자체에 대한 실패는 아닌 것이다. 그런데 VR 안에서의 체험은 학습자에게 직접적이고 비상징적인 경험을 가능하게 한다. 이러한 경험은 형식적인 교육활동에서는 어떠한 형태로든 제한되었던 경험이다. VR 기술과 구성주의적 학습에 대한 관점의 융합은 그동안 학교교육과 여러 교육적 상황에서 실패를 경험할 수밖에 없었던 많은 학습자들에게 새로운 학습 가능성을 제공해줄 수 있다. 구체적으로 Soto(2013)는 VR 기반의 학습활동은 다섯 가지 요건이 충족되어야 한다고 지적하였다.

① 실세계에서 다루어야 할 문제들에 대한 해결경험의 제공
② VR 상황에서의 학습경험을 통해 이전에 가지고 있는 지식을 적용, 수정, 변화하고 새로운 상황에 전이시키는 것
③ 지식이 실제적인 맥락에서 재현되는 몰입환경에서의 상호작용
④ VR에서의 학습을 일상생활의 상황에 전이하고 적용하는 것
⑤ 학습활동을 완수하기 위해서 동료학습자들과 협력하고 그들의 행동을 탐색하며, 그 과정에서 학습을 성찰하는 것

이러한 논의를 바탕으로 VR 경험의 특징과 연계된 교육적 가능성은 세 가지로 정리될 수 있다. 첫째, 상황적 학습을 강화해 줄 수 있다. VR 체험은 이전의 테크놀로지 기반 교수학습환경에 비해 학습자의 몰입경험을 강화시켜준다. 현실에서는 위험한 결과를 초래할 수 있는 학습자의 선택과 상호작용도 VR 환경 안에서는 위험에 대한 부담없이 자유롭고 안전하게 경험해볼 수 있다. 또한 상호작용이 상황적 요인들과 결합하여 어떠한 결과를 도출하는지를 직접적으로 경험할 수 있다. 둘째, 개별화된 학습의 기회를 강화해준다. 현실세계에서 동일한 상황에 대한 개인의 해석과 의미가 다르듯, VR 학습환경에서의 학습경로는 학습자 선택에 따라 다르게 구성될 수 있으며, 학습의 속도도 학습자가 스스로 조절할 수 있다. 학습에 대해 학습자가 스스로 통제할 수 있는 힘을 자연스럽게 부여하는 것은 진정한 의미의 학습자중심 학습을 가능케 하는 요소이다. 동시에 학습자의 상황과 수준, 목표에 따라 VR을 통해 제시되는 경험요소의 제거나 추가가 가능하므로, 이를 통해 개별적인 교수적 처치도 가능해진

다. 셋째, 공감적 참여를 통한 학습을 강화한다. 학습자는 VR 학습환경을 통해 실제적인 과제를 수행하는 것으로 느끼고, 과제에 포함된 상황에 대한 적절한 판단을 경험할 수 있다. 이를 통해 다양한 상황에서 요구되는 행동패턴과 대응 방식을 습득할 수 있는 기회를 얻게 된다. 아울러 다양한 시점의 변화는 타인 의 관점에서 상황을 경험할 수 있는 기회를 제공함으로써 다양한 시각에서 상 황과 환경, 과제를 이해할 수 있는 공감적 시각의 형성을 촉진할 수 있다.

⚊Ⅱ⚊ 학습 환경 설계

VR 학습 환경은 구체적인 교육적 모형에 근거하여 하나 이상의 교수적 목표 를 포함하고 있으며, 그 안에서 이루어지는 학습경험이 물리적 세계에서는 불 가능한 경험이어서 구체적인 학습 성과 달성에 기여하도록 구성된 체제로 정 의될 수 있다(Mikropoulos & Natsis, 2011). VR 학습 환경에 대한 앞선 정의를 토 대로 우리는 VR 환경의 수업체제설계에 앞서 학습 환경(learning environment)의 구성에 대한 논의가 필요함을 확인할 수 있다. 학습 환경의 설계에 대해서 Hannafin과 동료 연구자들(Hannafin, Hannafin, Land, & Oliver, 1997)은 "인간의 학 습에 관해서 정립된 이론과 연구에 근거한 과정과 절차를 체계적으로 실행하 는" 바탕설계(grounded design) 접근 방식이 필요함을 강조하였다(김현진 외, 2012. p. 19 재인용). 기술의 발전과 학습의 본질에 대한 이해의 확장은 학습 환경의 구 성에 있어서도 다양한 대안적 접근들을 가능하게 하였고, 학습 환경을 어떻게 구성할 것인가에 대한 수많은 가이드라인이 제시되었지만 대부분의 경우 적절 한 이론적 혹은 경험적 틀이 결여되어 있는 문제점을 안고 있다. 따라서 이들은 학습 환경이 심리학적(psychological), 교육학적(pedagogical), 기술적(technological), 문화적(cultural), 실용적(pragmatic)인 핵심적 근거에 바탕을 두고 구성되어야 하 며, 이러한 근거들 간의 상호작용과 동시적 조율이 증가할수록 학습 환경의 설 계는 더욱 탄탄한 이론적 근거를 확보할 수 있음을 강조하였다. 일례로 Wilson 과 Myers(2000)는 학습 환경 설계에 기반이 되는 주요 심리학적 토대를 행동주의, 정보처리이론(인지주의), 상황인지(구성주의)의 관점에서 비교하고, 각각의 심리학적 이론이 학습 환경 구성에 주는 시사점을 다음과 같이 제시하였다([표 12-1]~[표 12-3])

표 12-1 학습환경 설계에 대한 행동주의자들의 이해의 예

행함으로 배워라(Learn by doing). 사람들은 과제에 적극적으로 참여함으로써 가장 잘 배운다. 이를 공통적으로 연습(practice) 또는 행함으로 배운다라고 칭한다.

분류학(Taxonomies). 학습결과는 학습의 유형과 복잡성에 따라 다를 수 있다. 예를 들어, 단순한 S-R 연합, 개념 분류, 법칙 따르기 등이 있다. 그러한 학습결과들은 학습목표와 교수전략에 안내를 하는 학습분류학(Learning Taxonomies)이라는 분류구조에 따라 정리된다.

학습의 조건(Conditions of learning). 학습의 유형에 따라 효과적인 조건이 명시될 수 있다. 바람직한 학습의 조건을 명시하면 다음과 같은 공식을 활용하여 처방적 교수이론의 기초를 형성한다: X 학습결과를 완성하기 위해 Y 학습조건을 적용하거나 정리하라.

행동목표(Behavioral objectives). 교수는 명확하고, 행동적으로 명세화된 학습목표에 기초해야 한다. 목표의 명시적 공식화는 교수적 목적을 평가와 측정에 연결하며, 책무성을 증진시킨다.

결과에 초점(Focus on results). 교사와 학교는 학생의 학습에 책임을 져야 한다. 측정가능한 행동은 진정한 학습 결과의 최고 표시이며 교수적 효과성을 평가하는 데 사용되어야 한다.

연계(Alignment). 좋은 교수는 학습목표와 교수전략 및 학습 평가전략 간에 연계와 일관성을 보인다. 이러한 요소들이 연계되지 않으면 부적절하고 바람직하지 않은 교수가 된다.

과제분해(Task decomposition). 사람들은 복잡한 과제가 작고, 관리가능한 과제로 분해될 때와 이를 독립적으로 숙달할 때에 가장 잘 배운다.

선수지식(Prerequisites). 하위과제는 보통 큰 과제의 선수지식이 된다. 즉, 학생들은 하위과제를 먼저 숙달할 때에 보다 큰 과제에도 쉽게 숙달된다. 이는 부분에서 전체로의 교수적 순서를 제시한다.

작은 성공(Small success). 하위과제는 또 다른 이점이 있다. 즉, 학생들이 성공하게 해준다. 과제에서 성공은 강화를 유발하여, 결과적으로는 지속적으로 학습할 수 있는 동기유발을 제공한다.

반응에 민감한 피드백(Response-sensitive feedback). 사람들은 그들의 노력이 적절한지 알게 될 때 가장 잘 배운다. 수행을 잘 못하였을 경우, 무엇이 틀리고 다음 시간에는 어떻게 개선되는지에 대한 구체적인 정보가 제공되어야 한다.

교수의 과학(Science of instruction). 교육자들은 생각, 가르침, 학생 평가를 할 때에 정확하고 체계적일 필요가 있다. 경험적 탐구를 통해 원리가 발견되고 적용된다면 교육은 응용과학이거나 공학으로 여겨질 수 있다.

수행지원(Performance support). 사람들은 작업보조, 조력 시스템, 피드백과 보상체계를 통해 그들이 업무 수행에 대한 지원을 필요로 한다. OJT나 JIT 연수는 업무를 가장 잘 지원한다. 일반적으로 업무의 조건에 훈련을 맞추어 줄수록, 보다 효과적인 학습이 일어날 것이다.

직접교수(Direct instruction). 명확한 지시사항을 주는 것, 잘 준비된 발표, 적합한 사례 및 실습과 전이를 위한 기회의 제공은 실질적인 학습결과를 주는 방법으로 알려져 있다.

사전테스트, 진단 및 배치(Pretesting, diagnosis, and placement). 학생들은 동일한 교수 프로그램에 동일한 성과를 내지 않는다. 대신 교수는 학생들의 선수학습, 동기유발, 다른 중요한 변수 등에 의해 대안적인 변수로 나뉘어야 한다.

전이(Transfer). 한 과제에서 다른 과제로 기술을 전이하기 위해서, 학생들은 수행을 실습해야 한다. 학생들이 기술을 전이할 실습의 기회가 주어지지 않는다면 그들이 시험 상황에서 요구에 의해 수행할 수 있다고 기대할 수 없다.

출처: Wilson & Myers, 2000; 김현진 외, 2012 p. 86 재인용.

행동주의의 핵심적인 가정은 개인을 환경과 밀접하게 연계시킨다는 점을 상기할 필요가 있다. [표 12-1]에서 제시된 바와 같이 행동주의적 원리에서 추출해 낼 수 있는 학습 환경의 기본적인 원칙들은 여전히 특정한 목적을 지닌 학습 환경의 설계에 유효함을 알 수 있다. 특히 VR을 활용한 학습 환경의 설계에 있어서 밑바탕이 되는 구체적인 교수목표의 설정과 목표 달성 여부에 대한 가시적인 방법을 통한 평가의 중요성에 대한 강조, 학습과제에 대한 미시적인 분석을 통해 학습자에게 달성 가능하고 연계성 있는 학습목표를 제시하는 것은 효과적인 학습을 촉진할 수 있는 중요한 요소들이다.

표 12-2 학습환경 설계와 관련된 정보처리의 원리

정보처리의 단계(Stages of information processing). 인간은 정보를 안정되고 순서적인 단계에서 처리하는데, 감각적 정보를 지각적 기억에 넣고, 작동 및 장기 기억으로 옮긴다. 마지막으로 반응 일반화가 된다. 많은 경우, 인간은 그 생각과 행동이 모형화되고 모방화될 수 있는 정보처리 기계이다.

과제 모델링(Task modeling). 과제는 플로우차트와 다른 순서적 재현을 통해 모형화될 수 있다. 이러한 모형들은 인지적 과제 분석이라고 불리며, 오류를 쉽게 찾아내고 교수를 해당 스킬에 보다 적합하도록 사용할 수 있다.

주의(Attention). 주의는 자주 신기함이나 개인의 환경 변화와 연결된다. 주의가 힘들어지는 경우는 가르칠 때에 너무 많거나 충분치 않은 신기함을 제공하여 분노 또는 지루함을 유발

할 경우이다.

선택적 지각(Selective perception). 우리의 목적, 기대 및 현재의 이해는 우리의 지각을 규정한다. 지각은 세계에 대한 필터이며 우리의 인지구조와 반응에 영향을 준다. 이러한 선택적 지각의 본질은 교수의 순서, 동기유발 및 초인지 훈련을 위한 시사점을 제시한다.

기억부하(Memory load). 인간은 한번에 5-7가지 정보조각만을 보유할 수 있다. 문제는 교수가 작동기억의 한계에 무거운 짐을 지울 때 일어난다. 이러한 문제에 대한 개선은 기억에 대한 요구를 감소시키기 위해 교수에 대한 신중한 분석과 교정을 통해 가능하다. 기억-민감(memory-sensitive)의 전략은 단순에서 복잡으로 진행되는 교수의 순서화, 참고용 보조자료에 대한 접근성 허용과 반복, 정교화가 포함된 작은 단계로 진행하는 것을 포함한다.

지식의 종류(Kinds of knowledge). 두 가지 종류의 근본적인 지식의 형태가 있다.
• 선언적 지식(Declarative knowledge)(~을 앎: knowing that). 의미망에 진술로 저장됨
• 절차적 지식(Procedural knowledge)(어떻게 함을 함: knowing how). IF-THEN 법칙이나 패턴 인식 템플릿으로 저장됨
이러한 것은 일상적 용어로 지식과 기술(knowledge and skill)이라고 종종 불린다. 선언적 지식과 절차적 지식 모두 기억에 저장된 법칙과 정보의 재현에 의지한다.

스킬의 모음(Skill compilation). 반복된 실습을 통해, 스킬은 쌓이고 일상화된다. 몇 개의 절차적 단계는 하나의 전체로 조합되는데, 이는 수행을 보다 쉽게 하고 인지적 자원을 복잡한 과제의 다른 부분들을 위해 사용되도록 남겨놓는다. 일상화된 절차에 대한 이야기나 비학습은 과제의 세부요소가 분실되고 재구성되어야 하기 때문에 어려워질 수 있다. 자동화는 두 번째 과제가 첫 번째 과제의 두드러진 손상 없이 수행될 수 있을 때 도달된다.

의미있는 부호화(Meaningful encoding). 정보는 장기기억에 기억되며 편리한 인출을 위해 접근 가능하도록 저장된다.

정보분할(Chunking). 정보의 묶음은 정보들이 의미있는 단위로 조직됨에 따라 만들어지고, 정보들을 쉽게 기억하도록 해준다. 묶음이 된 정보는 조화되어 작동기억의 한계를 극복하도록 도와준다.

정교화(Elaboration). 사람들은 적극적인 생각과 성찰을 통해 자료와 선수지식 간에 연결을 만든다. 더 많이 연결할수록, 그 자료는 더 의미있고 안정화된다.

초인지(Metacogntion). 문제해결은 선언적 지식과 절차적 지식을 포함하며 그 이상의 것도 포함한다. 즉, 초인지 지식이라고 불리는 것이며, 여기에는 자기 감시(self-monitoring), 자기 규제(self-regulation), 언제, 어디에서 전략과 지식을 사용해야 할지 아는 것을 포함한다.

동기유발(Motivation). 동기유발은 사람들에게 자신들이 하고 있는 것을 하게 만드는 것이다. 행동에 관한 설명은 전통적으로 본능, 추진력, 격려 및 강화로 설명되는 데 반해, 인지이론가들은 인지적 과정과 구조의 모형으로 설명한다. 핵심 개념은 보상, 자기 효능감, 기대 × 가치, 성공-실패 귀인, 성과 대 학습 목적 및 내재적 대 외재적인 동기유발을 포함한다.

전문가 대 초보자(Expert versus novices). 전문가는 많은 측면에서 초보자와 다른데, 전문가가 보다 영역 특화된 정보, 보다 정련된 영역 특화된 성과의 일상화, 그리고 정교한 수행의

지속적 기간에 전념한다. (기술 향상을 위한 특별한 의도를 가지고 성찰적 실천을 함)

인간 발달(Human development). 아동의 지식과 기술 성장은 추론의 구체적 형태에서 추상적 형태로의 단계들과 세계에 대한 축적된 절차적 및 선언적 지식으로 해석될 수 있다. 성인은 또한 그들의 인식적인 이해를 성장시킨다. 이러한 성장은 지식의 고착된, 권위적 시각에서부터 해석과 관점의 중요한 역할을 인정하는 관심으로의 변화가 되는 단계에 의해 특징지어 질 수 있다. 두 가지 경우 모두에서, 교수는 발달 단계와 맞아야 한다.

개념적 변화(Conceptual change). 사람들은 스키마, 정신모형 그리고 다른 복잡한 기억의 구조에 기초하여 그들의 세계를 합리화한다. 대면한 경험과 스키마 사이의 차이는 그 갈등을 해결하기 위해 추가 탐구와 성찰을 촉진할 수 있다. 교수는 학습자가 새로운 정보를 기존 스키마와 인지구조에 동화하고 조절시키는 것을 도와주어야 한다.

출처: Wilson & Myers, 2000; 김현진 외, 2012 p. 89-90 재인용.

정보처리이론으로 대표되는 인지주의 관점에서의 학습은 학습자가 환경을 통해 제공되는 정보를 내적으로 의미있는 방식으로 처리하여 지식구조의 변화와 확장을 지속적으로 가져오는 것이다. 따라서 인지주의적 관점에서 학습 환경은 학습자가 의미있는 형태로 정보를 처리할 수 있는 최적의 환경을 제공하는 데 방점을 둔다. 이러한 점에서 정보처리이론을 포함한 인지주의적 관점은 VR 환경을 통해서 제공되는 정보의 속성을 어떻게 구현하는 것이 효과적인 정보처리를 촉진할 수 있을 것인가에 대한 시사점을 제시한다. VR 환경의 구성요소와 정보제공방식은 학습자가 현실감을 느낄 수 있도록 제시되는 동시에 불필요한 인지적 부담을 최소화하는 방향으로 구현되어야 한다.

표 12-3 학습환경과 관련된 상황인지 원리들

맥락에서의 학습(Learning in context). 생각과 학습은 특정한 상황 가운데에서만 이해된다. 모든 생각, 학습 및 인지는 특정한 맥락 가운데에 위치하고 있다. 비상황적인 학습은 없다.

실천 공동체(Communities of practice). 사람들은 실천 공동체 안에서 활동하고 의미를 구축한다. 공동체는 강력한 의미 저장소와 운송체이며 합법적인 활동을 하게 한다. 공동체는 적합한 담화의 실천들을 구성하고 정의한다.

적극적 참여로서 학습(Learning as active participation). 학습은 실천 공동체의 소속과 참여로 나타난다. 학습은 다른 사람, 도구, 물리적 세계와의 상호작용의 변증법적 과정으로 나타난다. 인지는 직접적으로 물리적 활동이든 신중한 성찰이나 내부의 활동이든 활동에 매여 있다. 무엇을 배웠는가를 이해하기 위해서는 어떻게 활동의 맥락 속에서 배웠는가를 봐야 한다.

행위 속의 지식(knowledge in action). 지식은 사람과 그룹의 활동 속에 위치한다. 지식은 개인이 새로운 상황을 통해 그들의 방식에 참여하고 교섭함에 따라 발전한다. 지식과 역량의 발달은 언어 발달처럼 실제 상황 속에서 지속적인 지식과 활동의 사용을 통해서 발달한다.

인공물의 중재(Mediation of artifacts). 인지는 다양한 인공물과 도구, 즉 흔히 언어와 문화를 사용하는 의존도가 높다. 이러한 도구와 구성된 환경은 인지의 발생을 통해 매체, 형식 또는 세계를 구성한다. 문제해결은 상황이 허락하는 자원과 도구와의 관계 속에서 목적에 대한 추론을 포함한다.

문화적 저장소로서 도구와 인공물(Tools and artifacts as cultural repositories). 도구는 문화의 역사를 구체화한다. 도구는 생각과 지적인 과정을 가능하게 하며, 생각의 구속과 한계를 가능하게 한다. 도구는 문화를 전송할 강력한 수단을 제공하기도 한다.

규칙, 규범, 신념(Rule, norm, and beliefs). 인지적 도구는 사회 규범으로 받아들이는 추론과 논의의 형태를 포함한다. 도구를 특정 방식으로 사용한다는 것은 도구가 어떻게 사용되어져야 하는지에 대한 문화적 신념체계를 수용한다는 것을 내포한다.

역사(History). 상황은 기대되는 요구와 사건들뿐만 아니라 참여자들의 과거의 경험과 상호작용을 포함하는 역사적 맥락 안에서 이해되어진다. 도구, 인공물, 담화의 실천을 통해 문화는 과거의 축적된 의미를 구체화한다.

규모의 수준(Levels of scale). 인지는 개인과 사회의 차원 사이에 역동적인 상호작용으로서 가장 잘 이해될 수 있다. 항상성 또는 예측성을 가정하면서 한 차원에만 초점을 두면 적어도 일부라도 상황을 잘못 해석하게 된다.

상호작용주의(Interactionism). 상황이 개인의 인지를 만드는 것 같이, 개인의 생각과 활동은 상황을 만든다. 이러한 상호적인 영향은 보다 공통적으로 가정하는 선형적 원인관계에 대해 체제적 원인관계라는 대안적 개념을 구성한다.

정체성과 자아의 구축(Identities and constructions of self). 사람들의 자아에 대한 개념은 많은 사용을 통해 구성된 인공물인데, 이는 지속되는 자아정체성으로 다양한 그룹에 속해 있는 다른 사람들과는 구별된 것이다. 사람들은 다중적 정체성을 가지며, 이는 생각과 행동을 위한 도구로 활용될 수 있다.

출처: Wilson & Myers, 2000; 김현진 외, 2012 p. 97-98 재인용.

VR기술을 활용한 학습 환경의 구성에서 가장 많은 이론적 토대로 언급되는 학습이론은 구성주의다(Madathil, et al, 2017). 구성주의적 관점에서 학습 환경 구성의 핵심은 학습자의 정체성과 역할변화를 촉발하는 것이다. VR을 통한 구성주의적 학습 환경의 제공은 그동안 많은 지식, 기술, 태도의 습득이 3인칭 관점에서 형성된 상징에 의해서 제공되고 이를 수용, 해석하는 방식에서 1인칭 관점에서 형성된 비상징적(직접적) 경험에 의한 학습을 강화해줄 수 있다. 이러한 관점의 변화는 VR 체험을 통해 얻게 되는 몰입경험과 이에 수반되는 감정이입과 연계되어 있다. VR 환경에서의 몰입이란 사용자가 자신에서 벗어나 감정이입을 통해 획득한 새로운 정체성을 가지고 주어진 역할을 수행함으로써 가상세계에서 벌어지는 활동에 대한 현실감과 믿음을 형성하는 것을 의미한다. VR 속의 사용자가 가상세계 안으로 몰입하게 되면 스스로 대상이 되거나 다른 사람의 시점을 갖게 되는데 이러한 감정이입을 통한 시점의 변화가 VR의 특징적인 대인적 관계의 방식이자 지식획득의 방식이 된다(Bricken, 1990). VR 환경에서 이루어지는 경험은 사용자가 일련의 상호작용적 조작을 통해 시각적인 장면과 시간적인 지속을 통제함으로써 강화된다. VR은 기존의 매체와는 달리 사용자에 의해서 관점이 형성되는 특징을 갖는다. 그림이나 사진과 같은 정적 시각 매체를 비롯하여 영화나 TV와 같은 동적인 시각 매체 또한 매체를 통해서 제시되는 관점들이, 화가, 사진가, 영화감독, 편집자가 사전에 결정한 단일한 관점을 수용하도록 유도한다면 VR에서는 사용자가 즉석에서 감독, 편집자가 되어 관점에 대한 선택권과 통제권을 갖는다.

결과적으로 VR을 활용한 학습 환경의 구성에 있어서는 지향하는 학습의 성격에 부합하는 교육적 토대가 갖추어져야 하며, 이를 위해서는 전술한 학습 환경의 구성에 대한 학습이론의 여러 관점이 상호보완적으로 고려될 필요가 있다. Kapp과 O'Driscoll(2010)은 3D 기반의 학습 환경 설계에 대한 원리를 교수적 기반, 참여자 중심, 맥락 중심, 발견지향, 활동지향, 결과적인 경험, 협력적 동기화, 성찰의 종합으로 제시하고 이에 따라 학습 환경 설계 시 수업설계자가 고려해야 하는 질문들을 다음과 같이 제시하고 있다.

표 12-4 3D 학습환경의 설계원리와 고려사항들

설계원리	고려해야 할 중요 질문들
교수적인 기반	• 학습에 대한 처방이 규명된 교육적 요구에 부응하는가? • 학습목표들은 규명된 교육적 요구에 부응하기 위해 최적화되어 있는가? • 가상 학습환경이 학습의 전이 과정에 있어서 가장 효율적인 방식인가?
참여자 중심	• 학습환경에서 경험의 핵심적 위치에 학습자를 두고 있는가? • 학습자들은 실천을 통해 학습하는가? • 경험에 있어 학습자들은 어떠한 역할을 수행하는가? • 경험 안에서의 교수적 순간에 학습자들은 어떠한 활동과 상호작용을 수행할 수 있는가?
맥락 중심	• 교수적 처방의 학습목표들과 어떠한 상황적 맥락이 가장 잘 호응할 수 있는가? • 학습을 위한 실제적인 상황적 맥락의 창조에 있어서 촉진자와 다른 학습참여자, 그리고 학습환경 자체가 갖는 역할은 무엇인가?
발견 지향	• 학습경험 안에서 학습자의 활동을 촉진시키기 위해서 사전에 설정되어야 하는 최소한의 가이드라인은 무엇인가? • 학습경험 안에서 학습자의 협력적 활동과 참여를 동기화 할 수 있도록 선택적으로 제공되어야 하는 정보와 보상에는 어떤 것들이 있는가?
활동 지향	• 학습경험 속에서 학습자들의 몰입을 유도할 수 있는 일련의 일화적인 활동들은 무엇인가? • 이러한 일화적인 활동 안에 학습자들에게 교수적인 순간을 촉발하는 핵심적인 활동과 상호작용은 무엇인가?
결과적인 경험	• 학습의 결과를 학습자들은 어떠한 수행을 통해 입증할 것인가? • 학습경험 속에서 시행착오와 피드백의 순환은 어떻게 이루어지는가? • 학습자가 실패한다면 그 결과는 어떠할 것인가?
협력적인 동기화	• 설계는 어떻게 협력을 촉진하는가? • 팀단위로 이루어지는 협력과 협조의 결과는 어떻게 동기화되고 보상되어지는가? 그러한 보상은 내재적인 것인가, 외재적인 것인가?
성찰의 종합	• 개인적인 성찰이 설계를 통해 어떻게 수용되는가? • 팀단위의 행위 후 성찰이 설계를 통해 어떻게 수용되는가?

출처: Kapp & O'Driscoll, 2010.

Ⅲ VR 수업체제 설계의 고려사항들

 학습 환경설계에 대한 일반적인 고려사항에 대한 검토에 이어 이번에는 VR
의 기술적, 경험적 특성을 고려하여 수업을 설계하고자 할 때 관심의 대상이
되는 이론적, 현실적 구인에 대해 살펴보고자 한다. VR은 매체를 통한 기존의
간접적인 경험과 주체적인 현실경험의 요소들이 VR 세계 안에 모두 포함되는
독특한 환경을 가지고 있다. 따라서 기존의 학습환경 설계 또는 수업체제 설계
와는 다른 독특한 설계사항들이 포함될 수 있다. 이러한 맥락에서 VR 수업체
제 설계의 고려사항으로 어포던스의 개념을 재조명해볼 필요가 있다. 아울러
VR 적용분야 가운데 가장 활발한 적용과 논의가 이루어지고 있는 게임기반 학
습(gamification)에 대한 기존의 논의를 점검하고, 이를 VR의 수업체제 안에서
구현하기 위한 시사점들을 살펴보고자 한다.

1. 어포던스(Affordance)

 VR의 교육적 활용에 있어서 염두에 두어야 할 기본적인 전제 가운데 하나는
VR 그 자체가 의미있는 학습을 촉발하는 것은 아니라는 점이다. 다만 VR 환경
이 제공해주는 어포던스가 학습을 촉진하는 데 도움을 줄 수 있다(Ritz, 2015).
그렇다면 어포던스의 개념은 무엇인가? 어포던스는 사물이 갖는 인지된 그리고
실제적인 특질들의 총체로 정의될 수 있으며, 우리말로는 행동유도성, 행위촉발
력으로 번역되기도 한다. 특히 관찰자로 하여금 대상이 되는 사물이 어떻게 사
용될 수 있는가를 결정하도록 하는 기능적인 특질을 의미한다(Gibson, 1987; Lim,
2009). 어포던스는 두 가지 의미를 동시에 갖는다. 첫 번째는 행위에 대한 사실
로서의 개념인데, 학습 환경이 제공하는 어포던스의 의미는 학습자가 어떠한 학
습목적을 가지고 있으며, 이러한 목적을 달성하기 위해서 어떠한 학습활동이 의
미가 있는지에 의해서 이해되며, 학습 환경의 어포던스는 이러한 학습자의 어포
던스 형성에 영향을 준다. 두 번째 의미는 학습 환경의 특질로서의 어포던스인
데, 학습 환경에서 학습도구가 갖는 어포던스에 대한 학습자의 이해는 다른 학

습도구가 갖는 어포던스와 학습환경 전체가 주는 어포던스에 의해서 결정된다.

공학과 어포던스의 결합을 통해 우리는 정보적 도구(informative tool), 상황화 도구(situating tool), 구성적 도구(constructive tool), 소통적 도구(communicative tool)를 학습자에게 제공할 수 있다(Lim, 2009). 정보적 도구는 광범위한 정보를 다양한 형태로 제공하는 도구를 의미한다. 예를 들면, 멀티미디어 백과사전, 인터넷 브라우저를 통한 정보수집기능의 제공이다. 상황화 도구는 학습자로 하여금 학습과 사건의 맥락을 이해하는 상황화를 돕는 도구를 의미하며, 시뮬레이션이나 게임, VR에서 이러한 어포던스의 속성을 발견할 수 있다. 구성적 도구는 정보를 조작하거나, 학습자의 생각을 조직화하고, 표현해내도록 돕는 도구를 의미한다. 마인드 맵 프로그램이나 시각화 도구들이 이러한 구성적 도구의 예가 될 수 있다. 소통적 도구는 학습공간의 장벽을 넘어서 의사소통을 가능하게 하는 도구들로 화상회의, 온라인 토론방, SNS 등이 있다. 기술이 발달함에 따라서 새로운 성격의 도구들의 개발 혹은 활용가능성이 높아지고, 수업설계 과정에서 이러한 공학적 요소들과 학습과의 연계성을 끊임없이 탐색하고 검증하는 작업에 대한 복잡성이 증가하고 있는 상황이다.

2. 게임기반 학습

VR 기술의 도입 이전에도 학습자의 동기를 향상시키고 몰입적인 학습경험을 제공하기 위해서 학습에 게임의 요소를 도입하려는 시도는 지속되어 왔다. Schlechty(2003)는 몰입을 유도하는 학습의 공통된 특성으로 명확한 목표, 도전적인 과제, 명확하고 설득력있는 기준, 실패에 대한 부정적인 결과로부터의 보호, 수행에 대한 확인, 타인과의 연대, 새로움과 다양함, 선택, 실제성을 들고 있다. 이러한 요소들은 성공적인 게임이 가지고 있는 성격들과 매우 유사함을 알 수 있다. VR의 도입은 게임에 있어서도 새로운 몰입경험을 제공해 줄 수 있는 기술로 각광받고 있으며, VR 기술을 이용하여 학습을 게임과 접목하려는 시도도 새로운 국면을 맞고 있다(Dickey, 2005). VR 학습경험과 게임의 요소를 접목하기 위한 교수체제 설계를 위해서는 먼저 내러티브와 상호작용적 요소라는 게임의 구성요소에 대해서 살펴볼 필요가 있다.

내러티브는 추론 방식인 동시에 표현 방식이며(Bruner, 1990), 내러티브를 통해 인간은 자신들의 경험을 규정하고 이야기한다. 게임 디자인에 있어서 내러티브 사용을 지지하는 입장에서는 내러티브가 좀 더 몰입적이고 참여적인 게임 환경을 창조할 수 있다고 본다. 이에 반대하는 입장에서는 게임의 핵심은 상호작용이지 이야기가 아니라고 본다. 게임 안에서도 내러티브가 갖는 기승전결이 있는데 게임에서 내러티브가 갖는 특징은 비선형성이다. 즉, 플레이어와 게임 간의 상호작용에 따라 내러티브의 전개가 변화하는 특성을 갖는다. 게임 설계자 입장에서는 이러한 비선형적 내러티브의 전개를 어느 정도까지 허용할 것인가를 결정해야 한다. 게임 안에서 내러티브의 전개방식은 플레이어의 게임 내 상호작용에 의해서 전개가 변화하는 분지형(branching) 설계방식을 적용하거나, 선형적인 내러티브 라인을 유지하되 플레이어가 특정한 내러티브 장면을 선택하도록 하는 방식으로 나눌 수 있다. 또한 MMOG(Masive Multi-Player Online Game)같은 경우는 게임 속 내러티브 밖에서 사용자 간의 상호작용으로 새로운 내러티브가 형성될 수도 있다.

구체적으로 게임의 내러티브를 구성하기 위한 장치에는 배경 이야기(back story), 컷 신(cut scene) 등이 있다. 배경 이야기는 게임에서 전개되는 이야기의 역사나 배경에 대한 것이다. 배경 이야기는 게임 안에서 이루어지는 참여자의 상호작용과 활동에 대한 드라마적인 맥락을 제공하기 위해 포함된다. 컷 신은 게임 플레이 과정에서 배치되는 이야기의 요소를 말한다. 컷 신의 표현방식에는 여러 가지가 있는데 전체 화면 크기의 동영상을 배치하거나, 전체 이야기를 담고 있는 책의 일부 장(chapter)을 소개하는 방법, 이미지, 오디오 방송, 또는 일기, 게임 속 캐릭터의 대화 등을 통해 표현될 수 있다. 컷 신을 통해 게임 참여자는 이야기 전개의 방식과 전체적인 게임의 분위기를 확인할 수 있다.

그렇다면 게임의 첫 번째 구성요소인 내러티브가 수업설계상황과 어떻게 연계될 수 있을까? 내러티브가 교육적인 장면에서 활용되는 모습은 사례기반 학습이나, 문제기반 학습, 프로젝트 학습 등에서 발견된다. 내러티브의 사용은 학습자의 성찰, 평가, 묘사, 예시화, 탐구, 이해를 자극하고 유도할 수 있다. 그런

데 아직까지 복잡하고 다면적인 교수학습 환경을 위한 매력적인 내러티브의 창조에 대한 많은 연구가 이루어지지 않았다. 이러한 점에서 게임에서 내러티브의 역할이나 게임진행과 내러티브의 연계성에 대한 검토는 수업설계에 적용할 수 있는 시사점을 제공할 수 있다. 예를 들어, 문제기반학습이나 프로젝트 기반 학습에 있어서 배경 이야기를 학습자에게 제공하는 것은 학습에 대한 드라마적 맥락을 제공해주고, 컷 신을 학습활동 전체에 연결시켜 삽입하는 것은 학습에 대한 이야기의 전개와 학습자의 선택에 대한 피드백을 제공하는 장치로 사용될 수 있다. 책이나 비디오와 같은 전통적인 매체환경에서의 내러티브는 매체의 특성 상 선형적인 구조를 갖는 경우가 많으나, VR 환경에서는 공간적 관계성에 바탕을 둔 비선형적 내러티브의 구성이 가능해졌다. 공간이라는 개념이 내러티브를 구현하는 요소로 등장하게 되면서 학습자들은 다른 학습자, 학습환경, 가상의 캐릭터와의 상호작용이 가능해지고, 공간이 주는 내러티브적인 상징들(예를 들면, 전통한옥이 재현된 광화문 거리와 당시 선조들의 생활상에 대한 학습)을 통해 새로운 이야기를 바탕으로 한 학습 경험이 가능해진다.

게임의 구성에 있어서 두 번째 요소는 상호작용적인 설계이다. 게임은 기본적으로 사용자의 참여를 유도하기 위해 설계된다. 따라서 게임의 상호작용적 설계 요소들은 수업설계에 주는 시사점이 크다. 상호작용적 디자인을 위한 게임 요소로는 설정(setting), 인물(character), 활동과 피드백(action and feedback)을 들 수 있다. 설정은 게임의 이야기를 지원하고, 몰입감을 주며, 게임공간을 규정하는 역할을 수행한다. 구체적으로 게임의 설정은 물리적, 시간적, 환경적, 감성적, 윤리적 차원으로 구성된다. 물리적 차원의 설정은 게임 사용자나 객체가 움직이는 공간을 의미하며, 규모(scale)와 경계(boundary)에 의해서 결정된다. 시간적 차원의 설정은 게임 안에서 시간의 역할을 규정한다. 게임에서의 과제 수행을 위한 시간에 제한이 있다거나, 게임의 배경을 형성하는 계절, 낮과 밤, 시간의 진행속도 등이 이러한 시간적 차원의 설정을 통해 드러나게 된다. 환경적 차원의 설정은 구체적으로 배경을 통해 드러나는 모습과 환경을 규정한다. 환경적 차원을 어떻게 구성하는가에 따라서 게임의 배경이 환상 속의 세계인지, 실제 세계를 묘사한 것인지가 달라질 수 있으며, 역사적, 지리적 배경을 어떻게 표현하는가 등이 결정된다. 환경적 차원의 설정은 게임 안에서 사용되는 색상, 밝기, 게임 속 객체의 모양, 크기, 위치 등에 의해서 표현된다. 감정적 차원의 설정은 인물이 가지는 감정 혹은 게임을 통해서 사용자에게 불러일으키도록 유도되는 감정을 묘사한다. 감정적 차원의 설정과 관련된 정보를 제공함으로써 게임 속 인물의 발달과정과 이야기의 전개과정을 지원할 수 있다. 윤리적 차원은 게임 안에서 이루어지는 활동과 의사결정의 도덕적 차원을 규정한다. 어떠한 행동이 허용되느냐에 따라서 게임 속 사용자는 새로운 도덕적 규범을 학습해야 하거나 자신이 가지고 있는 도덕적 가치관과 상충되는 경험을 할 수도 있다.

　게임 안에서 인물은 크게 두 가지 방식으로 구성되는데 먼저 사전에 결정된 주인공이 되는 방식이 있을 수 있고, 여러 등장인물 가운데 사용자가 특정 인물을 선택하는 경우가 있을 수 있다. 두 번째 방식은 주로 다수의 사용자가 게임 환경 속에서 상호작용할 수 있는 게임 유형에서 흔히 사용되는 방식이다. 게임 속 인물에 대한 외형적인 묘사에서부터 게임 속 인물 간의 대화, 인물의 지속적인 성장은 게임 환경 속에서 사용자가 몰입과 동일시를 경험하는 데 있어 매우 중요한 요소이다. 역할연기(role playing)는 수업설계에 있어서 새로운 아이디어는 아니다. 많은 선행연구들이 교수학습상황에서 부여된 다른 역할을 수행하는 과정에서 학습자들은 학습에 대한 적극적인 자세를 증진하고, 동료 역할모델의 개발, 교사와 학습자, 동료 학습자와의 역할교대 경험을 통해 유동적인 정체성의 개발이 촉진되는 것으로 보고하고 있다. 게임을 통해 제시되는 복잡한 인물의 표현과 개발 전략들은 VR을 통해 제공되는 학습활동 가운데 다양한 인물의 경험을 통한 학습 진행에 도움이 될 수 있다.

　마지막으로 게임 안에서의 행동과 피드백에 대한 설계요소들을 살펴보자. 게임의 이야기, 설정, 인물은 사용자가 특정한 목표를 달성하는 데 초점을 두고 구성된다. 게임 속에서 사용자 활동은 게임 전체에 걸쳐 적용되는 규칙 안에서 이루어지고, 사용자가 지속적으로 게임 활동에 참여하도록 유도하기 위해 게임에서는 다양한 방식의 연결고리(hook)가 포함되어 있다. 게임 속 연결고리란 사용자의 의사결정을 요구하는 장치들로 게임 속에서 어떠한 행동을 할 것인가, 행동에 필요한 자원의 상태와 유지를 위한 방안은 무엇인가, 어떠한 전략을 통해 주어진 시간 안에 목표를 달성할 수 있을 것인가에 대한 사용자의 의사결정을 요구하는 복합적이고 상황적인 장치들을 의미한다. 게임에 있어서 핵심적인 요소는 사용자의 선택이다. 사용자의 선택에 따라 게임 속에서 형성되는 사용자의 경험은 개별적인 경험이 된다. 교수설계자의 관점에서 게임에 사용되는 사용자와 환경과의 연결고리 전략들은 시사하는 바가 있다. 즉, 연결고리는 게임설계 영역의 독특한 용어이지만, 학습자 참여를 촉진하는 학습 환경과 수업체제 설계를 위한 학습자의 선택, 행동, 피드백, 학습자원의 관리, 학습을 위한 전략의 수립과 시행은 교육적 시뮬레이션의 오래된 탐구 주제 가운데 하나이다. 위와 같은 상호작용 설계요소들은 교수설계자에게 VR활용 수업체제 설계를 위한 실용적인 전략과 방법에 대한 시사점을 제공해준다.

Ⅳ VR과 수업체제 설계

VR을 비롯하여 새로운 매체 또는 기술적 환경이 갖는 교육적 가능성을 탐구하는 궁극적인 목적은 수업, 즉 교수학습활동의 질을 개선하여 학습자의 학습을 촉진하는 데 있다. 주지하는 바와 같이, 교수학습활동은 그 과정과 결과에 영향을 미치는 매우 다양한 요인들(예를 들면, 학습자의 개인변인, 교수학습환경 변인, 기술적 변인들)이 존재하고, 이러한 요인 간의 상호작용은 때로는 설계자 또는 교수자가 의도하지 않은 방향으로 교수학습의 과정과 결과를 변화시키기도 한다. 따라서 효과적이고 의미있는 교수학습활동을 유도하기 위해 예견되는 요인들과 이들 간의 관계성을 파악하고 이를 구조적으로 조직할 수 있는 일련의 체제적인 사고활동이 필요하다. 이를 우리는 수업체제설계라 부른다.

VR을 활용한 학습환경을 교수학습활동에 적용하기 위해서도 VR의 특성에 맞는 교수학습 목표, 학습과제, 학습자 경험의 특징, 상호작용 전략, 학습과정과 결과의 평가방법 등 수업을 구성하는 일련의 요소들이 적절하게 선택되고 제시될 필요가 있다. 따라서 선행연구들을 통해 제시된 VR 기반 수업체제 설계모형들을 먼저 살펴보고, 그 검토결과를 종합하여 VR 환경에 적합한 요소들을 포함하고 있는 수업체제 설계모형의 개발 가능성에 대해 논의하고자 한다.

1. VR 기반 수업체제 설계모형

1) Chen과 Teh의 모형

Chen과 그의 동료 연구자들은 2004년부터 VR에 기반을 둔 학습 환경의 설계를 위한 수업체제 설계모형을 설계기반 연구(Design-based research)를 통해 지속적으로 개발해왔다(Chen, Toh, & Wan, 2004; Chen, & Wan, 2008; Chen, & The, 2013; Chuah, Chen, & The, 2011). 이들이 제안하는 모형은 거시적 전략과 미시적 전략을 포함하여 구성된다. 거시적 전략은 VR을 통해서 제공되는 구체적인 교수학습내용의 조직과 선택, 배열에 대한 일련의 원칙들을 다음과 같이 정리하고 있다.

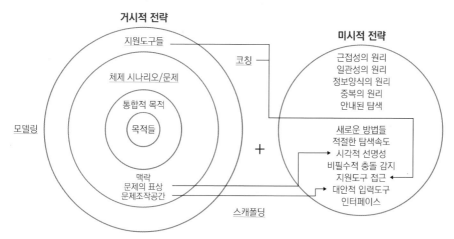

그림 12-1 VR 수업체제 설계 전략

출처: Chen & The, 2013, p. 709.

이 모형에서 제시한 거시적 전략은 기존의 수업체제 설계모형에서 중요하게 다뤄져왔던 개념들을 활용하여 구성되었다. 예를 들면, 학습유형을 고려한 교수목표의 설정, Gagné와 Merrill의 통합적 교수목표(integrative goals), Jonassen (1999, 2000)의 구성주의적 학습환경 설계원리와 같은 것들이다.

표 12-5 VR학습환경 설계의 거시적 전략

원칙	설명
목표들	학습의 유형(예: 명명하기, 언어정보, 지적능력, 인지전략 등)과 이에 따른 각각의 학습목표들을 규명한다.
통합적 목적	체제로 불릴 수 있는 종합적이고 의도적인 활동들에 통합되어야 하는 연관 있는 다수의 학습목표들을 결합함으로써 통합적 교수목적(표)들을 결정한다.
체제 시나리오/문제	체제 안에서 작동해야 하는 전체적인 교수활동의 시나리오를 규명한다. 이 체제 시나리오는 Jonassen(1999, 2000)이 구성주의 학습환경의 설계와 관련하여 제안한 (교수적)문제의 개념과 유사하다. 문제는 문제의 맥락(context), 문제의 표상(representation) 그리고 문제조작공간(manipulation space)의 세 가지 요소로 구성된다.
지원도구	내재된 교수적 문제를 통한 구성주의적 학습을 지원하기 위한 다양한 해석적, 지적 시스템을 제공한다. 이러한 지원도구 시스템은 관련된 사례, 정보자원, 다양한 인지적 도구들을 포함할 수 있다.
교수활동	구성주의적 학습을 지원할 수 있는 모델링, 코칭, 스캐폴딩을 포함하는 교수활동을 제공한다.

미시적 전략은 VR 환경에서 교수학습 내용을 어떻게 효과적으로 제시할 것인가에 대한 원칙들을 다루고 있으며, 그 핵심 전략으로 Mayer의 멀티미디어 학습이론(Mayer, 2002)을 중심으로 제안하고 있다.

표 12-6 VR학습환경 설계의 미시적 전략

원칙	설명
근접성의 원리	화면에서 제시되는 상응하는 언어적 정보와 그림이 공간적으로 인접되게 제시할 때 학습자는 더 잘 학습할 수 있다(Mayer, 2002).
일관성의 원리	학습과 무관한 글자, 그림, 소리가 제거되었을 때 학습자는 더 잘 학습할 수 있다. 학습목표와 관련이 없는 정보는 학습의 동기를 유발할지는 모르나, 학습의 효과성을 증진하지는 않는다(Mayer, 2002).
정보양식의 원리	학습자는 애니메이션과 글자가 동시에 제시될 때보다는 애니메이션과 음성 내레이션이 제공될 때 더 잘 학습할 수 있다. 즉, 학습해야 할 정보를 시각과 청각을 통해 처리할 수 있도록 제시할 때 학습의 효율성이 높아질 수 있다(Mayer, 2002).

원칙	설명
중복의 원리	학습자는 애니메이션과 음성 내레이션, 글자가 제공될 때보다 애니메이션과 음성 내레이션이 제공될 때 더 잘 학습할 수 있다. 동일한 내용이 시각적으로 중복 제공될 때(글자와 음성 내레이션) 학습자의 주의는 분산되고, 인지부하를 효율적으로 관리하기 어렵기 때문이다(Mayer, 2002).
안내된 탐색	학습자는 시각적인 탐색지원 도구(visual navigation aid)가 제공되었을 때, VR 환경 속에서 학습의 방향성을 좀 더 잘 유지할 수 있다(Chen & Wan, 2008)

멀티미디어 학습이론을 기반으로 제시한 미시적 전략 외에 Chen과 The(2013)은 적절한 내비게이션 속도, 시각적인 선명함, VR 환경 안에 내재된 지원도구들에 대한 접근성, VR 속에서 수행되어야 할 과제와 일치하는 입력도구(예: 자동차 운전 가상환경에서는 운전대 또는 이와 유사한 형태의 입력도구)의 제공 등을 추가적인 미시전략으로 제안하였다.

2) Pantelidis의 모형

Pantelidis(2010)는 교육적 목적을 위해 컴퓨터 시뮬레이션을 활용할 때의 장점과 단점에 대한 기존의 연구결과와 Gagnè와 Briggs(1979)의 교수체제 설계모형을 근거로 다음과 같이 10개의 주요 단계로 구성된 VR 학습환경의 설계모형을 제시하였다.

표 12-7 Pantelidis의 VR 학습환경 설계모형

단계	설계활동
1단계	구체적인 코스의 목표를 설정한다.
2단계	설정된 코스 목표 가운데, 컴퓨터 기반 시뮬레이션 또는 VR을 학습활동의 평가도구 또는 지식획득의 수단으로 사용하기에 적합한 목표들을 선별한다. 목표 선별의 과정에는 VR의 교육적 활용을 통해 얻을 수 있는 장점과 단점을 비교한다.
3단계	2단계에서 선별된 교수목표를 컴퓨터 기반 시뮬레이션 적합 목표, VR 적합 목표로 다시 분류한다.
4단계	3단계 선별목표에 대해서 다음과 같은 하위설계과정을 거친다.

단계	설계활동
4.1	상징적인 수준에서부터 매우 현실적인 수준 가운데 해당 교수목표의 달성에 필요한 현실감의 수준을 결정한다.
4.2	몰입감이 상대적으로 적은 데스크톱 VR에서부터 완전한 몰입감을 제공하는 HMD에 이르기까지의 수준 가운데 요구되는 몰입감의 수준과 현존감의 수준을 결정한다.
4.3	상호작용의 유형을 결정하고, 입력과 출력 수단(터치, 촉각, 음성, 시각, 동작 등)을 결정한다.
5단계	4단계까지의 고려사항을 반영하여 VR소프트웨어, 하드웨어, 전달 시스템을 선택한다.
6단계	교수목표의 요구사항에 따라, 교수자 또는 VR 개발자, 학습자가 가상환경을 설계하고 구성하거나, 기존에 구현된 가상환경 프로그램을 구매 혹은 적정화한다.
7단계	대상 학습자 가운데 일부를 선택하여 구축된 VR 환경에 대한 예비평가를 실시한다.
8단계	예비평가 결과를 바탕으로 VR 학습환경에 대한 수정 및 보완을 실시한다. 이러한 수정은 VR을 통한 교수학습활동이 선정된 교수목표 달성과정에 효과적인 것으로 입증될 때까지 반복적으로 이루어진다.
9단계	수정된 VR 학습환경을 목표 학습자 집단에게 시행하고 평가한다.
10단계	목표 학습자 집단에 대한 VR 학습환경의 적용 효과성을 분석하여, 가상학습환경이 선정된 교수목표의 달성에 기여할 수 있도록 지속적으로 개선한다.

Pantelidis의 VR 학습환경 설계모형은 단계적인 설계활동을 제시하고 있는 선형적 모형의 특징을 보여주고 있다. 선형적 수업설계모형은 수업에 내재된 복잡성과 체제성을 강조하는 관점에서 보자면 지나치게 수업설계의 과정을 단순화했다는 비판을 받기도 한다. 그럼에도 불구하고, 체제적 수업설계에 익숙하지 않은 경우나 빠른 시간 안에 수업설계과정을 진행하고자 하는 경우에는 참고할 수 있을 것이다.

2. VR 교수학습환경 구축을 위한 ADDIE모형의 재적용

VR을 교육적 목적으로 활용하기 위한 프로젝트의 설계와 개발경험이 있는 수업설계자, 전문가 61명을 대상으로 실시한 연구결과(Soto, 2013)에 의하면 설계 과정에서 자주 활용되는 수업설계 모형으로는 ADDIE모형(75.4%), Dick과 Carey 모형(29.5%), ASSURE모형(19.7%), Gagnè와 Briggs모형(19.7%), Rapid prototyping

(18.0%)인 것으로 나타났다. 즉, 응답자의 대부분이 전통적인 수업체제 설계모형을 VR 영역의 수업설계에도 활용하고 있는 것이다. 또한 응답자의 32.7%는 현재 활용할 수 있는 전통적인 수업체제 설계모형들이 VR 수업체제를 설계하는데 적절하다고 응답한 반면 39.3%는 부적절한 것으로 24.6%는 구체적인 프로젝트의 성격에 따라서 적절성이 달라질 수 있다고 응답하였다. 전통적인 수업체제 설계모형이 VR 수업설계에 적합하지 않은 것으로 응답한 이유에 대해서는 기존의 모형들이 지나치게 과정 중심적이고, 설계에 시간이 많이 소비되고, 무엇보다도 VR 환경에서 제공하는 새로운 형태의 학습경험과 학습요소들에 대한 가이드라인을 충분하게 제공하고 있지 못하기 때문이라고 응답하였다.

연구에 참여한 교수설계자들을 대상으로 VR의 특성을 고려할 때 수업체제 설계에 있어서 중요하게 다루어져야 할 요소들이 무엇인가에 대한 질문에는 상호작용성과 학습참여의 증진방안(41.2%), 복잡한 학습 시나리오에 부응할 수 있는 설계모형의 유연성(17.6%), 학습 피드백과 학습사정(assessment)에 대한 요소(15.7%), 몰입과 시뮬레이션 속성의 고려(11.8%), 게임 디자인 이론의 적용(9.8%) 등이 전통적인 교수체제 설계모형에서는 충분히 다루어지지 않았던 VR 수업설계 요소들로 꼽았다.

이러한 연구결과는 VR 환경을 염두에 둔 수업체제 설계에 있어서 독창적인 모형구축에 대해 지속적인 노력이 필요함을 제시하고 있다. 또한, 이미 교수설계자들에게 익숙한 전통적인 수업체제 설계모형의 변용과 보완을 통해 현실적인 요구를 수용하는 방안이 필요함을 알 수 있다. 즉, 몰입경험, 어포던스, 게임 디자인 이론 등 VR의 속성을 좀 더 구체적으로 교수학습활동 설계에 연계시킬 수 있는 요소들을 기존의 교수체제 설계모형에 보완하는 방향으로, 교수설계모형에 대한 현실적 요구를 어느 정도 수용하는 것이다. 따라서 본 장에서는 가장 대표적인 교수체제 설계모형인 ADDIE모형을 토대로 VR을 활용한 수업체제 설계의 구체적인 요소들을 제시하고자 한다. 특히 수업체제 설계의 핵심 영역이라 할 수 있는 분석과 설계 영역에 초점을 두고자 한다.

1) 분석(Analysis)

수업체제 설계를 위한 분석의 대상은 요구, 학습자, 교수학습환경, 학습과제이다. 우선 요구분석은 VR을 활용하여 구체적인 교수학습활동의 전개가 필요한지를 확인하는 것이다. 매체의 교육적 활용에 대한 역사적 교훈 가운데 하나는 구체적인 교육적 요구에 대한 확인 없이 새로운 매체의 기술적 특성에 매몰될 경우 해당 교수학습체제는 기대되는 교육적 성과를 달성하기 어렵다는 점이다. 어떠한 교육적 요구가 존재하며, VR 기술의 적용이 이러한 요구를 충족시키는데 어떤 방식으로 어느 정도 기여할 수 있을 것인가에 대한 분석이 필요하다.

학습자 분석은 일반적으로 학습자의 지적, 정의적 특성과 더불어 VR을 통해 제공되는 교육학습활동에 관련해 요구되는 지식과 기술 수준에 대한 분석을 포함하여 진행될 수 있다. VR에 대한 이해와 경험 정도, 관련된 장비의 활용기술 등도 VR의 기술적 특성을 고려할 때 학습자 분석에 포함되어야 할 중요한 요소가 될 수 있다. VR 학습 환경에서 학습자 분석에 있어 가장 중요한 요소는 학습자의 준비도이다. 아무리 최신의 기술을 접목하고, 다양한 설계요소들이 고려된 VR 환경이라고 할지라도 학습자가 어떻게 가상세계에 접근할 수 있는지, 가상세계를 어떻게 탐색하고 필요한 조작을 수행하는지에 대해서 알지 못하면 기대하는 학습경험을 갖기 힘들다. 설문지나 학습 집단에 대한 파일럿 실험 등을 통해서 VR의 사전경험 여부, 경험한 VR의 유형이나 수준 등에 대한 정보를 수합하고, 이를 토대로 제공되는 VR 학습 환경에서 학습에 필요한 사전안내나 교육 등의 필요성을 확인해야 한다.

학습 환경에 대한 분석은 두 가지 측면에서 고려될 수 있다. 첫 번째는 VR의 기술적 수준과 관련된 부분으로서 의도하는 학습경험의 창출을 위해서 VR의 재현수준을 어떤 방식으로 구현하는 것이 적절한지에 대한 분석이 필요하다. 두 번째는 실제 VR을 교수학습활동에 적용하기 위해 필요한 물적 자원에 대한 검토이다. 즉, 어떠한 하드웨어와 소프트웨어가 필요한지, 이러한 하드웨어와 소프트웨어는 기존의 것을 활용하는지 혹은 새롭게 구매해야 할지, VR

구동을 위해 필요한 최소한의 기기 사양(예: 그래픽 해상도 등)과 인프라(예: 인터넷 연결속도), 시스템 호환성의 문제 등에 대한 분석이 필요하다.

2) 설계(Design)

교육적 요구의 확인에 이어 우리는 구체적인 교수목표에 대한 분석을 실시할 수 있다. 교수목표에 대한 분석은 VR 학습 환경을 통해서 학습자가 달성해야 하는 학습 성과의 유형을 고려하여 실시되어야 한다. Bloom의 교수목표 분류체계를 적용하였을 때, VR의 특성에 부합하는 인지적 영역의 교수목표로는 경험을 통한 개념의 획득 또는 기존 개념의 수정 등이 효과적인 것으로 알려져 있다. 또한 학습해야 하는 개념이 매우 추상적이어서 기존의 매체나 기술로는 시각화가 어려웠던 부분이나, 위험성 때문에 실습에 제한이 있었던 학습내용에 활용될 수 있다. 정의적 영역에서는 타인의 관점에서 상황과 경험을 이해하고, 공감능력을 향상하기 위한 교수목표들에 대한 적용이 시도되었다. VR 안에서 학습자의 체험은 복잡한 상황에 대한 인식과 이러한 상황에서 적합한 태도와 대응방안을 형성하고 발전하는 계기를 제공해 줄 수 있다. 또한 학습 과제수행에 수반되는 정서반응(공포, 흥분, 호기심)을 직접적으로 경험하고 이에 대한 성찰의 기회를 제공해 줄 수 있다. 마지막으로 심동적 영역에서 VR은 과제해결에 필요한 실제적인 움직임을 습득하고 정교화 하는 데 도움이 된다. 실제적인 움직임을 요구하는 VR 환경은 운동에 수반되는 신체적 징후(체온상승, 근육의 수축)들에 대한 학습자의 이해를 높일 수 있다. Kapp과 O'Driscoll(2010)은 다양한 학습과제들이 VR 환경에서의 학습활동과 어떻게 연계될 수 있는지를 [표 12-8]과 같이 제시하고 있다.

설계과정에서 고려되어야 할 다른 측면은 교과의 성격이다. 1999년부터 2009년까지 교육적 VR 환경의 구성과 실천을 다룬 연구물에 대한 메타분석 결과(Mikropoulous & Natis, 2011)는 VR의 교육적 활용에 있어 교수학습내용의 성격이 고려되고 있음을 제시하고 있다. 분석대상 논문 53편 가운데 40편은 VR을 수학과 과학영역의 교수학습활동에 활용하고 있었는데, 해당 영역에서 VR을 활용하는 주된 이유는 정보와 지식의 구조화, 일상적인 경험을 통해서는 획득

표 12-8 3D환경에서의 학습활동 전형의 연계

학습유형	설명	VR에서의 전형적 학습활동
사실, 명칭, 전문용어	두 개 이상의 항목이나 대상이 갖는 관계	안내된 투어, 보물찾기, 대규모 토론회, 아바타 활용
개념	유사하거나 관련된 생각, 사건, 대상들을 묶기 위한 범주	개념 오리엔티어링, 역할극, 소규모 토론회, 소셜 네트워킹, 아바타 활용
규칙, 절차	과제를 수행하기 위해서 학습자가 반드시 따라야 하는 일련의 규칙과 절차	역할극, 운영과정 응용활동, 소셜 네트워킹, 아바타 활용
원리	절차적이지 않은 행위나 행동에 대한 가이드라인	역할극, 소셜네트워킹, 아바타 활용
문제해결	학습자가 새로운 상황에 직면해서 이전의 지식을 활용하여 문제를 해결	결정적 사건, 역할극, 공동창작, 소셜 네트워킹, 아바타 활용
정의적 영역	학습자의 감정에 영향을 주는 것 예를 들어, 질, 안전, 혹은 다양성에 대한 개인의 태도에 영향을 주는 것	개념 오리엔티어링, 역할극, 소규모 토론, 공동 창작, 소셜 네트워킹, 아바타 활용
심동적 영역	실제 수행상황에서 일어나는 육체적인 활동이나 반응을 모방토록 하는 것	운영과정 응용활동, 아바타 활용

출처: Kapp & O'Driscoll, 2010, p. 117.

이 어려운 개념에 대한 학습, 현상에 대한 실험적인 성격, 공간적인 인식의 중요성, 시각적인 인지의 향상인 것으로 나타났다. 반면, 사회과학분야에서는 학습내용에 대한 상황화, 실제적인 사례가 갖는 환경의 제공, 상황과 내용에 기반한 지식 구성을 위해 VR을 활용하고 있었다.

교수목표 및 학습활동에 대한 구체적인 설계와 더불어 VR 구현 자체에 대한 설계가 필요하다. VR의 구현에 있어서는 재현유형, 몰입수준, 상호작용이라는 세 가지 측면의 요소가 중요하게 다뤄질 필요가 있다.

첫째, 재현유형은 VR이 실제 세계를 어느 정도 구체적으로 묘사할 것인지에 대한 설계요소이다. 재현유형은 현실적, 초현실적, 비현실적 유형으로 나누어 살펴볼 수 있다. 현실적 VR 환경은 실제 세계를 가능한 그대로 묘사하여 재현함으로써 학습자의 일상적인 수행이 일어나는 학습 환경을 제공한다. 초현실적 VR 환경은 학습을 위해 현실의 실재나 구체적인 사실을 넘어서는 학습 환경을

제공하는 형태이다. 예를 들어, 화산의 중심부에 학습자가 위치한다거나 인간의 혈관 안에 학습자가 위치하는 등 실제로 가능하지 않지만 이러한 관점과 경험이 학습에 유용하게 활용될 수 있을 때 적용할 수 있다. 마지막으로 비현실적 VR 환경은 실재하지 않는 환경을 VR로 제공하고 이를 학습에 활용하도록 설계하는 것이다. 예를 들면, 현실에는 존재하지 않는 판타지 세계에서 이루어지는 게임을 학습에 활용하도록 구현하는 것이다.

둘째, 몰입수준은 VR에서 학습자가 어느 정도 몰입을 극대화할 수 있도록 VR 체제를 설계할 것인가와 관련된다. 몰입형 VR 체제는 HMD(Head Mount Display), 조이스틱, 동작 감지기, 데이터 송수신이 가능한 장갑 등의 기기를 통해 외부 환경을 차단함으로써 사용자에게 가상세계만을 경험하게 한다는 점에서 몰입을 극대화하는 유형의 VR이다. 반면, 비몰입형 VR은 기존의 컴퓨터 화면이나 대형 스크린을 통해 제시되는 3차원 입체영상을 보면서, 마우스, 키보드, 조이스틱을 통해 상호작용하는 형태로 몰입형 VR과 비교하면 몰입감이 떨어지나 상대적으로 저렴하게 VR 체제를 구축할 수 있다는 장점이 있다.

셋째, 상호작용 유형은 VR 세계에서 학습자가 어떠한 형태의 상호작용을 통해서 학습활동에 참여하도록 할 것인가에 대한 부분이다. 객체지향형 상호작용의 경우, VR 환경 속에서 존재하는 다른 객체와의 상호작용을 중심으로 학습활동이 진행된다. 대인지향형 상호작용은 VR 세계 안에서 다른 학습자, 교수자와 상호작용을 중심으로 학습활동이 전개되도록 설계될 수 있다. 혼합형 상호작용 유형은 객체 및 타인과의 상호작용을 모두 포함하도록 VR 속의 상호작용을 설계하는 것이다.

3) 개발(Development)

VR을 활용한 수업체제는 교수학습을 위한 환경 자체를 새롭게 창조해낸다는 점에서 기존의 수업체제 개발과정과 차별성을 갖는다. 따라서 더 많은 분야의 전문가들이 개발과정에 참여한다. 일반적으로 VR 학습 환경의 개발과정에는 프로젝트 관리자(project manager), 교수설계자(instructional designer), 내용전문가(subject-matter expert), 상황개발자(context developer), 프로그래머(programmer),

IT전문가(IT representative), 대상 학습자 대표(learner representative)가 개발과정에 관여한다. 개발과정에 있어서 각각의 역할은 [표 12-9]와 같이 정리할 수 있다.

표 12-9 VR 개발팀의 구성과 역할

개발참여자	역할
프로젝트 관리자	• 개발팀 활동의 전체적인 조율을 책임진다. 개발 참여자들의 독립적인 활동들이 VR 학습환경 개발이라는 전체 목적에 부합하도록 조율하고, 관련된 정보들이 공유될 수 있도록 한다.
교수설계자	• VR을 통해서 학습이 효과적으로 진행될 수 있도록 교수적인 근거와 방법을 개발한다. • 규명된 교수목표와 VR 속에서 학습자의 공식적이고 비공식적인 활동들이 연계될 수 있도록 VR에 필요한 공간과 장치들을 규명해야 한다. • VR의 기술적 개발의 근거가 되는 스토리보드와 설계문서를 작성한다.
내용전문가	• VR 환경에서 학습해야 할 구체적인 학습내용에 대한 전문가로서 어떠한 형태의 학습경험과 학습과제, 학습절차가 학습목표 달성에 유용할지에 대해 판단해야 한다.
상황개발자	• 학습이 일어나는 VR 환경의 개발을 수행한다. • 3D 환경 개발을 위한 소프트웨어의 활용능력이 있어야 하고, VR 환경 안의 객체와 장치에 대한 설계, 개발 능력이 필요하다.
프로그래머	• VR 세계가 실제적으로 작동하도록 코드를 입력하는 역할을 수행한다. • VR 세계는 사용자와 환경 간의 실제적인 상호작용을 포함해야 하기 때문에 이러한 물리적 동작과 변화가 올바르게 구현될 수 있도록 프로그래밍 작업이 필요하다.
IT분야 전문가	• VR을 활용한 학습 환경의 구축에 있어서 해당 교수학습활동이 이루어지는 조직(학교, 회사 등)의 IT담당 부서원의 참여가 필요하다. • VR 학습 환경이 적절하게 구동되기 위한 필요조건과 조직이 갖춘 IT인프라 상황에 대한 검토와 논의를 통해 향후 발생할지도 모르는 기술적인 문제를 사전에 예방하고 해결할 수 있다.
학습자 대표	• 개발하는 VR 교수학습환경을 실제로 사용하는 학습자는 개발과정에서 흔히 간과되기도 한다. 그러나 개발과정에 있어서 실제 학습자들이 해당 학습 환경과 활동에 대해서 어떠한 생각을 가지고 있는지를 개발팀에게 알려줄 수 있는 학습자 대표를 개발과정에 포함하는 것이 좋다. 이는 학습자들이 좀 더 효과적으로 학습활동을 진행할 수 있는 가상학습 환경을 개발하는 데 있어서 필요한 정보와 제언을 확보할 수 있는 좋은 방안이다.

앞서와 같이 VR 교수학습체제의 개발과정에서는 다양한 분야의 전문성을 지닌 개발팀의 유기적인 협조체제가 요구된다. 따라서 개발팀 구성원들은 상호 전문분야에 대해 기본적인 이해가 있어야 필요한 정보교환 및 의사결정이 가능하다. 특히 교수설계자, 상황개발자, 프로그래머는 설계과정에서 결정된 VR 학습 환경을 실체화하는 데 있어서 매우 중요한 역할을 수행하므로 긴밀한 협업관계가 형성되어야 한다.

4) 실행(Implement)

개발된 VR 학습환경을 실제 교수학습과정에 적용하는 것이 실행의 과정이다. 본격적인 교수학습활동의 진행에 앞서, 다음과 같은 사항들을 우선적으로 고려해야 한다(Kapp & O'Driscoll, 2009). 우선 모든 학습자들이 기술적인 어려움 없이 가상학습 공간에 접속할 수 있는 것을 확인하는 것이다. 본격적인 학습활동의 진행에 앞서, 학습자들이 가상학습공간의 활동에 익숙해질 수 있는 시범적인 경험의 기회를 제공하는 것이 좋다. 또한 동시적 상호작용을 기반으로 하는 교수학습활동이 포함된 경우에는 구체적으로 언제, 어디서 해당 학습활동이 이루어지는지에 대한 사전 공지가 명확하게 전달되어야 한다. 아울러 VR 학습환경에 구축된 의사소통 도구 이외에 대안적으로 활용할 수 있는 온라인 학습 커뮤니티나 학습관리시스템의 활용도 준비되어야 한다.

한편 교수자는 학습활동 진행 간 VR 속에서 학습자의 학습활동 과정을 점검하고, 필요한 기술적, 교수적 지원을 제공할 수 있도록 사전에 VR 수업체제 활용 역량을 갖추어야 한다. 또한 VR 속에서 이루어지는 학습활동의 제한시간, 상호작용의 유형, 기대되는 학습활동의 결과물 등 교수학습활동 관련 교수자료가 사전에 제공되고 학습자가 이를 확실하게 인식할 수 있도록 안내될 필요가 있다.

VR을 활용한 교수학습활동이 종료되면, 학습경험에 대한 학습자의 반응과 경험을 확인하여 학습 진행에 어려움이 없었는지를 확인하고 문제가 있다면 이를 해결하여 후속 학습 진행에 차질이 없도록 해야 한다. 또한 VR 학습경험을 실제 세계에서 적용하도록 돕는 과제와 활동의 제시를 통해 학습 전이가 촉진될 수 있도록 전체적인 수업체제가 구성되어야 한다. 학습자 간의 정보교환이나 학습경험의 교환을 촉진하는 학습자 간 상호작용도 비형식적 학습을 증진하는 효과적인 방법이 될 수 있다.

5) 평가(Evaluation)

수업체제 설계 이론의 적용이 사정과 평가(assessment and evaluation)에 대한 전통적인 관점의 확장을 촉발하였듯이, VR 수업체제에서의 평가의 대상과 관점도 다양한 측면에서 고려될 수 있다. 우선 개발된 수업체제로서 VR 학습 환경에 대한 평가가 이루어질 필요가 있다. 정보통신기술의 적용을 통해 창출된 수업체제의 경우 기술적 완성도는 학습과정에 영향을 미치는 주요한 요인이된다. Roussos(1997)는 VR을 적용한 학습 환경의 평가영역과 구성요소, 적절한 평가방법을 다음과 같이 제시하였다.

표 12-10 VR 학습환경 평가의 프레임워크

평가영역	평가 요소	평가방법
기술적 영역	• 사용성	• 인터페이스를 학습하는데 걸리는 시간 • 학습과제와 활동을 이해하는데 걸리는 시간 • 사용자가 인식하는 육체적, 정서적 편안함
방향성	• 방향탐색 • 공간감각 • 현존감 • 몰입 • 피드백	• VR 학습 환경에서 학습자가 몰입하고 편안함을 인식하는데 걸리는 시간 • VR 속에서 학습자가 공간감각을 익히는데 걸리는 시간 • VR 속에서 학습자가 느끼는 현존감의 정도 • 제공된 피드백의 종류와 효과성
정의적 영역	• 학습참여 • 선호도 • 자신감	• 학습참여 시간 • 학습 피로도를 느끼는데 걸리는 시간 • 인지된 학습참여의 즐거움 • 보고된 학습참여의 즐거움 • 학습통제(learnig control)에 대한 학습자 자신감
인지적 영역	• 개념변화 • 새로운 기술습득	• VR 학습환경 내부에서의 학습자 과제수행수준 • VR 학습환경 외부에서의 학습자 과제수행수준 • 사고구술법(think aloud)

평가영역	평가 요소	평가방법
		• 회상자극법(stimulated recall) • 면담 • 설문조사 • 비디오 수행 분석
교수방법 영역	• 일반교수방법의 적용 • 교과교수방법의 적용	• 다양한 협력적 교수방법의 활용 • 학습시나리오의 학습목표 달성 유용성 • 학습자 간의 상호작용 정도 • 사용된 교수방법의 타당성
교육적 효용성	• VR 학습환경을 통해 더해진 교육적 가치	• 기존 교육성과와의 비교 • VR의 특성을 활용한 교육적 활동의 본질적 가치

출처: Roussos, 1997, p. 37.

학습자의 학습성과에 대한 확인도 중요하다. VR 경험을 통한 학습경험이 구체적으로 어떠한 학습성과를 가져오는가에 대한 평가요소와 평가방법, 평가결과의 해석기준은 설계과정에서 명확하게 규명될 필요가 있다. 경험중심의 학습활동을 지원하는 VR 학습환경의 속성을 고려할 때 학습자에 대한 평가 역시 가능한 실제적 사정(authentic assessment)을 통해 이루어지는 것이 바람직하다.

Chen(2006)은 비록 VR이 매우 인상적인 학습을 위한 도구로 인식되고 있지만, 여전히 VR을 교육적으로 활용하기 위해서는 좀 더 탐구되어야 할 주제들이 많다는 점을 지적하였다. VR의 교육적 활용에 대한 실천이 지속되기 위해서는 무엇보다도 VR의 교육적 설계와 구성을 위한 기반을 제공해 줄 수 있는 이론과 모형에 대한 탐구가 필요하다. 구체적인 VR의 설계 요소들이 어떻게 기대되는 학습을 증진할 수 있는가, VR의 활용이 실제 학습을 증진했는가에 대한 실증적인 연구도 보완되어야 한다. 그리고 이러한 연구들을 통해 좀 더 효율적으로 학습을 증진할 수 있는 VR의 구성방안이 환류되어야 하며, 다양한 학습자 특성과의 연계성도 검토되어야 한다.

참
고
문
헌

박명진, 이범준(2004). 가상현실 커뮤니케이션의 특성과 그 체험의 양상: 몰입 과정과 몰입 조건에 대한 수용자 연구. **언론정보연구, 41**(1), 29–60.

Bricken, W. (1990). Learning in Virtual Reality. [Editorial] Human interface technology laboratory, University of Washington.

Chen, C. J., Toh, S. C., & Wan, M. F.(2004). The theoretical framework for designing desktop virtual reality–based learning environments. *Journal of Interactive Learning Research, 15*(2), 147–167.

Chen, C. J., & Wan, M. F.(2008). Guiding exploration through three–dimensional virtual environments: A cognitive load reduction approach. *Journal of Interactive Learning Research, 19*(4), 579–596.

Chen, C. J., & Teh, C. S.(2013). Enhancing an instructional design model for virtual reality–based learning. *Australian Journal of Educational Technology, 29*(5), 699–716.

Chuah, K. M., Chen, C. J., & Teh, C. S.(2011). Designing a desktop virtual reality–based learning environment with emotional consideration. *Research and Practice in Technology Enhanced Learning, 6*(1), 25–42.

Dickey, M. D.(2005). Engaging by design: How engagement strategies in popular computer and video games can inform instructional design. *ETR&D, 53*(2), 67–83.

Gibson, J. J.(1987). The ecological approach to visual perception. Hillsdale, NJ:

Lawrence Erlbaum Associates, Inc.

Hannafin, M. J., Hannafin, K. M., Land, S. M., & Oliver, K. (1997). Grounded practice and the design of constructivist learning environments. *Educational technology research and development, 45*(3), 101-117.

Lim, C. P.(2009). Formulating guidelines for instructional planning in technology enhanced learning environments. *Journal of Interactive Learning Research, 20*(1), 55-74.

Kapp, K. M., & O'Driscoll, T.(2009). Learning in 3D: Adding a new dimension to enterprise learning and collaboration. Center for Creative Leadership; John Wiley & Sons.

Madathil, K. C., Frady, K., Hartley, R., Bertrand, J., Alfred, M., & Gramopadhye, A.(2017). An Empirical Study Investigating the Effectiveness of Integrating Virtual Reality-based Case Studies into an Online Asynchronous Learning Environment. *The ASEE Computers in Education (CoED) Journal, 8*(3).

Mikropoulos, T. A., & Natsis, A.(2011). Educational virtual environments: A ten-year review of empirical research (1999-2009). *Computers & Education, 56*(3), 769-780.

Pantelidis, V. S.(2010). Reasons to use virtual reality in education and training courses and a model to determine when to use virtual reality. *Themes in Science and Technology Education, 2*(1-2), 59-70.

Roussos, M.(1997). Issues in the Design and Evaluation of a Virtual Reality Learning Environment. unpublished thesis. Chicago, Il: University of Ullionois at Chicago.

Schlechty, P. C. (2003). Inventing better schools: An action plan for educational reform. John Wiley & Sons.

Soto, V. J.(2013). Which instructional design models are educators using to design virtual world instruction?, *Journal of Online Learning and Teaching, 9*(3), 364-375.

Winn, W. D. (1993). A conceptual basis for educational applications of virtual reality. HITL Report R-93-9.

제13장

VR기반 기술훈련 콘텐츠 개발 가이드라인

장선영(한국교통대학교)
이은주(한국교육개발원)
박유진(고려대학교)

VR기반 기술훈련 콘텐츠 개발 가이드라인

VR 등의 교육적 적용을 통한 교육 및 훈련의 효과성이 입증되기 시작하면서 기술훈련 분야에도 기존 오프라인 훈련을 대체하거나 보조하는 수단으로서 VR기반 기술훈련 콘텐츠를 개발하여 활용하고 있다. 이 장에서는 VR기반 기술훈련 콘텐츠를 개발하고 활용하는 데 필요한 가이드라인을 제시하고자 한다.

I VR기반 기술훈련 콘텐츠 개발 가이드라인

1. 가이드라인 개요

VR에 대한 교육 연구는 과학 분야에서 처음 수행되었으며 여전히 확고하게 자리를 차지하고 있다(Roussou et al., 2006). 상대적으로 VR 환경은 사회 연구 및 역사 분야에서 주목받지 못 하거나 연구가 미진한 편이었으나 최근 교육 분야에서의 VR 콘텐츠 활용과 관련하여 다양한 연구들이 이어지고 있다. VR을 이용한 교육은 텍스트와 이미지, 영상 기반으로 정보를 제공하는 교과서나 통상적인 웹 기반 교육과 달리 보다 입체적 교육 환경을 제공하므로 다양한 교육적 장점을 지니고 있다(김다정, 전석주, 2014). 기존의 이러닝과 비교했을 때, 다감각적 정보를 제공하여 학습자가 해당 과제의 상황 및 환경을 직접 체험할 수 있도록 하며 학습자가 가상공간 내부에서 자신의 존재와 영향력을 분명히 인식하도록 하여 몰입감을 높여줄 수 있다. 예를 들어, 실재하지만 경험하기 힘든 과거 역사의 현장과 같은 사회적·문화적 측면에서 체험의 기회를 제공하기도 하고, 다른 학습자와 함께 목표를 설정하고 이를 달성하기 위해 집단적 행동을 유도하여 협동 학습이 가능하게 한다. 또한 태양계 학습에서 3D VR 프로그램으로 학습한 집단과 2D HTML 프로그램으로 학습한 집단 간에 학업 성취도와 전반적인 만족도에 있어서 유의미한 차이가 나타난 연구(임정훈, 이삼성, 2014)를 통해서 알 수 있듯이 VR 기반 콘텐츠는 학습 몰입 및 흥미를 증가시켜 학업 성취도 향상에 긍정적인 영향을 끼친다.

　VR을 활용한 안전교육시스템 개발 역시 국내에서 조금씩 활발해지고 있다. 분당 서울대병원은 2015년에 신규 의료진 및 의과대학생 교육에 국내 처음으로 현장 교육의 제약이 큰 수술분야에 가장 먼저 VR 교육시스템을 도입하였다. 산업안전 교육 분야에서도 VR의 활용은 점점 증가하고 있는 상황이다. 그 예로 한국 전자통신연구원은 사용자의 체감을 극대화하고 현장의 상황을 효과적으로 표현할 수 있도록 현업의 기중기 훈련 작업을 VR 시뮬레이션 환경에서 훈련하는 기술을 개발하였다. 잠재적인 위험요소가 산재된 산업현장에서 숙련 미숙으로 인한 안전사고를 미리 방지할 필요성은 매우 높으며 이는 VR을 활용하여 효과를 극대화시킬 수 있다. 반면 VR은 반세기가 넘게 연구되어 왔음에도 불구하고 오늘날 이 기술을 사용하는 데 우려가 있는 상황이다. 일부 예민한 사용자에게는 오랜 기간 사용하면 멀미, 방향 감각 상실, 균형 감각 상실과 같은 건강 관련 부작용을 유발할 수 있다(Hale, 2014).

　이와 같은 VR의 다양한 교육적 효과와 주의사항들, 학습자 요구를 고려하고, NCS를 고려한 직무환경 속에서의 VR기반 기술훈련 콘텐츠 개발 가이드라인을 제시한다.

　가이드라인은 크게 분석과 설계라는 2개의 틀로 나눠지고, 8개의 대항목에 총 28개의 세부 항목들로 구성된다. 대항목은 전반적 분석(훈련 개발 목적 확인, 훈련대상자 선정, NCS 분류 체계 적용, 콘텐츠 유형 결정, 기대효과 분석), 훈련대상자 분석(인지적 수준 분석, 특성 분석), 환경 분석(기술 동향 분석, 최신 개발 환경 분석, 훈련 환경 분석), 과제 분석(선수과목 제시, 작업장 분석, KSA 분석, 훈련과제 분석, 콘텐츠 유형 결정), 목표 분석(KSA 목표 분석, 시나리오 분석), 콘텐츠 기획(서비스 형태 결정, 기술 및 개발

도구 선정), 내용 설계(시나리오 작성, 핵심 필요기술 설계, 네비게이션 설계, 상호작용 설계, 훈련 이력 데이터 설계, 분량 점검, 피드백 설계), 평가 설계(훈련자 수준에 따른 평가설계, 연습기회 설계)와 같이 여덟 가지로 구분된다. 실제 콘텐츠 개발 시 각각의단계를 차례대로 진행하거나 경우에 따라서는 과정을 합치거나 생략할 수 있다.

표 13-1 VR기반 기술훈련 콘텐츠 개발 가이드라인

대항목		세부 항목	세부 내용
1	전반적 분석	1 훈련 개발 목적 확인	1. 체계적이고 효과적인 직업능력개발을 위하여 훈련의 대상이 되는 직종별로 훈련의 목표, 교과내용 및 시설·장비와 교사 등에 관한 훈련기준 등을 확인한다. 2. NCS에 따라 제시한 능력단위별 훈련기준을 조합하여 훈련기준을 수립한다. 3. 직업기초능력을 먼저 확인한다. 훈련의 목표가 직업기초능력에 해당하는 경우 일반적인 집체 또는 원격 개발을 원칙으로 하고 특수한 목적을 제외하고는 가상 훈련 콘텐츠로 개발하지 않는다. 4. 훈련의 핵심 과정 및 과목 확인 후 훈련 수준과 훈련시간, 훈련가능시설을 확인한다. 비용, 위험성이 높은 과정은 가상 훈련 콘텐츠로 개발하기를 권장한다.
		2 훈련 대상자 선정	1. 교육 대상자를 결정하고 어떻게 구분(학년, 기능사·기사 등 자격수준 및 경력 등)할 것인지 결정한다.
		3 NCS 분류 체계 적용	1. NCS 분류 체계를 적용하여 훈련 내용 및 수준(대·중·소·세(직무)분류 및 능력단위, 수준, 능력단위요소 등)을 분류하여 선택한다.
		4 콘텐츠 유형 결정	1. 가상훈련 콘텐츠의 유형을 결정한다.
		5 기대효과 분석	1. 기대효과(훈련의 효과성, 경제성)를 분석한다.
2	훈련 대상자 분석	1 인지적 수준 분석	1. 훈련 경험(선수 및 선행훈련 정도, NCS 능력단위수준 등)을 분석한다.
		2 특성 분석	1. 훈련 대상자의 특성을 분석한다.
3	환경 분석	1 기술 동향 분석	1. 현재 및 미래(10년)의 기술 동향을 분석한다. - NCS 능력단위 환경 분석을 참고하여 노동시장 현황, 교육훈련 현황, 자격 현황, 해외사례 등을 분석한다.

대항목		세부 항목	세부 내용
	2	최신 개발 환경 분석	1. 최신 개발 환경(서비스 및 서버 환경 등)을 분석한다.
	3	훈련 환경 분석	1. 학습자가 훈련하게 될 훈련 환경을 분석한다.
4 과제 분석	1	선수과목 제시	1. NCS 분류 체계에 따라 선수과목을 제시한다.
	2	작업장 분석	1. 산업 및 작업장 환경을 분석한다. - 어떤 장비를 기준으로 훈련할 것인가?
	3	KSA 분석	1. KSA 간의 관계 및 계열성을 분석한다. 1. 학습 객체 단위를 결정한다.
	4	훈련 과제 분석	1. 훈련 과제의 특성, 하위 요소, 하위요소 간의 관계를 분석한다. - 앞의 전반적인 분류에서 'NCS 분류 체계 적용'을 참고한다.

	5	콘텐츠 유형 결정	1. KSA별 적절한 콘텐츠 유형을 결정한다.
			  - K의 경우 텍스트, 2D 및 3D 이미지, 음성, 동영상 등을 활용하는 멀티미디어형으로 개발한다. K에 대한 훈련자 평가를 기반으로 S와 A의 경우 가상훈련 콘텐츠 학습으로 이동한다.
			  - S와 A의 경우는 가상훈련 콘텐츠로 적극 개발하되, 훈련 콘텐츠 내 K의 내용을 반드시 확인할 수 있는 기제가 마련되어야 한다.

5 목표 분석	1	KSA 목표 분석	1. 목표가 KSA 중 어디에 속하는지 분석한다.
	2	시나리오 분석	1. 목표 달성을 위해 필요한 시나리오(위계적, 군집적 등)를 분석한다.
6 콘텐츠 기획	1	서비스 형태 결정	1. 콘텐츠의 형태('다' 분류에 따름: 구조이해형, 단계학습형, 장비실습형, 시뮬레이터, 체험실습형, 멀티미디어형)에 따른 서비스 형태(PC 환경 또는 모바일 환경, iOS 또는 안드로이드 기반 운영시스템, 각 운영시스템의 호환 버전 등 고려)를 결정한다.
	2	기술 및 개발 도구 선정	1. 적용 기술 및 개발 도구를 선정한다.
7 내용 설계	1	시나리오 작성	1. 업무(또는 작업) 현장에서 통용되는 내용들로 시나리오를 작성한다.

대항목		세부 항목	세부 내용
	2	핵심 필요 기술 설계	1. 실세계 인식/분석, 가상·실세계 재현, 가상·실세계 인터랙션, 헵틱 모델링/랜더링 등 구현하고자 하는 분야의 핵심 필요 기술을 설계한다.
	3	네비게이션 설계	1. 공간 이동이 필요한 경우 네비게이션을 어떻게 설정할 것인지 결정한다. - 직접 이동, 클릭하여 이동 등
	4	상호작용 설계	1. 훈련자가 컨트롤하는 영역을 설계한다. - 훈련자의 force, 회전감각 2. UI, UX를 설계한다.
	5	훈련 이력 데이터 설계	1. 학습자를 식별할 수 있는 데이터를 설계한다. 2. 훈련성취율을 관리할 수 있도록 설계한다.
	6	분량 점검	1. 훈련 내용의 양을 적절하게 설계한다.
	7	피드백 설계	1. 훈련자의 수행이 틀렸을 경우의 적절한 피드백을 설계한다. - 충격감(force)을 설계할 것인가? - 음향 효과 설계
8	평가 설계	1	훈련자 수준에 따른 평가 설계	1. 훈련자의 수준에 따른 목표 달성 정도를 평가하는 내용을 설계한다.
		2	연습기회 설계	1. 충분한 연습 기회를 제공하여 훈련 목표를 달성하였다고 판단할 수 있도록 설계한다.

2. 가이드라인 세부 내용

1) 전반적 분석

(1) 훈련 개발 목적 확인

본 개발 가이드라인에서 정의하고 있는 가상훈련 콘텐츠란 3D 기술을 활용하여 실재감만 느끼게 해주는 콘텐츠에서부터 가상공간에서 컴퓨터 멀티미디어 기술을 통해 실제로 얻기 힘든 또는 얻을 수 없는 경험이나 환경을 제공하여 인체의 오감(시각, 청각, 후각, 미각, 촉각)을 자극함으로써 사용자가 실제로 체험하고 있는 것 같은 느낌을 가지게끔 구현하는 기술이 적용된 콘텐츠까지를 모두 포함한다. 본 가이드라인은 한 모듈에도 적용할 수 있고, 전체 콘텐츠에도 적용할 수 있다.

① 체계적이고 효과적인 직업능력개발을 위하여 훈련의 대상이 되는 직종별로 훈련의 목표, 교과내용 및 시설·장비와 교사 등에 관한 훈련기준 등을 확인한다.

② NCS에 따라 제시한 능력단위별 훈련기준을 조합하여 훈련기준을 수립한다.

③ 직업기초능력을 먼저 확인한다. 훈련의 목표가 직업기초능력에 해당하는 경우, 일반적인 집체 또는 원격 개발을 원칙으로 하고 특수한 목적을 제외하고는 가상훈련 콘텐츠로 개발하지 않는다.

④ 훈련의 핵심 과정 및 과목 확인 후 훈련 수준과 훈련시간, 훈련가능시설을 확인한다. 비용, 위험성이 높은 과정은 가상훈련 콘텐츠로 개발하기를 권장한다.

(2) 훈련 대상자 선정

교육 대상자를 결정하고 어떻게 구분(학년, 기능사·기사 등 자격수준 및 경력 등)할 것인지 결정한다.

(3) NCS 분류 체계 적용

NCS 분류 체계를 적용하여 훈련 내용 및 수준(대·중·소·세(직무)분류 및 능력단위, 수준, 능력단위요소 등)을 분류하여 선택한다. 단, NCS 능력 단위의 구성은 교수자 판단에 의해 조절할 수 있다.

NCS 분류 체계 적용의 예시는 다음과 같다.

- 대분류: 15. 기계
- 중분류: 02. 기계가공
- 소분류: 01. 절삭가공
- 세분류: 01. 선반가공
- 능력단위: 04. 기본 작업(선반가공)
- 능력단위요소: 2. 본가공 수행하기

(4) 콘텐츠 유형 결정

본 과정에서 적용하고자 하는 콘텐츠의 유형을 결정한다. 한 직무명(세분류)에서 학습모듈별로 여러 가지 유형의 콘텐츠를 선택할 수 있다. 예를 들어, 선반가공을 훈련 콘텐츠로 개발하고자 할 때 "작업계획수립"이라는 학습모듈은 일반적인 멀티미디어 콘텐츠로 개발하고 "공구 선정"은 3D 이미지를 활용한 수준의 가상훈련 콘텐츠로 개발, "단순형상작업"은 학습자의 오감(시각, 청각, 후각, 미각, 촉각)을 자극함으로써 사용자가 실제로 작업하고 있는 것 같은 느낌을 가질 수 있는 콘텐츠로 개발할 수 있다. 콘텐츠의 유형은 다음과 같다.

① 구조이해형(콤포넌트형): 정밀한 장비, 시설 등의 구현을 통해 내-외부 구조를 이해하고, 각 구조의 역할 및 기능 등을 학습하는 것을 목적으로 하는 콘텐츠 유형

② 단계학습형(시나리오형): 장비, 시설 등에 대한 순차적 작업 단계(가동부터 종료까지의 운용 또는 관리 절차)를 학습하고, 각 작업 단계별 기능, 위험 및 위급상황을 살펴보는 것을 목적으로 하는 콘텐츠 유형

③ 장비실습형: 복잡한 장비 또는 고가의 장비 등 특정 장비의 작동법을 실습하고, 사용자 운용에 따라 결과가 달라지는 과정에서 올바른 작동법의 숙달을 목적으로 하는 콘텐츠 유형

④ 시뮬레이터: 정해진 애니메이션 등을 단순하게 재생하는 것이 아니라 사용자의 입력에 따라 실제의 기계동작이나 물리 현상 등을 모델링하여 현실에서 장비의 동작과 유사한 경험을 제공하는 콘텐츠 유형. 유체, 열의 흐름과 같은 연속적이고 세부적인 요소들이 중요한 콘텐츠에 적용 가능

⑤ 멀티미디어형: 텍스트, 2D 및 3D 이미지, 음성, 동영상 등 다양한 매체 학습, 장비 위주의 학습보다 이론이 중시되어야 하는 교과과정에 특화

⑥ 체험 실습형: 가상의 공간(월드) 안에서 장비 및 시스템을 체험, 가상공간에 배치된 장비 및 시스템에 대한 실습 가능

(5) 기대효과 분석

가상훈련 콘텐츠를 개발할 경우의 기대효과(훈련의 효과성, 경제성)를 분석한다. 기대효과 분석의 예는 다음과 같다.

표 13-2 가상훈련 콘텐츠 개발 기대효과 분석(예시)

기술적 관점	경제적 관점	사용자 관점
1) MR 기술의 경쟁력 ① 마이크로소프트의 홀로렌즈와 매직립사의 MR 등에 대응할 수 있는 기반을 마련 ② 공간인식 기술을 개발하여 3D 스캐닝 부분의 소프트웨어적 기술 기반 구축 2) 캐릭터 감성 커뮤니케이션 기술 구축 ① 머리 움직임, 시선, 손 동작에 대한 기본 동작 인식을 구축하여 가상의 캐릭터와 커뮤니케이션 할 수 있는 기초적인 기술을 구축 ② 캐릭터의 공간인식의 완성도를 높이고 인공지능의 기술을 고도화하여 감성 커뮤니케이션 VR 플랫폼 구축의 기반을 마련	1) 방송세트의 물리적 공간과 무대를 활용하여 카메라 영상정보를 기반으로 MR 공간을 구성하면 작업시간의 단축을 가지고 올 수 있음 2) 기존 세트의 활용과 캐릭터 배치는 빠른 스토리 변경이 가능하며 다양한 체험이 가능할 수 있음 3) 하나의 콘텐츠를 다른 특색에 맞게 여러 콘텐츠로 쉽게 변경이 가능하여 2차 저작물 제작이 용이함 4) PPL, 홍보영상, 쇼핑 등 다른 콘텐츠 연계를 쉽게 할 수 있어서 플랫폼으로의 확장이 가능 5) 한 장소에 여러 명이 있더라도 공간 공유가 가능하기 때문에 테마파크 체험용으로 적합	1) 현실기반으로 하기 때문에 멀미의 증상이 VR보다는 덜 작용 2) 오감 만족이 상당 수준 가능 3) 카메라 영상정보를 기반으로 공간인식을 하고 가상객체만 고품질 렌더링을 하게 되므로 상대적으로 사실적인 영상을 제공할 수 있음 4) 실제 공간과 혼합되어 나타나기 때문에 벽이나 탁자 및 기타 사물과의 부딪힘이나 충돌 등의 위험을 현격하게 줄일 수 있음 5) 인지부조화 관점에서 VR에 비해 카메라 영상정보를 기반으로 공간인식을 하기 때문에 위화감이 많이 떨어지지만 가상사물과 캐릭터의 정합에 따라 위화감이 느껴질 수는 있음

2) 훈련 대상자 분석

(1) 인지적 수준 분석

전반적인 분석에서 선정한 훈련대상자의 훈련 경험(선수 및 선행훈련 정도, NCS

능력단위수준 등) 및 인지적 영역의 특성을 분석한다. 분석의 예는 다음과 같다.

- 학년: 0학년
- 기능사 · 기사 등 자격수준: 기능사 자격증 보유
- 경력: 관련 직종 분야 ○○년 근무
- 시뮬레이터 조작 경험: 있음

(2) 신체적 및 운동기능적 특성 분석

전반적인 분석에서 선정한 훈련대상자의 신체적 및 운동기능적 특성을 분석한다. 분석할 내용은 다음과 같다.

① 가상훈련 콘텐츠 조작에 영향을 미칠 수 있는 운동기능적 특성이 존재하는가?(청각 장애인, 외국인 노동자, 시력, 안경착용 여부)

3) 환경 분석

(1) 기술 동향 분석

현재 및 미래(10년)의 기술 동향을 분석한다. NCS 능력단위 환경 분석을 참고하여 노동시장 현황, 교육훈련 현황, 자격 현황, 해외사례 등을 분석한다.

① 노동시장 현황 분석: 산업현장 직무능력수준, 사업체 및 종사자 수, 인력배출 현황, 직업정보 등
② 교육훈련 현황 분석: 교육훈련기관 현황, 관련학과 교과과정 등
③ 자격 현황 분석: 국가기술자격 현황, 국가자격 현황, 공인민간자격 현황 등
④ 해외사례 분석: 직무능력 구성, 경력개발경로 구성 등

(2) 최신 개발 환경 분석

VR 관련 기술 및 시장을 살펴보기 위해서는 산업을 C(콘텐츠)－D(디바이스)－N(네트워크)－P(플랫폼) 영역으로 세분화할 필요가 있다.

그림 13-1 VR 생태계 CPND

최신 개발 환경을 분석한 예는 다음과 같다.

① 디바이스(D)

디바이스의 발달은 시청거리의 변화를 가져왔고 몰입감, 현장감, 고효율, 저비용으로 소비자가 VR을 경험할 수 있게 하고 있다.

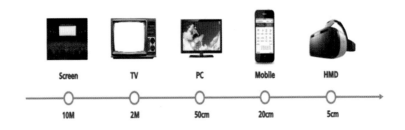

그림 13-2 영상 시청 기기의 발달에 따른 시청거리 변화

머리에 쓰는 투구형 기기인 HMD(Head Mounted Display) 제품이 가장 대표적인 VR 디바이스이다. Statista(www.statista.com) 자료에 따르면 전 세계 HMD 제품은 2015년 2.7백만 대에서 2016년 14.9백만 대로 약 5배 정도 증가하며 2020년에는 82백만 대까지 확대될 전망이다.

프리미엄 HMD 제품은 가격은 비싸지만 기능적으로 보다 정밀한 위치정보를 제공해 몰입감을 느낄 수 있는 6자유도가 적용되어 비싼 비용에도 불구하고 실감나는 게임을 즐기고 싶은 하드코어 게임 유저들이 주로 사용한다. 대표적인 제품은 페이스북 자회사인 오큘러스의 '오큘러스 리프트(Oculus Rift)', 대만의 스마트폰업체 HTC의 '바이브(Vive)', 소니의 '플레이스테이션 VR'이다.

표 13-3 프리미엄 HMD 제품 비교

구분	오큘러스 & 페이스북 오큘러스 리프트	HCT의 바이브	소니의 플레이스테이션 VR
제품			
비고	고성능 PC기반	고성능 PC기반	게임콘솔기반

스마트폰 연동형인 보급형 HMD 제품은 가격이 저렴하고 다수의 제품이 위치정보 정밀도가 낮은 3자유도를 적용해 프리미엄 제품에 비해 몰입감이 떨어진다. 주로 캐주얼 게임과 360도 VR 영상 감상 등의 콘텐츠를 감상하는 데 사용된다. 대표적인 제품은 삼성전자의 '기어 VR', LG전자의 '360VR', 중국의 '폭풍마경', 구글의 '카드보드' 등이 있다.

표 13-4 보급형 HMD 제품 비교

구분	삼성전자의 기어 VR	LG전자의 360VR	구글의 카드보드 2.0	북경폭풍마경과기유 한공사의 폭풍마경
제품				
비고	하이앤드갤럭시 스마트폰	G5 스마트폰	6인치 이하의 스마트폰	4~6인치 스마트폰

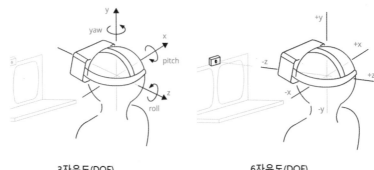

3자유도(DOF)   6자유도(DOF)

그림 13-3 자유도의 원리

안경형 제품으로는 구글의 '구글글래스', 뷰직스-레노버의 '뷰직스M100'이 있다. 마이크로소프트에서는 헤드마운트형과 안경형의 혼합 형태인 'Hololens'를 공개하고 상용화를 준비하고 있다. 버툭스에서는 VR을 좀 더 현실적으로 체험할 수 있도록 신체의 움직임을 감지하는 러닝머신 형태의 플랫폼 '버툭스 옴니'를 출시하였다.

표 13-5 비HMD형 디바이스

구글의 '구글글래스'	뷰직스-레노버의 '뷰직스M100'

마이크로소프트의 '홀로렌즈'	버툭스의 '버툭스 옴니'

기타 HMD 제품을 조정하기 위한 각종 센서, 장갑, 조끼, 총 형태의 다양한 컨트롤러 제품뿐만 아니라 VR 콘텐츠를 제작할 수 있는 360도 카메라 제품이 확산되고 있다. 특히, 최근 360도 카메라 제품 출시가 확대되고 있는데 삼성전자의 '기어 360'은 두 개의 195도 어안렌즈를 탑재해 고해상도 동영상과 3천만 화소의 사진 촬영이 가능하다. LG전자도 'LG 360캠'을 출시했는데 1천 6백만 화소의 촬영이 가능하고, 구글 '스트리트뷰' 호환 제품으로 공식 인증을 받았다. 그 외에도 니콘은 '키미션360'을 출시하였다.

② 네트워크(N)

VR로 제작된 콘텐츠를 전송하기 위해서는 방대한 인터넷 트래픽이 요구된다. 또한 360도 영상을 촬영한 멀티 카메라 시스템관련 데이터 처리를 위해서도 수많은 트래픽이 요구될 것으로 예상된다. 이미 YouTube 내에 360도 촬영 영상 콘텐츠가 다수 존재하기 때문에 HMD 디바이스가 급속히 확산될수록 인터넷 트래픽이 매우 크게 확대될 것이다.

미국 연방통신위원회(FCC)에 따르면 이러한 상황에 대비해 미래에는 25Mbps의 광대역 네트워크가 요구될 것으로 예측하고 있다. 그러나 인간의 시각 및 청각 정보는 1초당 약 5.2GB를 처리할 수 있으며 이러한 데이터 규모는 FCC가 예상하는 데이터 용량의 200배에 해당한다. VR 게임이나 영상을 볼 때 '모션블러[1]' 현상을 최소화하기 위해서는 초당 60~120프레임이 처리되어야 한다. 따라서 현재의 급속한 VR 시장 확산 정도에 따르면 향후 인터넷 트래픽 문제는 더욱 심각할 것으로 예상된다.

더불어 스포츠, 콘서트 등 영상 콘텐츠 제작 시 수십 대의 카메라를 투입해 360도 장면을 캡처해야 하며 4K 등 높은 해상도를 통해 이미지를 생성하는 경우에도 매우 큰 데이터가 요구된다. 일반 이용자들도 360도 카메라를 활용해 제작한 수많은 영상들을 인터넷을 통해 공유하기 때문에 향후 인터넷 트래픽은 기하급수적으로 증가할 것이다.

---

[1] 모션 블러(motion blur): 영상 및 애니메이션같은 연속한 그림들이나 스틸 이미지 속에 비쳐 빠르게 움직이는 물체의 뚜렷한 줄무늬. 노출이 길거나 움직임이 빠를 때, 프레임 하나를 촬영하는 동안 영상이 변화할 때 이러한 현상이 나타난다.

따라서 이러한 막대한 데이터 처리를 위해서는 유선 인터넷망은 기가 인터넷으로, 이동통신망은 5G로 전환, 방송망은 UHD방송으로 확대되어야 할 것이다.

③ 플랫폼(P)

VR 플랫폼은 크게 제품과 서비스 개발을 지원해 주는 소프트웨어 플랫폼과 서비스와 콘텐츠를 유통하는 서비스 플랫폼으로 구분된다.

소프트웨어 플랫폼

구글은 소프트웨어의 강점을 이용해 가장 먼저 가상화 관련 플랫폼을 제공하고 있다. 구글의 '탱고'는 각종 센서, 가속도계, 자이로스코프, 기압계 등의 기술을 통해 휴대폰과 태블릿에 공간 지각력을 부여하는 플랫폼이다. 탱고 플랫폼은 세 가지 API를 제공하고 있는데 게임 개발자용 API, 자바를 활용한 탱고를 앱에 통합하기 위한 API, 자체 시각화 엔진을 갖춘 앱을 위한 API이다. 이러한 기능은 스마트폰의 다양한 기능을 업그레이드 시켜주며, 구글의 VR 디바이스인 카드보드와 결합해 VR을 경험할 수 있게 해준다. 현재 레노버, 엔비디아, LG, SK텔레콤 등 다수의 ICT기업들이 구글 '탱고'를 활용해 관련 제품 및 서비스를 개발하고 있다. 또한 구글은 VR 플랫폼인 '점프'를 통해 360도 카메라의 촬영, 편집, 업로드, 재생이 가능하도록 플랫폼을 제공하고 있다. 페이스북도 플랫폼 선점을 위해 사용자가 직접 콘텐츠를 제작할 수 있는 UCC 기능이 포함된 가상화 소프트웨어를 개발하고 있다.

콘텐츠 & 서비스 플랫폼

국내·외 주요 인터넷포털 기업들은 VR 콘텐츠와 서비스를 제공하는 플랫폼 구축에 힘쓰고 있다. 구글은 구글플레이에서 VR용 앱을 제공하고, YouTube에서는 360도 동영상 콘텐츠 서비스를 제공한다. 페이스북도 2015년 9월부터 360도 동영상 콘텐츠 서비스를 제공하고 있다. 국내에서는 네이버가 동영상 생중계 서비스 V앱에서 여러 대의 카메라로 촬영한 생중계 영상을 이용자가 인물, 카메라 각도 등에 따라 선택해 볼 수 있는 실시간 스트리밍 기술인 '멀티캠'을 선보였고, 360도 동영상 플랫폼도 개발하고 있다. 국내 주요 통신사들도 VR 플랫폼 서비스를 준비하고 있다. KT는 '올레 tv 모바일'을 중심으로 360도

VR 동영상 서비스를 제공할 예정이다. 이를 위해 AVA 엔터테인먼트와 전략적 제휴를 체결하고 매달 1편 단편영화, 리얼리티 쇼 등의 VR 콘텐츠를 제작해 서비스할 예정이다. LG유플러스는 'LTE비디오포털'에 무버, 베레스트 등 VR 콘텐츠 전문 업체와의 전략적 제휴를 통해 360도 VR 동영상 콘텐츠를 제공하고 있다. SK텔레콤은 자회사인 SK브로드밴드의 모바일 통합 동영상 플랫폼인 '옥수수'를 통해 360도 VR 콘텐츠를 제공할 계획이다.

페이스북의 자회사로 VR 디바이스업체인 오큘러스는 '오큘러스 앱스토어'를 운영하면서 액션, 뮤직, 스포츠, 라이프스타일 등 주제별 채널에서 다양한 VR 콘텐츠를 제공하고 있다. 삼성전자는 기어 VR를 출시하면서 미국 내에서 VR 콘텐츠 유통 플랫폼인 '밀크 VR' 서비스를 개시했다. '밀크 VR'은 오큘러스 스토어에서 다운 받아 사용할 수 있으며, 다양한 VR 콘텐츠를 제공하고 있으나 우리나라에서는 서비스하고 있지 않다. 또한 삼성전자는 마블, 태양의 서커스, 드림웍스, 해외 테마파크업체 등과 함께 VR 콘텐츠를 확대하기 위해 노력하고 있다.

(3) 훈련 환경 분석

학습자가 훈련하게 될 훈련 환경을 분석한다. 가상훈련 콘텐츠의 권장 사양은 다음과 같다(PC용 HMD 사용 시, 기존 멀티미디어형 콘텐츠 등은 기존의 사양을 사용).

표 13-6 가상훈련 콘텐츠의 권장 사양

하드웨어	권장 사양
CPU	Intel 코어 i5-4590 AMD Ryzen 1500X 또는 그 이상
VGA	NVIDIA 지포스 GTX 970 AMD 라데온 R9 290 또는 그 이상
OS	Windows 7 SP1 64비트 또는 이후 버전
RAM	8 GB 또는 그 이상
기타	HDMI 1.3, USB 3.0 ×2, USB 2.0 ×1

4) 과제 분석

(1) 선수과목 제시

NCS 분류 체계에 따라 선수과목을 제시한다. 대 · 중 · 소 · 세분류에 따라 선수과목을 선정한다.

(2) 작업장 분석

가상훈련으로 구현할 과제의 작업장 환경을 분석한다. 이 과정에서 어떤 장비를 기준으로 훈련할지를 결정한다. 예를 들어, '엔드밀 가공'이 가능한 장비들이 굉장히 많으므로 대상 장비를 무엇으로 할지를 결정해야 한다. 대상 장비를 결정할 때에는 보급형 장비, 빈도가 높은 장비를 선택하기를 추천한다. 작업장의 특성을 분석할 때에는 작업장 공간과 주요 장비, 재료 및 기기의 촬영을 진행한다. 또한 기기들의 크기 등을 실측한다. 선반, 컴퓨터 및 주변 기기, 전자교탁, 측정공구, 절삭공구, CAD 프로그램 등과 같은 장비의 특성도 분석한다. 마지막으로 재료의 특성도 분석한다. 재료가 철강인지 비철금속인지 등을 분석하여 실재감을 높이는 콘텐츠를 개발할 수 있도록 한다.

(3) KSA 분석

KSA 간의 관계 및 계열성을 분석하여 학습 객체 단위를 결정한다. 분석 예는 다음과 같다.

표 13-7 KSA 분석(예시)

구분	주요 내용
K(Knowledge, 지식)	• KS B 규격, ISO 규격 통칙에 관한 지식 • 도면의 해독에 관한 지식 • 절삭조건과 절삭순서를 선정하기 위한 지식 • 절삭공구와 절삭공구의 각도를 설정할 수 있는 지식 • 측정기의 종류에 관한 지식 • 고정구의 종류에 관한 지식 • 안전보호장구의 종류에 관한 지식 • 열처리에 대한 지식 • 철강 재료에 대한 지식 • 비철금속재료에 대한 지식 • 재료 성질에 대한 지식 • 재료 강도와 변형에 대한 지식 • 결합용 기계요소에 대한 지식 • 전달용 기계요소에 대한 지식 • 제어용 기계요소에 대한 지식 • 기계요소 제도에 대한 지식 • 공구 관리에 대한 지식 • 공구 수명에 대한 지식
S(Skill, 기술)	• 측정기의 사용 기술 • 안전보호장구 착용기술 • 밀링 작동기술 • 엔드밀 가공 기술 • 더브테일, T커터 사용 기술 • 상·하향 절삭기술 • 공구 고정 기술 • 공구 선정 기술 • 공구마모 측정 기술 • 장비 이상 발생 시 응급조치 기술
A(Attitude, 태도)	• 안전수칙 준수 의지

(4) 훈련과제 분석

훈련과제의 특성, 하위 요소, 하위요소 간의 관계를 분석한다. 이는 앞의 전반적인 분류에서 'NCS 분류 체계 적용'을 참고한다.

(5) 콘텐츠 유형 결정

KSA별 적절한 콘텐츠 유형을 결정한다. 콘텐츠 유형은 전반적 분석에서 제시한 콘텐츠 유형을 참고한다.

① K의 경우 텍스트, 2D 및 3D 이미지, 음성, 동영상 등을 활용하는 멀티미디어형으로 개발한다. K에 대한 훈련자 평가를 기반으로 S와 A의 경우 가상훈련 콘텐츠 학습으로 이동한다.

② S와 A의 경우는 가상훈련 콘텐츠로 적극 개발하되, 훈련콘텐츠 내 K의 내용을 반드시 확인할 수 있는 기제가 마련되어야 한다.

5) 목표 분석

(1) KSA 목표 분석

목표가 KSA 중 어디에 속하는지 분석한다. 분석의 예는 다음과 같다.

표 13-8 KSA 목표 분석(예시)

구분	해당	목표
K (knowledge, 지식)	○	밀링가공에서 제품의 형상, 특성에 따른 기준면을 선정하고 더브테일, T홈을 포함한 다양한 형상의 엔드밀 작업을 수행하는 능력을 함양
S (Skill, 기술)	○	
A (Attitude, 태도)	○	

(2) 시나리오 분석

목표 달성을 위해 필요한 시나리오(위계적, 군집적 등)를 분석한다. 최종 훈련목표의 성취를 위해 수행되어야 할 과제들을 하위목표 및 기능으로 분석하여 위계화한다. 이는 훈련의 난이도가 낮은 것부터 높은 것으로 차례대로 구조화, 계열화하는 것을 의미한다.

6) 콘텐츠 기획

(1) 서비스 형태 결정

콘텐츠의 형태(구조이해형, 단계학습형, 장비실습형, 시뮬레이터, 체험실습형, 멀티미디어형)에 따른 서비스 형태(PC 환경 또는 모바일 환경, iOS 또는 안드로이드 기반 운영시스템, 각 운영시스템의 호환 버전 등 고려)를 결정한다.

(2) 기술 및 개발 도구 선정

콘텐츠 유형별로 적용될 수 있는 적용 기술 및 개발 도구를 결정한다.

① 시뮬레이션 형이나 장비 실습형 등 사용자의 현실감 있는 조작이 도움이 되는 콘텐츠는 아래의 방식들로 고려가능하다.

- 실제 기기 유사형태를 통한 조작: 핸들 및 조이스틱 등 실제 기기와 비슷한 형태로 조작(운전 및 크래인 등 실제 잡고 움직이는 감이 중요한 경우에 적용)
- 비접촉식 동작인식 장치를 통한 조작: 립모션이나 키넥트 같은 사용자 동작을 인식하지만 실제 사용자가 잡거나 할 수는 없는 형태의 기기들(자연스러운 VR 경험을 제공하면 좋지만 감촉이나 조작의 정밀도는 중요치 않은 경우)
- 접촉식 동작인식 장치를 통한 조작: 오큘러스 터치나 바이브 컨트롤러와 같이 6DOF 입력과 간단한 버튼 및 진동을 제공하는 장치(동작인식의 신뢰도가 중요하고 손에 컨트롤러를 잡는 것이 부자연스럽지 않은 경우 사용)

② 주요 성능치를 결정한다.

- 기하공간 인식 정확도: 1m~5m 범위 거리 대비 80% 이상 정밀도
- 공간사물 인식 정확도: 0.3m~1.5m 범위 사물평면 대비 70% 이상 정밀도
- MR 영상 정합 정확도: 영상정보와 공간사물 위치정보 90% 이상 일치
- 동작 인식 범위: +360도 ~ −360도
- 표정 생성: FACS 코드로 10,000가지 이상 표정 생성
- 핸드모션: 초당 200 FPS 모션 인식
- 핸드모션 인식 정밀화: 1/100 밀리미터 움직임 인식

7) 내용 설계

(1) 시나리오 작성

업무(또는 작업) 현장에서 통용되는 내용들로 시나리오를 작성한다. 목표 분석에서 실시하였던 시나리오 분석 내용을 토대로 상세한 시나리오를 작성하도록 한다.

표 13-9 시나리오 작성(예시)

업무 순서	내용
작업 준비하기	1.1 제품의 형상에 적합한 공구를 선택할 수 있다. 1.2 공작물의 설치방법에 따라 공작물을 설치할 수 있다. 1.3 작업순서를 고려하여 절삭공구를 설치할 수 있다. 1.4 도면에 의해서 제품의 형상, 특성에 따른 기준면을 설정할 수 있다. 1.5 도면, 작업지시서에 지정된 X, Y, Z축의 가공시작점을 설정할 수 있다. 1.6 도면에 의거해 엔드밀 작업범위를 설정하여 작업순서를 수립할 수 있다.
본가공 수행하기	2.1 작업요구사항과 작업표준서에 의거하여 장비를 설정하고, 가공작업을 수행할 수 있다. 2.2 수동 작업 시 절삭조건을 충족할 수 있도록 이송속도, 이송범위, 절삭 깊이를 조절할 수 있다. 2.3 이상발생 시 작업표준서에 의거하여 조치를 취하고 보고할 수 있다. 2.4 절삭조건이 부적합할 경우 수정할 수 있다. 2.5 끼워맞춤의 종류와 방식을 이해하고 기계적인 용도에 맞추어 가공할 수 있다.
검사 · 수정하기	3.1 측정 대상별 측정방법과 측정기의 종류를 파악하여 측정오차가 생기지 않도록 측정할 수 있다. 3.2 공구수명 단축원인과 가공치수 불량의 원인을 파악하고 적절한 대처방안을 강구할 수 있다. 3.3 측정 후 불량부위 발생 시 수정 여부를 결정할 수 있다. 3.4 측정용 핀을 이용하여 더브테일의 각도를 측정할 수 있다.

(2) 핵심 필요 기술 설계

실세계 인식/분석, 가상·실세계 재현, 가상·실세계 인터랙션, 헵틱 모델링/랜더링 등 구현하고자 하는 분야의 핵심 필요 기술을 설계한다. 설계 예시는 다음과 같다.

① 센싱단계

표 13-10 핵심 필요 기술 설계(센싱단계 예시)

센서	내용
Head Positional Tracking	머리 움직임 분석 자이로 센서를 통한 X-Y-Z축의 기울기를 분석하여 판단
Eye Tracking	시선 추적 시선 이동 시 발생하는 좌표 이동 값을 추적하여 궤적으로 표시한 후 해당 데이터를 기반으로 사용자의 심리 상태를 추출
Hand Controller	Leap motion 센서 등을 이용한 사용자의 손 감지 사용자의 손을 감지하여 메뉴 선택 및 손동작 등으로 상태를 판단

② 동작인식의 원리

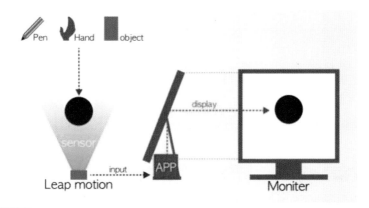

그림 13-4 립모션의 광학 동작인식 원리

- 초광각 150도 시야와 깊이 Z축 좌표로 현실의 손 움직임 궤적을 인식하여 3차원으로 나타냄
- 초당 200FPS(초당 프레임) 인식으로 부드러운 모션 인식
- 100분의 1밀리미터 움직임까지 감지 가능, 사용자의 움직임대로 정밀한 표현

(3) 네비게이션 설계

공간 이동이 필요한 경우 네비게이션을 어떻게 설계할 것인지 결정해야 한

다. 조이스틱이나 키보드를 활용하여 회전을 설계할 경우 사용자에 따라 굉장히 다르므로 반드시 사용성 테스트를 거쳐야 한다. 또한 화면 이동은 너무 빠르지 않게 설계해야 한다. 특히 좁은 공간에서의 전환이나 좁은 터널을 지나야 하는 경우에는 화면 이동이 더 어려울 수 있다. 따라서 직접 이동시킬 것인지 클릭하여 해당 지점으로 바로 이동시킬 것인지 결정해야 한다. 단, 텔레포트 방식은 일반적으로 VR 멀미를 최소화하는 움직임이나 현실감이 떨어지므로 이를 고려하여 설계해야 한다.

(4) 상호작용 설계

① 훈련자가 컨트롤하는 영역의 설계

시각/촉각/청각과 같은 감각 인터페이스 요소는 동작 훈련 상황과 인간적 요소를 고려하여 동작 훈련 상황에 적절히 활용될 수 있도록 설계되고 제시되어야 한다. 즉, 가상 환경에서의 자연스러운 동작 경험(presence)을 제공하기 위한 여러 가지 감각 기관들의 조화와 함께, 개별적으로도 완벽하지 못한 감각 인터페이스의 한계를 이들의 조화를 통해서 보강할 수 있도록 시스템을 구성해야 한다. 훈련자가 느낄 충격감(force)과 회전 감각에 대한 설계도 중요하다.

② 화면 설계

콘텐츠 형태별 UI, UX를 설계한다. 입체감, 공간, 소리 등 다양한 화면 설계 요소를 고려한다.

표 13-11 다양한 화면설계 방식의 특징 및 유의점

실물 UI	- 비교적 권장하나 메타포를 이해하는 데 어려움이 있을 수 있다.
HUD	- 다른 사물들을 숨길 정도로 한 팔 정도의 거리 간격을 두어야 한다. - 단, 초점을 분산시키는 문제점이 있다. - 사용에 주의가 필요하다. - 정말 필요한 경우에만 사용한다.
고정된 동작이 있는 3D 메뉴 또는 메시지	- 가끔 사용자가 잊어버리거나 찾을 수 없다. - 같은 메시지를 네 가지 방향에서 또는 전후에서 적용되도록 제시한다. - 사용자가 회전할 수 있는 시각적 단서를 제시한다.

다이내믹한 동작 또는 회전이 있는 3D 메뉴 또는 인식	- 위 또는 아랫면 공간을 활용한다. - 다른 사물들이 숨겨지지 않고 사용자가 체크하기 위해 위 또는 아래로 살펴볼 수 있다. 만약 사용자의 위 또는 아랫면의 가시성이 중요하게 작용하는 것이라면 좋지 않다. 그런 경우 360슈팅을 활용하는 것이 좋다. - 발생할 수 있는 문제점: LeapMotion 사용자가 버튼을 누르기 위해서는 밑면에 있는 버튼을 보아야만 하고 만약 보지 못해서 누르지 못하면 작동이 안된다. - HMD, 조정기 등 사용이 가능하다.
초당 90프레임 또는 그 이상의 프레임	- 0프레임보다 높으면서 그래픽 효과가 떨어질 경우 대비 낮은 프레임이면서 그래픽 효과가 높을 경우 사용자에게 컴퓨터 환경을 업그레이드 할 것을 권장한다.

(5) 훈련 이력 데이터 설계

훈련자의 훈련 이수 여부를 평가하기 위해서는 훈련자를 식별하는 데이터값 설계, 훈련 시간을 관리하는 데이터값 설계, 훈련 성취율을 측정할 수 있는 데이터값을 설계해야 한다.

(6) 분량 점검

한 모듈의 훈련 내용의 양을 적절하게 설계한다. 기본적으로 NCS 분류 체계를 적용하여 과제분석을 한 결과를 토대로 훈련 내용의 양이 결정되나 해당 콘텐츠로 훈련받는 학습자 수준과 비교하여 훈련 내용의 양이 적절한지 점검할 필요가 있다.

(7) 피드백 설계

훈련자의 수행이 틀렸을 경우의 적절한 피드백을 설계한다. 가상훈련 콘텐츠의 피드백은 일반 온라인 콘텐츠의 피드백과는 달리 다양한 측면에서 설계해야 한다. 예를 들어, 장비실습형의 경우에도 크게 두 가지 유형이 있을 수 있다. 첫 번째는 장비를 운용하는 매뉴얼에 대한 실습은 구체적인 개입이 이루어져도 된다. 수행이 잘못 되었을 때 피드백을 줄지(이럴 경우 피드백의 유형도 음성, 진동 등에 대한 고민을 해야 함) 혹은 과정이 끝나고 자가 실습에 대한 피드백을 한 번에 줄지에 대한 고민이 필요하다. 혼자서 수행을 해보는 것이 중요할 경우에는 개입이 없는 것이 바람직하나 무한 반복되는 문제가 있을 수 있으므로 이를 대비하여 피드백 설계를 해야 한다. 피드백 설계에서는 수행이 틀렸을 때 적절하게 피드백 한다는 표현보다는 수행 오류에 대하여 시각적 피드백을 주고 있는가, 혹은 음향적 피드백을 주고 있는가, 혹은 가이드가 될 수 있는 데모를 제공하는가, 동작의 정확성을 지원해 줄 수 있는 체제가 있는가 등의 내용을 포함해야 한다.

8) 평가 설계

① 학습자의 수준에 따른 목표 달성 정도를 평가하는 방법을 설계한다.
- 훈련 대상자 분석에서 나온 수준을 근거로 한 과제와 목표에 따라 평가 내용을 구성한다.
- 성취율을 비롯하여 다양한 평가 내용 및 평가루브릭을 구성한다.

표 13-12 평가 설계(예시)

구분		평가항목	우수	양호	보통	득점	총점
평가 기준	조작 평가 (70점)	속도계산	10	8	6		
		속도변환정확성	10	8	6		
		이송핸들방향	10	8	6		
		자동이송조작	10	8	6		
		바이스설치	10	8	6		
		커터설치 및 분리	10	8	6		
	작업 평가 (30점)	작업방법	10	8	6		
		작업태도	10	8	6		
		작업안전	10	8	6		
		정리정돈	10	8	6		
총점							

② 충분한 연습 기회를 제공하여 훈련목표를 달성했다고 판단할 수 있도록 설계한다.

Ⅱ VR기반 콘텐츠의 교육적 효과

1. VR 몰입감 극대화

VR 콘텐츠에서 스스로 대상이 되거나, 다른 사람의 시점을 가지게 됨으로써 감정이입을 통해 시점이 변화하여 VR에서 지식을 획득할 수 있다. 실제 환경과 유사하게 구축해 놓은 VR 콘텐츠는 학습대상물 자체의 현실감을 높이면서 몰입의 정도가 학습효과에 긍정적인 영향을 미침으로써 실제성을 높이게 되므로 학습효과가 향상될 수 있다.

VR 콘텐츠를 이용한 교육은 전통적 교육에 비해 2.7배의 효과를 보이며, 집중력이 100% 이상 향상되고, 교육에서 필요한 집중력은 VR을 통한 경험이라는 측면도 있으나, 사용자를 위한 맞춤형 교육이라는 이점이 있다. 현실에서 불가능한 것들이 VR에서 가능하므로 실험적이고 능동적인 학습이 가능하여 VR 기반의 경험은 학습자들의 학습동기를 증진시킨다. 또한 가상 플랫폼은 기존 교육의 경계를 깨고 창의적 학습의 새로운 도구가 될 수 있다.

2. 학습자 중심의 교수-학습

학습자는 VR 콘텐츠 내에서 스스로 의미 있는 행동을 하고, 결정과 선택의 결과들을 보는 데 만족감을 얻음으로써 행위의 주체성을 가질 수 있다. VR 콘텐츠의 활용은 면대면 수업에서의 수업방식을 그대로 사이버 공간으로 옮겨오는 형태로 운영함으로써(박인우, 1999), 학습자 중심의 교수-학습 형태로 운영할 수 있는 가능성을 제시한다.

학습자와 교수자 간의 원활한 상호작용을 위해 설계된 매개체로서의 이러닝이 실제로는 교수자 중심의 강의로 이루어지고 있다(정한호, 2008). 반면 가상세계를 수업에 활용할 경우, 수업은 학습자 간의 상호작용을 기반으로 운영되므로 교수자는 수업내용의 전달자 대신 학습자 간의 상호작용의 조정자로서 역할을 수행하게 된다(Zheng, 2006).

3. 충분한 동시적 상호작용의 기회 제공

기존의 이러닝은 비동시적인 상호작용으로 인해 응답이 지체되기도 하고 학습자가 한꺼번에 메시지를 탑재함으로써 일방향적인 일련의 독백 형태의 상호작용이 나타난다(Pawn et al., 2003). 또한 자신들의 질의와 답변 내용에만 관심을 보일 뿐 다른 학습자의 질의에는 상대적으로 소홀하다는 것이 문제점이기도 하다(이은주, 2009).

반면, VR기반의 콘텐츠는 이러한 이러닝에서의 비동시적 상호작용을 해결하는 데 기여할 수 있다. VR을 활용한 교육은 실시간의 다중 참여자와 상호작용을 기반으로 하기 때문에 참여자의 보다 적극적인 상호작용이 가능하다(김사훈, 박상욱, 2010). 즉, VR의 교육적 활용 가능성과 관련된 선행연구는 VR 콘텐츠가 기존의 이러닝이 교육환경에 제공한 것을 보완하며 교육공학 분야의 새로운 방향을 제시할 수 있음을 언급하고 있다.

Ⅲ VR기반 기술훈련 콘텐츠 개발 가이드라인의 교육에 대한 시사점과 향후 전망

일반적으로 가이드라인은 중요한 사항이나 단계들을 빠트리지 않고 활용하게 하는 데 길잡이 역할을 한다. 특히 학습자의 동기유발과 학습 효과 향상을 위해서 교수설계가 필요한 부분이라면 반드시 따라야 할 사항이며 단계를 챙기는 것은 매우 중요하다. 그런 차원에서 이 장에서 기술한 VR기반 기술훈련 콘텐츠 개발 가이드라인은 VR을 적용한 콘텐츠를 개발하는 데 길잡이 역할을 할 수 있을 것이라 기대된다. 나아가 예시를 든 기술훈련뿐만 아니라 다양한 교육 및 기술훈련 분야에 융통적으로 적용할 수 있을 것이다.

김다정, 전석주 (2014). 현장체험학습을 위한 가상학습 기반 수업모형의 설계 및 적용. **정보교육학회논문지, 18**(1), pp. 133-14.

김사훈, 박상욱 (2010). 3차원 가상세계를 활용한 초등 영어교육 프로그램 적용연구: 교육과정 설계와 적용, 분석 모형개발. **교과교육학연구, 14**, pp. 357-377.

박인우 (1999). 효율성의 관점에서 본 '가상대학'에 대한 비판적 검토. **교육공학연구, 15**(1), pp. 113-132.

안득용, 박형근 (2013). 가상현실을 이용한 기술훈련 콘텐츠의 개발 및 활용 사례연구. **실천공학교육논문지, 5**(2), pp. 117-122.

이은주 (2009). 의무적인 비동시 온라인 상호작용의 특성과 의미에 관한 연구. **교육정보미디어연구, 15**(1), pp. 125-153.

임정훈, 이삼성 (2003). 컴퓨터활용교육: 가상현실을 이용한 웹기반 수업과 학습자의 공간지각력이 학습에 미치는 영향. **컴퓨터교육학회논문지, 6**(2), pp. 95-105.

정한호 (2008). 교실수업에서 나타나는 이러닝에 대한 생태학적 고찰. **한국교육공학회, 24**(2), pp. 31-69.

Hale, Kelly S.; Stanney, Kay M. (ed.). (2014). Handbook of virtual environments: Design, implementation, and applications. CRC Press.

Pawn, F., Paulus, T. M., Yalcin, S., & Chang, C. F. (2003). Online learning: Patterns of engagement and interaction among in-service teacher, *Language Learning & Technology, 7*(3), pp. 119-140.

Roussou, M., Oliver, M., & Slater, M. (2006). The virtual playground: an educational virtual reality environment for evaluating interactivity and conceptual learning. *Virtual reality, 10*(3–4), pp. 227–240.

Zheng, D. (2006). Affordances of 3D virtual environments for english language learning: An ecological psychological analysis. University of Connecticut, Storrs, CT

제14장

국제개발협력에서 VR을 활용한 개도국 직업기술교육훈련(TVET) 지원 방안

임진호(한국기술교육대학교/개도국기술이전연구소)

국제개발협력에서 VR을 활용한
개도국 직업기술교육훈련(TVET) 지원 방안

I 직업기술교육훈련과 국제개발협력

1. 직업기술교육훈련의 개념

교육이 한 국가의 경제 및 발전에 큰 영향을 미친다는 것은 주지의 사실이다. 국가가 성장하기 위해서는 정치, 경제, 문화 등의 다양한 분야에 충분한 물적자원과 더불어 잘 교육받은 인적자원이 필수적이다. 이러한 면에서 교육은 국가의 성장에 필요한 양질의 인적자원을 양성할 뿐만 아니라, 문화와 학문을 이전 세대에서 다음 세대로 연결하고 전달해 주는 가교 역할을 한다는 점에서 경제, 제도, 문화 및 사회 발전 등의 국가 발전에 중요한 역할을 하고 있다.

이와 같은 이유로 국제 사회는 개발도상국에 교육개발을 지원하는 활동을 지속적으로 추진하고 있으며, 교육의 성과가 국가의 경제 및 사회 발전에 기여할 수 있도록 효과적이며 효율적인 다양한 지원책들을 제안하고 있기도 하다. 이에 국제사회는 개발도상국에서 일반교육 뿐 아니라 양질의 인적자원 양성을 위한 '직업기술교육훈련'도 교육개발의 중요한 영역으로 인식하고, 그에 대한 지원에도 많은 노력을 기울이고 있다.

직업기술교육훈련에 대한 정의는 다양하지만, 이영현 외(2009)는 직업기술교육훈련(TVET: Technical and Vocational Education and Training)을 '일반적인 학교교육에 더하여 기술에 관한 지식과 실천적 기능의 습득, 태도, 마음가짐, 경제사회 활동에 있어서 다양한 분야의 직업에 관한 지식과 이해를 통한 종합적인 교육의 과정'으로 정의함으로써 일반교육과 구분하여 설명하고 있다.

더불어 특별히 직업기술교육훈련은 직업능력개발에 주력하는 노동시장의 요구에 부합하기 위한 능력 및 기술 역량에 집중해야 하기에, 실무중심의 교육·훈련을 통한 취업 전 기술교육, 취업 후 기업 내 훈련, 직업훈련, 도제제도 등의 매우 광범위한 교육·훈련 영역 및 대상을 가지고 있다는 면에서 일반교육과 구분되기도 한다(이영현 외, 2009).

2. 국제개발협력에서의 직업기술교육훈련

국제개발협력(International Development Cooperation) 또는 줄여서 개발협력(Development Cooperation)이라 함은 '선진국과 개발도상국 간, 개발도상국 상호간, 개발도상국 국내에서 발생하는 개발 격차를 줄이고 개발도상국의 빈곤과 불평등을 해소하며 개발도상국의 국민들이 세계인권선언이 주창한 천부적 인권을 누릴 수 있도록 하기 위한 국제사회의 구체적인 노력과 행위'라고 정의할 수 있다(KOICA, 2016).

이러한 국제개발협력이 지원하는 분야는 매우 다양하다. OECD DAC(OECD 개발원조위원회)에서 분류한 지원 분야는 교육, 보건, 인구 및 출산, 물과 위생, 정부 및 시민사회, 사회 인프라 및 서비스, 교통과 저장, 통신, 에너지, 은행과 금융서비스, 비즈니스와 기타 서비스, 농업, 산림, 어로, 산업, 자원과 광산, 건축, 무역, 범분야(환경, 농촌개발 등), 인도적 지원 등이 있으며[1], 특별히 직업기술교육훈련은 교육분야의 하위 분야 중 하나로 구분된다. OECD DAC의 CRS 코드 중 교육분야의 하위 분야는 다음의 [표 14-1]과 같다.

---

1) OECD DAC, CRS 코드 참조.

표 14-1 OECD DAC의 교육분야 분류

구분	주요항목
111. 기타/수준 미분류 (Education, level unspecified)	• 교육정책 및 행정관리(Education policy and administrative management) • 교육시설 및 훈련(Education facilities and training) • 교사훈련(Teacher training) • 교육연구(Education research)
112. 기초교육 (Basic Education)	• 초등교육(Primary education) • 청소년과 성인 기초능력교육(Basic life skills for youth and adults) • 유아교육(Early childhood education)
113. 중등교육 (Secondary Education)	• 중등교육(Secondary education) • 직업훈련(Vocational training)
114. 고등교육 (Post-secondary Education)	• 고등교육(Higher education) • 고급기술, 관리자 교육(Advanced technical and managerial training)

교육분야에서 직접적으로 직업기술교육훈련이 언급된 것은 '113. 중등교육'에 해당하는 '직업훈련(Vocational education)'이다. 대체로 중학교 과정이 끝나는 시기에 학습자들은 직업기술교육훈련 과정으로 넘어간다. 그런 이유로 대부분의 직업기술교육훈련은 후기중등교육 수준에서 이루어진다. 최근에는 폴리테크닉 또는 전문대학 수준에서 직업기술교육을 다루기도 하므로 고등교육의 일부로 보기도 한다. 또한 OECD DAC의 CRS 코드 중에 '111. 기타/수준 미분류(Education, level unspecified)'로 분류된 항목들도 직업기술교육훈련과 관련되어 있다. 직업기술교육훈련 분야의 교육정책 및 행정관리(Education policy and administrative management), 직업학교 또는 기술학교의 교육시설 및 훈련(Education facilities and training), 직업기술교육훈련 분야 교사훈련(Teacher training), 그리고 관련된 직업기술교육훈련 분야 연구(Education research) 등이 그것이다.

3. 개발도상국에서 직업기술교육훈련의 중요성

　　개발도상국의 가난한 사람들에게 일자리는 유일한 생계 수단이자 빈곤을 탈출하기 위한 중요한 방편이 되고 있다. 그러나 문제는 많은 개발도상국의 빈곤층 사람들이 이미 직업을 가지고 있으나, 그 직업이 안정적이지 못할 뿐 아니라 임금이 적절하지 않은 비공식 경제(informal economy) 영역의 취약한 일자리가 지배적이라는 것이다. 2011년을 기준으로 전 세계의 노동자 중 약 4억 5,580만 명 가량이 하루 1.25달러 이하로 생활을 하는 근로빈곤층이며, 이는 전체 고용노동자 중 14.8%에 해당하는 비율이라는 것이 이를 뒷받침한다.

　　특히 최빈개도국(LDCs: least developed countries)의 경우는 전체 고용노동자 대비 39.6%에 해당하는 1억 3,960만 명이 근로빈곤층에 해당하는 것으로 조사되었다. 따라서 직업교육훈련 및 고용분야에서도 지속가능성이 떨어지는 하루하루를 살아가기 위한 단순한 일자리의 제공을 넘어, 노동자들이 미래의 보다 나은 삶을 향해 지속적으로 발전할 수 있도록 돕는 '보다 나은 일자리'의 제공이 특히 절실한 실정이다.

　　이처럼 개발도상국의 최우선 과제는 경제개발이며 이러한 경제개발을 이루기 위해서 교육이 무엇보다 중요한 분야로 인식되고 있다. 특히, 개발도상국에서의 직업기술교육훈련을 포함한 교육개발은 개인의 기술개발을 촉진하고 이를 통해 '생산성 향상' 뿐 아니라, '양질의 일자리' 및 '소득 증대'를 가져다줌으로써 개인 및 국가의 단기 및 장기적인 경제개발에 도움을 주는 것으로 분석된다(ILO, 2008). 이런 의미에서 직업기술교육훈련은 개발도상국의 국가 및 사회 발전에 선택이 아닌 필수 개발 분야라고 할 수 있다.

Ⅱ 개발도상국 직업기술교육훈련 지원 현황

1. 한국의 개발도상국 직업기술교육훈련 지원 현황

KOICA는 한국의 무상원조 전담기관으로 1991년부터 현재까지 개발도상국에 직업기술교육훈련 분야를 지속적으로 지원하고 있다. KOICA에서 지원하는 분야는 다양하다. 교육, 보건의료, 공공행정, 농림수산, 기술환경에너지 및 환경, 성평등, 인권 등의 범분야가 그것이다. 그중에서도 교육은 KOICA가 설립된 이후 지난 20여 년간 1천 3백억 원 가량의 지원을 함으로써 모든 분야 중에서 가장 큰 비중을 차지하고 있다(KOICA, 2017).

이러한 교육분야 중에 직업기술교육훈련이 차지하는 비중을 알아보기 위해 이영현 외(2013)의 연구 결과를 살펴보면, 2013년도까지 교육분야(프로젝트, 개발조사, 초청연수 등 모든 형태 포함)에 대한 KOICA의 지원 금액은 약 7억 7,585만 불로, 프로젝트 사업형태로 지원된 금액은 약 4억 3,172만 불로 조사되었고, 이 중 2억 8,383만 불이 직업훈련 분야에 지출되어 총 교육분야 내에서 58%의 비중을 차지하는 것으로 나타났다. 또한 1991년부터 2013년도까지 추진된 교육분야의 프로젝트 사업은 총 218건이며, 이 중 TVET 분야는 89건으로 전체 교육 사업 중 44%를 차지하는 것으로 나타났다(이영현 외, 2013). KOICA 교육분야 세부분야별 지원 비중 및 사업 수에 대한 자세한 정보는 다음의 [그림 14-1]과 같다.

이처럼 비중이 높은 직업기술교육훈련 사업의 주요 내용은 무엇인지에 대해서는 이영현 외(2009)의 연구에 잘 기술되어 있다. 다음의 [표 14-2]는 KOICA의 직업기술교육훈련 프로젝트에 대한 사례를 잘 보여주고 있다.

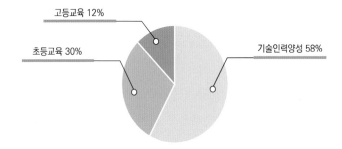

KOICA 교육분야 세부분야별 지원비중(1991~2013)

고등교육 12%

초등교육 30%

기술인력양성 58%

KOICA 교육분야 프로젝트 사업 수(1991~2013)

	교육 분야(무상원조)			합계
	기초교육	TVET	고등교육	
사업 수(건)	57	95	66	218
비중(%)	26	44	30	100

그림 14-1 KOICA 교육분야 세부분야별 지원 비중 및 사업 수

출처: 이영현 외, 2013.

표 14-2 직업기술교육훈련 프로젝트 운영 사례

사업명	과테말라 자동차정비 직업훈련센터 건립사업	이집트 알렉산드리아 직업훈련원 개선사업	한·라오스 직업훈련원 건립사업
사업기간	2007년-2008년(2년)	2004년-2006년(3년)	2002년-2005년(4년)
사업예산	60만 달러	180만 달러	200만 달러
사업목적	자동차정비 분야 기능인력 양성을 통한 인적자원개발 및 고용창출	자동차정비 분야 기능인력 양성을 통한 인적자원개발 및 고용창출	노동시장 수요에 부응하는 기능인력 양성을 통한 근로자의 고용 증대 및 소득 향상
구성요소	직업훈련원 건축 기자재 제공(자동차공과) 전문가 파견 초청연수	기자재 지원(자동차공과) 전문가 파견 초청연수	직업훈련원 건축 기자재 지원(5개 공과) 전문가 파견 초청연수

출처: 이영현 외, 2009.

사례에서 보는 바와 같이 과테말라 자동차 정비 직업훈련센터 건립사업은 2년간에 걸친 사업이다. 총 사업 예산은 60만 달러이며 자동차 분야의 기능인

력을 양성하기 위한 목적으로 진행되었다. 사업 구성 요소로는 직업훈련원 건축, 기자재 공급, 전문가 파견, 국내 초청 연수로 이루어져 있다. 대부분의 직업기술교육훈련 사업에서 보여지는 사업 구성 요소들을 볼 수 있는 전형적인 직업기술교육훈련 사업이다. 또한 이집트 사업의 경우는 직업훈련원 건축이 빠진 구성을 보여주며, 라오스 사업의 경우는 총 5개의 공과를 지원하는 사업으로 과테말라의 경우, 자동차 공과만을 지원해주는 것과 달리, 그 지역에서 필요로 하는 다양한 공과를 지원하는 것이 또 다른 특징이다.

2. 한국 직업기술교육훈련 지원의 특징

앞서 KOICA의 직업기술교육훈련 지원에 대한 전반적인 경향을 알아보았듯이, 한국의 지원은 직업기술교육훈련 분야에 큰 비중이 실려 있다. 이는 공업입국과 수출산업 육성에 매진함으로써 제조업의 경쟁력을 확보하였던 한국의 개발경험이 전 세계에 알려지면서, 특히 많은 개발도상국에서 한국의 경제 발전에 기여한 직업기술교육훈련에 대한 지원을 요청함으로써 이루어졌다고 할 수 있다. 이처럼 한국의 직업기술교육훈련은 단순히 직업기술교육훈련 체계의 우수성 뿐 아니라, 역사적으로 실제 한국의 경제개발에 주요한 역할을 수행하였던 경험이 남아 있기에 개발도상국의 기대가 상대적으로 큰 분야로 인식되고 있다.

이러한 한국의 직업기술교육훈련의 특징들을 살펴보면, 조정윤·강지현(2014)은 한국의 직업기술교육훈련 지원의 장점을 '한국의 직업교육 훈련은 여타의 선진 공여국들에 비해 비교적 최근의 경험으로써 개도국 적용 가능성이 상대적으로 높으며, 다양한 경제발전 단계를 경험한 한국의 노하우는 개도국별 경제발전 단계에 따라 적용되어 질 수 있다.'라고 기술하고 있다. 이처럼 한국은 한국 전쟁 후 약 50여 년 만에 고도·압축성장을 이룬 나라로, 경제발전 또한 선진국 중 가장 최근에 이룬 나라이다. 이에 따라 경제발전의 모든 경험들이 사회 전반에 축적되어 있으며, 대부분의 전문가들이 그러한 경제발전의 경험을 삶의 전반에서 체득하고 있기에 개발도상국의 지원에 최적화된 나라라고 할 수 있다.

그렇지만 조정윤·강지현(2014)은 한국의 직업기술교육훈련 지원의 단점으로, '하드웨어 중심 공급자 위주의 TVET 사업은 TVET 기관 건립 후 개도국 정부의 법제도적 미비로 인해 운영 및 경비 확보의 어려움에 직면하게 되는 경우가 종종 발생한다. 이는 사업의 파급효과 및 지속 가능성을 저해하기도 한다.'라고 기술함으로써 한국의 지원에 대한 보완점을 지적하고 있기도 하다. 이는 한국의 지원은 앞서 살펴본 바와 같이 직업훈련원 건축, 기자재 제공 등의 하드웨어 중심의 지원이 대부분을 차지하는 것을 지적한 것이고, 이러한 지원의 한계점으로는, 수원국의 역량이 부족하여 지원된 인프라를 제대로 활용할 수 없는 경우에는 인프라의 활용률이 매우 낮고, 적절한 유지보수 활동이 이루어지지 않아 오래지 않아 지원한 하드웨어가 무용지물이 되는 경향이 있는 것을 지적한 것이라 할 수 있다.

이처럼 우리나라의 직업기술교육훈련의 지원은 많은 장점을 가진 반면, 또한 우려되는 단점도 가지고 있는 것이 현실이다. 그렇다고 해서 직업기술교육훈련 분야의 지원을 멈추거나 줄여야 할 필요는 없다. 장점은 살리고 단점은 보완하는 전략을 세우고 실천함으로써 한국만이 지원할 수 있는 우수한 직업기술교육훈련 지원 방안을 마련하고 실천해야 하는 시점에 와 있다고 할 수 있다. 이러한 의미에서 과거의 지원 경험과 현재의 지원 현황을 토대로 새로운 지원 방안을 모색해 보는 것이 필요하며, 더불어 VR과 같은 새로운 기술을 접목한 보다 효율적이고 효과적인 직업기술교육훈련 지원 방안을 모색해 볼 필요가 있는 시점이라 여겨진다.

Ⅲ VR을 활용한 직업기술교육훈련 지원 방안

1. VR을 활용한 직업기술교육훈련 지원의 필요성

앞서 살펴보았듯이, 많은 직업기술교육훈련 활동은 그 특성상 훈련 시설 및 훈련 장비와 같은 하드웨어를 구비하지 않고는 그 효과를 얻어내기 어려운 경우가 대부분이다. 직업기술교육훈련의 대부분의 활동이 직접 기계를 만지고 운용해 보면서 손으로 기술을 익혀야 하는 특성을 가지고 있기 때문이다. 최악의 경우 칠판과 노트만 있다면 언제 어디서나 교육이 가능한 일반교육과 대비되는 직업기술교육훈련만의 독특한 특징이기도 하면서도, 직업기술교육훈련의 보편화를 막는 취약점이기도 하다.

이처럼 직업기술교육훈련을 실행하기 위해서는 최소한의 실습장소와 장비가 필요하다. 여기에 더해서 대부분의 장비는 노동시장에서 원하는 최신 기술을 가르칠 수 있어야 하기에 그 사양 및 가격이 고가인 경우가 많다. 그렇기 때문에 일반교육과 비교해 보았을 때, 직업기술교육훈련에 들어가는 비용이 비교적 크다고 볼 수 있다. 그렇다면 실질적으로 직업기술교육훈련이 일반교육에 비해 얼마나 많은 비용이 더 들어가는지에 대해서 알아볼 필요가 있을 것이다. 이에 아래의 [표 14-3]은 가나의 일반중등학교와 직업기술훈련원의 단위교육비(Unit Cost)를 비교한 것이다(Darvas. P, Palmer. R, 2014).

표 14-3 가나의 일반중등학교와 직업기술학교의 단위교육비 비교

Ghana Cedis

	2006	2007	2008	2009	2010
Junior high school					
Per capita	165	204	275	277	336
Unit cost	156	184	257	260	320
Senior high school					
Per capita	412	525	388	704	603
Unit cost	250	205	281	636	397
Technical training institutes					
Per capita	196	172	379	885	1030
Unit cost	194	171	305	650	775

출처: GoG 2001a, 2012a.[20]

주: The per capita cost is the total expenditure on that level of education divided by public enrollment at that level.

The unit cost is the recurrent expenditure divided by public enrollment at that level. 2011 data are not shown here because these have been distorted because of reasons outlined in GoG (2012a, 49-54).

앞서 표에서 볼 수 있듯이 2010년의 직업기술훈련원의 단위교육비는 775세디(Cedis)로, 일반중학교의 320세디 및 일반고등학교의 397세디에 비해서 현저히 높은 비중을 차지하고 있다. 이는 최소한 가나에서는 일반교육보다 직업기술교육훈련이 교육·훈련에 있어서 더 많은 단위 비용이 소요된다는 것을 보여주고 있다.

또한 Orkodashvili. M(2008)가 그의 연구에서 중등학교 수준에서 일반계, 농업계, 상업계, 공업계 학교의 단위교육비를 분석한 결과, 모든 국가에서 일반계 학교에 비해 실업계 학교의 단위교육비가 더 큼을 보여주고 있다. 일반계와 비교한 각 계열별 학교의 단위교육비 비율은 [표 14-4]와 같다.

표 14-4 중등학교의 교육과정 종류별 단위교육비 비교

(Index: Academic = 100)

Country	Curriculum			
	Academic/ General	Agricultural	Commercial	Technical/ Industrial
Colombia	100	119	101	125
Tanzania	100	119	109	113
Malaysia	100	-	163	163
Barbados	100	139	158	142
Jordan	100	-	-	196

출처: *Psacharopoulos, 1987 in Heyneman, 1987: 67.*

이처럼 직업기술교육훈련의 단위교육비(Unit Cost)가 높은 이유는 직업기술교육에서 필요한 교육 및 훈련 장비가 대부분 고가이기 때문이며(Darvas. P, Palmer. R, 2014; Kingombe. C, 2012; ADB, 2009), 더불어, 산업체 요구에 부합하기 위해 새로운 기술을 습득할 수 있는 장비로의 업그레이드가 지속적으로 요청되기 때문으로 분석된다. 그러나 그럼에도 불구하고 직업기술교육이 필요한 이유가 있다면 우리는 충분히 이러한 비용을 감수하고서라도 직업기술교육훈련에 지속적인 투자를 감행할 필요가 있다. 이에 대부분의 사람들은 직업기술교육훈련

이 학생들의 취업을 통한 미래의 개인 및 가계 소득의 증대를 가져다 줄 수 있다는 점에서, 단위교육비가 크다는 단점에도 불구하고 직업기술교육훈련이 계속되고 확산되어야 한다는 의견을 피력하고 있기도 하다.

그렇지만, 만약에 직업기술교육훈련이 많은 교육비를 들임에도 불구하고, 졸업생들에게 돌아오는 소득 증대 효과가 일반교육과 비교하여 비슷하거나 또는 낮다고 판단한다면, 우리는 과연 그 때에도 직업기술교육훈련을 지속할 수 있을까라는 의문이 생기기 마련이다. 그렇기에 어떠한 측면에서는 직업기술교육훈련의 비용을 지속적으로 낮추는 노력이 필요할 것이고, 이러한 노력을 통해 직업기술교육훈련의 비용대비효과가 높아지게 된다면 직업기술교육훈련의 지속가능성은 높아질 것이며, 직업기술교육훈련의 높은 비용으로 인한 반대 의견도 잠재울 수 있을 것이다.

이에 ADB(2009)는 직업기술교육훈련이 고비용 사업인 만큼, 그 효과성을 증대하기 위해서는 ① 국가의 경제 및 사회개발계획에 부합하는지에 해당하는 타당성, ② 설립 관련 시행가능성, ③ 비용 관련 효율성을 감안해야 한다고 조언하고 있다. 이와 같은 조언을 토대로 직업기술교육훈련의 비용 관련 효율성을 높이기 위해서는 무엇보다도 단위교육비의 많은 부분을 차지하고 있는 훈련 기자재에 투입되는 예산의 비율을 낮추는 것이 필요하며, 이처럼 장비 구입비의 비율을 낮추면서도 일정 수준 이상의 훈련효과를 가져올 수 있는 방안 마련이 절실히 필요한 시점이라고 하겠다.

이에 본고에서는 최근에 다양한 분야에서 활용되고 있는 VR을 직업기술교육에 접목함으로써 단위교육비는 낮추고 훈련효과는 유지할 수 있는 방안을 모색하여 제시해 보고자 한다.

2. VR을 활용한 직업기술교육훈련 지원 방안

앞서 기술한 바와 같이 직업기술교육훈련의 지속성을 확보하기 위해서는 비용대비효과를 높일 필요가 있다는 점에서, VR기술을 직업기술교육훈련에 활용하는 것은 다양한 관점에서 매우 시의적절한 대안이라고 보여진다. 특히 직업기술교육훈련은 실습 및 훈련 장비가 필수적으로 필요한 분야임을 감안한다면, 이에 따른 기자재의 설치 및 업그레이드로 발생하는 고비용 문제를 해결하기 위한 직업기술교육훈련에서의 VR 활용을 심각하게 고려할 필요가 있다.

한국의 유일한 직업기술훈련교사 양성 기관인 한국기술교육대학교에서는 이미 VR 기술을 직업기술교육훈련에 적용하여 활용하고 있기도 하다. 한국기술교육대학교는 유압비례제어, 반도체 CMOS 제조공정, 범용밀링머신, 클린디젤엔진 자동차 등의 가상훈련 콘텐츠를 개발하여 온라인상에서 서비스함으로써 직업기술교육훈련에서의 VR 활용의 가능성을 잘 보여주고 있다. [그림 14-2]는 한국기술교육대학교에서 제작하여 서비스 중인 가상훈련 콘텐츠의 일부이다.

NCS 기계 >기계가공 >금형 훈련
범용밀링머신

NCS 건설 >건축 >건축시공 훈련
토탈스테이션과 GNSS를 이용한 측량

그림 14-2 한국기술교육대학교 가상훈련 콘텐츠

한국기술교육대학교에서 제공하는 VR 훈련과정은 PC 모니터 기반 콘텐츠와 HMD(head mounted display) 기반 콘텐츠로 구분된다. PC 모니터 기반 콘텐츠는 모니터에 나오는 영상을 통해 키보드 조작으로 실습을 할 수 있도록 구성된 반면, HMD 기반 콘텐츠는 안경처럼 착용하고 사용하는 모니터 종류인 HMD를 착용하고 실습을 할 수 있도록 구성되어 있다. 이에 한국기술교육대학교에서 제공하는 VR 훈련과정의 하나인 '범용밀링머신' VR 콘텐츠를 예를 들어 그 활용법을 알아보도록 하겠다.

범용밀링머신 VR 콘텐츠의 주요 훈련 대상자는 밀링가공을 수반하거나 연관된 직무를 수행하려는 자 또는 특성화고교학생 및 전문대학생으로 CNC밀링, 3D프린팅 등 3차원 밀링 가공을 수반하거나 연관된 교육훈련을 희망하는 자이다. 훈련의 목표는 '① 밀링가공에서 제품의 형상, 특성에 따른 기준면을 선정하고 더브테일, T홈을 포함한 다양한 형상의 엔드밀 작업을 할 수 있다. ② 밀링가공에서 제품의 형상, 특성에 따른 기준면을 선정하고 탭, 드릴, 보링 작업을 할 수 있다. ③ 밀링가공에서 제품의 형상, 특성에 따른 기준면을 선정하고 평면, 총형 작업을 할 수 있다'로 기술되어 있다. 훈련의 내용은 ① 밀링절삭조건, ② 밀링도면해독, ③ 밀링머신의 구조와 종류, ④ 밀링공구, ⑤ 밀링제품의 측정법, ⑥ 밀링작동기술, ⑦ 밀링부속장치활용기술, ⑧ 작업장유지관리, ⑨ 안전수칙준수, ⑩ 기본실습, ⑪ 심화실습, ⑫ 지식평가, ⑬ 기술평가, ⑭ 태도평가, ⑮ 포트폴리오평가 등으로 구성되어 있어 실제 장비를 사용하는 것과 유사한 환경에서 안전하게 일정 수준 이상의 훈련효과를 볼 수 있도록 구성되어 있다.

다음의 [그림 14-3], [그림 14-4], [그림 14-5]에서는 범용밀링머신 VR 콘텐츠의 주요 실습 장면을 보여주고 있다.

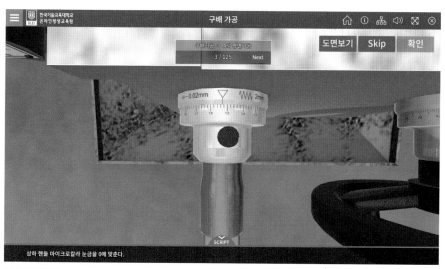

그림 14-3 구배가공

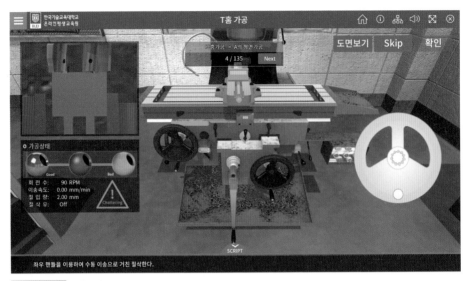

그림 14-4 T홈 가공

그림 14-5 더브테일 가공

이와 같은 직업기술교육훈련 분야에서 VR이 실제 사용된 사례를 통해, 앞서 제기된 직업기술교육훈련의 문제점인 단위교육비가 일반적인 교육에 비해서 상대적으로 크다는 단점을 보완해줄 수 있는 실마리를 찾아 볼 수 있을 것이다. 그러나 VR이 가진 다양한 장점도 있지만 그에 못지않은 단점도 존재하는 것이 사실이다. 특히 VR은 다른 디지털 콘텐츠에 비해 개발단가가 매우 높다. VR 1개의 과정을 개발하는 단가와 그에 따른 훈련 예상 소요 비용을 산정해 보면 아래의 [표 14-5]와 같다.

표 14-5 VR을 활용한 훈련의 예상 소요 비용

(단위: 원)

구분		수량	단가	금액	비고
VR 훈련 소요 예산	VR 콘텐츠 개발비	1종	150,000,000	150,000,000	1종 개발 후, 신규 설치 시 개발비 없음
	H/W 구입비 PC	1대	2,000,000	2,000,000	신규 설치 시 PC와 HMD만 구매(2,700,000원) 필요
	HMD	1개	700,000	700,000	
소계(콘텐츠+H/W)				152,700,000	최초 설치 비용
소계(H/W)				2,700,000	재 설치 비용

위의 표에서 보여지듯이 VR 콘텐츠의 개발 비용은 1과정당 약 1억 5천만 원이 소요되며, 이를 교육·훈련에 사용하기 위해서는 콘텐츠를 학습자 측면에서 구현해 줄 수 있는 하드웨어인 PC와 HMD 구입비 약 2백 70만원이 추가로 소요된다. 이처럼 VR 콘텐츠의 가장 큰 단점은 기술이 보편화되지 않은 현재의 시점에서 훈련에 필요한 초기 개발비가 크게 든다는 것이다. 그렇다면 VR기술을 직업기술교육훈련에 사용해도 직업기술교육훈련의 단점인 단위교육비를 낮출 수 없다는 것인가라는 의문이 제기된다.

이에 대한 답변은 개발비가 높다는 것이 곧 단위교육비가 높다는 의미는 아니라는 것에서 그 가능성을 찾아 볼 수 있다. VR 콘텐츠의 개발비가 높더라도, VR 콘텐츠의 경우 실제 훈련 장비를 공급하는 것에 비해 재설치 비용이 현저하게 낮아지는 특징을 가지고 있다. [표 14-5]에서 볼 수 있듯이 초기 개발비는 약 1억 5천만 원이 들지만 실제 재설치 비용은 VR을 구현할 수 있는 장비(PC/HMD)만 설치하면 되는 관계로 약 2백 70만원으로 낮아진다.

그렇다면 VR 콘텐츠를 보급하는 것이 실질적으로 직업기술교육훈련의 단위 교육비를 낮출 수 있는가에 대한 궁금증을 해소할 필요가 있다. 이에 기존의 실제 훈련 장비를 보급하는 데 들어가는 예상 소요 비용과 VR 콘텐츠를 보급하는데 드는 예상 소요 비용을 비교해 볼 필요가 있다. 아래의 [표 14-6]에서는 직업기술교육훈련 분야 국제개발협력 사업에서 훈련 장비로 주로 설치하는 기자재들의 구입비용을 보여주고 있다.

표 14-6 직업기술교육훈련 주요 장비 구입비용

장비명 (Name of Items)	제안 규격 및 세부사양 (Specification)	참고용 사진 (Photo for reference)	단가 (Unit Price)
CNC Lathe	• Manufacture capability Bigger than 550㎜ • Pivot rev count Bigger than 6,000rpm		70,000,000
lathe			20,000,000
Vertical Milling	1100×280㎜		35,000,000

[표 14-6]에서 보여지듯이 CNC 선반의 경우는 약 7천만 원, 선반은 약 2천만 원, 그리고 수직밀링머신은 약 3천 5백만 원 정도의 구입비가 예상된다. 따라서 만약에 1개의 학교에만 훈련 장비를 보급한다면, VR 훈련보다 실제 훈련 장비를 보급하는 것이 비용적인 측면에서 유리한 결정이라는 것이 확실하다. 그렇지만, 대부분의 국제개발협력 사업의 경우는 국가의 주도로 이루어지는 ODA(official development assistance, 공적개발원조) 형태의 사업으로 국가의 필요에 의해 국가 단위 또는 국가 수준의 사업이 수행되는 것이 일반적이다. 그런 면에서 VR 훈련을 위한 콘텐츠를 만들고, 만들어진 콘텐츠를 그 국가에서 필

요로 하는 만큼 보급한다는 가정을 해보면 이야기는 달라질 수 있다.

디지털 콘텐츠의 장점은 한번 만들어진 콘텐츠는 보급과 재사용이 용이하고 더불어 보급에 따른 추가적인 비용이 발생하지 않는다는 것이다. 이에 VR 콘텐츠를 전국 단위로 보급한다고 가정해 보면 보다 명확하게 실제 훈련 장비를 제공하는 것과 VR 콘텐츠를 보급하는 것의 비용 차이를 확연하게 비교해 볼 수 있을 것이다. 이러한 맥락에서, 아래의 [표 14-7]은 VR훈련을 위한 설치비와 기존 장비(CNC 선반과 선반) 2종의 설치비를 설치 학교 수(학교당 장비 1종 설치 기준)를 기준으로 비교해 본 것이다.

표 14-7 VR 설치비와 기존 장비 설치비 비교

(단위: 원)

설치 학교 수 (학교당 장비 1종 설치 기준)	VR 설치			CNC 선반 설치 (장비당 7천만 원)	선반 설치 (장비당 2천만 원)
	개발비 (1회 개발)	PC/HMD 설치비	설치비 총액 (개발비+설치비)	설치비 총액 (장비구입비)	설치비 총액 (장비구입비)
1	150,000,000	2,700,000	152,700,000	70,000,000	20,000,000
2	150,000,000	5,400,000	155,400,000	140,000,000	40,000,000
3	150,000,000	8,100,000	158,100,000	210,000,000	60,000,000
5	150,000,000	13,500,000	163,500,000	350,000,000	100,000,000
9	150,000,000	24,300,000	174,300,000	630,000,000	180,000,000
10	150,000,000	27,000,000	177,000,000	700,000,000	200,000,000
30	150,000,000	81,000,000	231,000,000	2,100,000,000	600,000,000
50	150,000,000	135,000,000	285,000,000	3,500,000,000	1,000,000,000
100	150,000,000	270,000,000	420,000,000	7,000,000,000	2,000,000,000
300	150,000,000	810,000,000	960,000,000	21,000,000,000	6,000,000,000
500	150,000,000	1,350,000,000	1,500,000,000	35,000,000,000	10,000,000,000

[표 14-7]에서 볼 수 있듯이 기존의 장비를 설치하는 비용보다 VR을 설치하는 비용이 더 저렴해지는 시점은 CNC 선반의 경우는 3대 이상을 설치하면서부터이고, 선반의 경우는 9대 이상을 설치하면서부터이다. 장비수가 10대가

넘어가는 시점부터는 VR장비와 일반 훈련 장비의 비용차가 점점 더 커져서, 100대를 설치하는 시점에서는 CNC 선반의 경우는 16배 이상의 차이가, 선반의 경우도 4배 이상의 차이로 벌어지는 것을 볼 수 있다. 앞서 언급하였듯이 대부분의 직업기술교육훈련 사업이 국가 주도로 이루어지는 점을 감안한다면, 국가적으로 VR 콘텐츠를 공동으로 개발하고 필요한 학교에서 무상으로 그 콘텐츠를 쓸 수 있도록 사업을 구상한다면, 기존의 장비 보급으로 단위교육비가 올라가는 단점을 극복하고, 비용적인 측면에서 상당한 예산 감축 효과를 기대할 수 있다.

물론 위의 계산은 단순한 산술식 계산으로 실제 장비가 설치될 경우는 하나의 장비로 다양한 종류의 실습이 가능하여 설치 후 활용성이 VR 콘텐츠보다 상대적으로 우수하다고 할 수 있으며, 반대로 VR 콘텐츠의 경우는 위에서 제시한 개발비로 가능한 모든 종류의 실습을 구현하기는 어렵기에 추가적인 개발비가 소요될 수 있다는 단점이 있다. 그럼에도 불구하고, 향후 VR 콘텐츠 개발 기술이 발전하여 콘텐츠 개발이 일반화되고 그에 따라 콘텐츠 개발비는 지속적으로 낮아질 것임을 감안한다면, 위에서 제시한 VR을 이용한 훈련의 비용 효과성이 터무니 없다고는 말할 수 없을 것으로 판단된다.

Ⅳ 결론 및 제언

직업기술교육훈련에서의 VR 활용은 분명한 장단점이 있다. 명확한 것은 당분간 VR이 기존의 훈련 장비를 완전하게 대체할 수 없다는 관측이 우세하다는 것이다. 그러나 그럼에도 불구하고 VR 기술이 가지고 있는 가능성과 파급력은 어쩌면 우리가 상상하는 것을 초월할 수도 있을 것이라는 예상도 간과해서는 안 될 필요가 있다. 이러한 맥락에서 VR 활용 훈련의 제한점은, VR을 활용할 경우, 실제 설치 기자재를 이용한 훈련보다는 손기술(Hands-on Skill)의 숙련도 및 실제 기술 습득 정도가 떨어지게 되며, 개발도상국 현지에서 VR 콘텐츠 제작이 어려울 수 있다는 것, 그리고 일정 수준 이상의 장비 설치기관(훈련기관)이 확보될 경우에만 비용효과성을 기대할 수 있다는 것이다.

그럼에도 불구하고 VR이 직업기술교육훈련에 가져다 줄 수 있는 가능성이 적지 않은 것도 사실이다. VR 활용 훈련의 가능성으로는, 빠르게 변화하는 노동시장 수요에 따른 기능 및 기술 업데이트가 용이하고, 유지보수 비용이 설치 기자재에 비해 적게 들고, 실습 소모품(재료) 비용이 절약되며, 안전한 환경에서 학생들이 실습할 수 있다는 것이다. 따라서 현재의 시점에서 직업기술교육훈련 프로그램을 운영하는 학교 또는 훈련소 중에서 종합학교와 같은 형태의 일반교육과 병행하는 직업안내 및 기초직업훈련을 위한 프로그램에 VR 기술을 활용할 경우에는 비용효과면에서 그 활용 가능성이 매우 높다고 판단된다.

향후, VR은 교육 현장 뿐 아니라 실생활 속에서 그 활용 가능성이 무궁무진하다. 그렇기 때문에 국제개발협력분야, 특히 직업기술교육훈련 분야에서도 그 활용성에 대한 진지한 고민과 대안 마련을 서둘러야 할 때이다. 개발도상국에서는 고질적인 교육예산 부족으로 인하여, 고비용 분야인 직업기술교육훈련에 필요한 예산 확보가 어려운 실정임이 주지의 사실이다. 이러한 맥락에서 VR을 활용한 '저비용 직업기술교육훈련'에 대한 고려 및 연구가 필요한 시점이기에 VR 훈련이 비용효과측면 뿐 아니라, 교육 및 훈련의 질적인 측면에서도 타 교육방법과의 비교우위를 점할 수 있도록 다양한 기술 향상 및 양질의 콘텐츠 개발, 그리고 교육 현장에의 효과적인 적용 방안 마련에 노력을 기울일 필요가 있다.

참
고
문
헌

이영현 외 (2009). 교육훈련 국제개발협력 선진화 전략. 한국직업능력개발원.

이영현 외 (2013). 직업훈련 프로그램 종합평가 보고서: 베트남 사례를 중심으로. 한국국
제협력단.

조정윤, 강지현 (2014). 직업훈련교육 ODA의 PPP활성화 방안: 중앙아시아 3개국 사례
분석을 중심으로. **국제개발협력연구** 6권 1호, 111-151쪽.

ADB (2009). Good Practice in Technical and Vocational Education and Training. ADB.
Geneva.

Darvas. P, Palmer. R (2014). Demand and Supply of Skills in Ghana. World Bank.

ILO (2008). Skills for Improved Productivity, Employment Growth and Development.
Report V. International Labor Conference, 97th Session, 2008.

Kingombe. C (2012). Lessons for Developing Countries from Experience with
Technical and Vocational Education and Training. ODI.

Orkodashvili. M (2008). Investment in Human Capital: Vocational vs. Academic
Education. MPRA Paper No. 16558.

KOICA (2016). 국제개발협력 입문편. 시공미디어.

KOICA (2017). 2016 KOICA Annual Statistical Report. KOICA.

찾아보기

공저자 약력

서울대학교 교육학과 학사
서울대학교 대학원 교육학과 석사
플로리다주립대학교 대학원 교육공학과 박사
한국교육방법학회 회장
연구영역: 수업설계, 교수법, 교수매체
주요 저역서: 교수모형(아카데미프레스, 2017, 공역)

고려대학교 영어영문학과 및 심리학과 학사
고려대학교 대학원 교육학과 석사
텍사스대학교 대학원 학습공학 박사
한국교육방법학회 이사
연구영역: 테크놀로지 활용 교육, 교사교육, 교수설계

고려대학교 교육학과 학사
고려대학교 대학원 교육학과 석사
콜럼비아대학교 티처스컬리지 교육공학 박사
한국교육방법학회 이사
연구영역: 뉴미디어 학습환경, 테크놀로지 활용 교육, 교사교육
주요 저역서: 학습환경 설계의 이론적 기반(학지사, 2014, 공역)

한양대학교 컴퓨터교육학사
한양대학교 교육공학석사
고려대학교 교육학박사
한국교육방법학회총무이사
연구영역: 프로그래밍교육, 프로그래밍 수업설계

서울여자대학교 교육심리학과 학사
고려대학교 대학원 교육학과 석사
고려대학교 대학원 교육학과 박사
한국교육방법학회 이사
연구영역: 교수설계, 교수학습방법, 교사교육
주요 저역서: 체계적 수업분석을 통한 수업컨설팅(학지사, 2019, 공저)

고려대학교 교육학과 학사
고려대학교 대학원 교육학과 석사
고려대학교 대학원 교육학과 박사
한국교육방법학회 이사
연구영역: 원격교육, 실기교육방법
주요 저역서: 스마트시대 교육의 이해(부크크, 2017)

신형석
Hyoung Seok Shin

고려대학교 교육학과 학사
고려대학교 대학원 교육학과 석사
플로리다주립대학교 대학원 교육공학과 박사
한국교육방법학회 이사
연구영역: 수업설계, 교수법, 교수매체, 문제해결역량, 추론방법, 의학교육

장재흥
Jaehong Jang

경인교육대학교 초등교육학사
고려대학교 교육대학원 교육방법 석사
고려대학교 대학원 교육학과 박사
한국교육방법학회 이사
연구영역: 수업방법, 학교교육

백송이
Songyi Beak

단국대학교 영어영문학과 학사
고려대학교 대학원 교육학과 석사
고려대학교 대학원 교육학과 박사수료

장지윤
Jeeyun Chang

연세대학교 영어영문학 및 신문방송학 학사
연세대학교 교육대학원 영어교육 석사
고려대학교 대학원 교육학과 박사수료
연구영역: 수업설계, 교수법, 교수매체

정영혜
Younghea Jeong

건국대학교 교육공학과 학사
고려대학교 교육대학원 기업교육 석사
고려대학교 대학원 교육학과 박사수료
연구영역: 수업설계, 원격교육, 교수매체

김명랑
Myounglang Kim

성신여대 교육학과 학사
고려대학교 대학원 교육학과 석사
고려대학교 대학원 교육학과 박사
한국교육방법학회 이사
연구영역: 교수설계, 교수학습방법, 교육성과평가
주요 저역서: 학교폭력예방 및 학생의 이해(양서원, 2017, 공저)

정종원
Jong Won Jung

고려대학교 교육학과 학사
고려대학교 대학원 교육학과 석사
조지아대학교 대학원 교육공학과 박사
한국교육방법학회 편집위원장
연구영역: 교수설계, 뉴미디어, 교사교육
주요 저역서: 질적연구방법의 이해(박영스토리, 2018), 알기쉬운 교육방법 및 교육공학(2012, 양서원, 공저)

장선영
Sunyoung Chang

성신여자대학교 국어국문학과 학사
고려대학교 대학원 교육학과 석사
고려대학교 대학원 교육학과 박사
성균관대학교 의과학대학 인력양성사업단 박사후연구원
한국교육방법학회 부회장
연구영역: 교수설계, PBL, 구성주의식 학습자참여 교육방법론
주요 저역서: 알기쉬운 교육방법 및 교육공학(양서원, 2012, 공저)

이은주
Eunjoo Lee

한양대학교 교육공학과 학사
고려대학교 대학원 교육학과 석사
고려대학교 대학원 교육학과 박사
한국교육방법학회 이사
연구영역: 교수설계, 이러닝, 수업설계, 교수매체

박유진
Eugene Park

이화여자대학교 보건교육과 유아교육과 학사
이화여자대학교 대학원 유아교육과 석사
고려대학교 대학원 교육학과 박사수료

임진호
Jin Ho Lim

국민대학교 교육학과 학사
국민대학교 대학원 교육학과 석사
고려대학교 대학원 교육학과 박사
한국실천공학교육학회 이사
연구영역: 교육국제개발협력, 직업기술교육훈련, ICT활용교육, 교사교육
주요 저역서: 교육과 국제개발협력(교육과학사, 2019, 공역)

가상현실(VR)과 교육

초판발행	2019년 8월 5일
지은이	박인우·고유정·한인숙·이경숙·고은현·이　영·신형석·장재홍·백송이· 장지윤·정영혜·김명랑·정종원·장선영·이은주·박유진·임진호
펴낸이	노　현
편　집	배근하
기획/마케팅	이선경
표지디자인	박현정
제　작	우인도·고철민
펴낸곳	㈜ 피와이메이트 서울특별시 금천구 가산디지털2로 53 한라시그마밸리 210호(가산동) 등록 2014. 2. 12. 제2018-000080호
전　화	02)733-6771
f a x	02)736-4818
e-mail	pys@pybook.co.kr
homepage	www.pybook.co.kr
ISBN	979-11-896-4388-1　93370

copyright©박인우 외, 2019, Printed in Korea

정　가　　17,000원

박영스토리는 박영사와 함께하는 브랜드입니다.